O drama racial de crianças brasileiras
Socialização entre pares e preconceito

Coleção Cultura Negra e Identidades

Rita de Cássia Fazzi

O drama racial de crianças brasileiras
Socialização entre pares e preconceito

2ª Edição

autêntica

Copyright © 2004 Os autores

COORDENAÇÃO DO PPCOR
Pablo Gentili, Renato Emerson dos Santos

COORDENAÇÃO DAS PUBLICAÇÕES
Cláudia Miranda

COORDENAÇÃO DO LABORATÓRIO DE POLÍTICAS PÚBLICAS
Emir Sader

COORDENADORA DA COLEÇÃO CULTURA NEGRA E IDENTIDADES
Nilma Lino Gomes

CONSELHO EDITORIAL
Marta Araújo (Universidade de Coimbra); Petronilha Beatriz Gonçalves e Silva

(UFSCAR); *Renato Emerson dos Santos* (UERJ); *Maria Nazareth Soares Fonseca* (PUC Minas); *Kabengele Munanga* (USP)

PROJETO GRÁFICO DA CAPA
Jairo Alvarenga Fonseca (Sobre Ronda Infantil, óleo sobre tela, Portinari)

EDITORAÇÃO ELETRÔNICA
Christiane Silva Costa
Waldênia Alvarenga Santos Ataíde

REVISÃO
Dila Bragança de Mendonça

Revisado conforme o Acordo Ortográfico da Língua Portuguesa de 1990, em vigor no Brasil desde janeiro de 2009.

Todos os direitos reservados pela Autêntica Editora. Nenhuma parte desta publicação poderá ser reproduzida, seja por meios mecânicos, eletrônicos, seja via cópia xerográfica, sem a autorização prévia da Editora.

AUTÊNTICA EDITORA LTDA.

Belo Horizonte
Rua Aimorés, 981, 8° andar. Funcionários
30140-071. Belo Horizonte. MG
Tel: (55 31) 3214 57 00

Televendas: 0800 283 13 22
www.autenticaeditora.com.br

São Paulo
Av. Paulista, 2073, Conjunto Nacional,
Horsa I, 11° andar, Conj. 1101
Cerqueira César . São Paulo . SP . 01311–940
Tel.: (55 11) 3034 4468

F287d	Fazzi, Rita de Cássia
O drama racial de crianças brasileiras: socialização entre pares e preconceito / Rita de Cássia Fazzi. – 2. ed. –Belo Horizonte: Autêntica Editora, 2012.
224 p. (Cultura negra e identidades)
ISBN 978-85-7526-138-5
1. Discriminação racial-Brasil. 2. Educação-Brasil. I. Título. II. Série.
CDU 316.647.8(81)-053.2
37(81)

À memória de Edmundo Campos Coelho.

Agradecimentos

Esse livro é fruto de uma convivência intensa com crianças do ensino fundamental em duas escolas públicas de Belo Horizonte. Sou grata, especialmente a essas crianças, que desde o primeiro dia me receberam com grande curiosidade e carinho. Aos poucos fui sendo aceita em suas brincadeiras e conversas, espaços de sociabiliddade nos quais se realiza uma constante troca de percepções e sentimentos. Esse livro não teria sido possível sem o acolhimento generoso existente nesses dois grupos de crianças.

Agradeço também aos professores que permitiram a minha presença cotidiana nas escolas, muitas vezes tolerando, com paciência, a interferência em seus trabalhos. Ao CNPq, pela concessão de uma bolsa e à PUC Minas, que através de seu Programa de Capacitação Docente, possibilitou o afastamento temporário das atividades didáticas. A ideia inicial que deu origem ao tema discutido nesse livro foi amadurecida através dos vários debates estabelecidos em sala de aula, com meus alunos, e com os colegas da PUC.

Agradeço a todos os amigos, que por serem tantos, prefiro não nomeá-los, com receio de algum esquecimento. Espero que todos eles se reconheçam nesse trabalho.

Ao Instituto Universitário de Pesquisas do Rio de Janeiro – Iuperj – sou grata pelo estimulante apoio ao desenvolvimento da pesquisa, dado por seus professores, alunos e funcionários. Ao meu orientador, Edmundo Campos Coelho (*in memoriam*) e a Adalberto Moreira

Cardoso, Luiz Antônio Machado da Silva, Lívio Sansone e Otávio Soares Dulci, membros da banca examinadora, pelos elogios que o rigor de seus comentários não conseguiu esconder e pela indicação desse trabalho para publicação.

Agradeço, afetuosamente, aos meus familiares, que sempre compartilham comigo as alegrias e tristezas da vida. Lembro-me, de forma saudosa, do meu pai, sempre se esforçando, junto com minha mãe, para que seus filhos estudassem. Infelizmente, não posso mais contar com sua presença reconfortante.

Finalmente, quero agradecer a Alexandre, companheiro sempre, pelo incentivo intelectual, pelas sugestões, pelo afeto e pela paciência.

Sumário

Prefácio 11

Introdução 17

Capítulo I
Considerações teóricas e metodológicas 21

Capítulo II
O sistema de classificação racial 51

Capítulo III
Preconceito racial na infância: o debate acadêmico 87

Capítulo IV
Estereótipos raciais e comportamento cotidiano preconceituoso 111
*A natureza dos estereótipos: atitudes negativas
em relação à categoria preto-negro* 112
*A prática cotidiana do preconceito racial:
gozação e xingamentos* 132

Capítulo V
O discurso relativizador do preconceito racial 183

Considerações finais 215

Referências 219

Prefácio

Conheci Rita de Cássia Fazzi numa reunião da ANPOCS, na qual ela apresentou os resultados de sua pesquisa sobre preconceito racial entre crianças das séries iniciais do ensino fundamental. A excelente impressão que tive da qualidade do trabalho me levou a procurá-la após a apresentação e convidá-la para participar das discussões organizadas pelo NUPES-USP em torno do problema do preconceito no sistema escolar. Pedi a ela também, naquela ocasião, que nos enviasse uma cópia do trabalho completo, elaborado como tese de doutorado, defendida no Instituto Universitário de Pesquisa, no Rio de Janeiro, qual confirmou meu julgamento inicial. E esta mesma pesquisa que está sendo agora integralmente publicada sob forma de livro.

Meu interesse por este trabalho se prende, em primeiro lugar, à enorme relevância do tema que ele aborda. De fato, toda a literatura recente sobre a questão do negro no Brasil aponta para o déficit educacional que caracteriza esta população como um dos elementos fundamentais responsáveis pelas dificuldades de sua inserção mais equitativa na sociedade brasileira. No conjunto da população, como demonstram diferentes pesquisas, inclusive as realizadas no próprio NUPES, os fenômenos brasileiros de baixa escolaridade média e da desigualdade educacional, que caracteriza a população no seu conjunto, atinge com especial gravidade aquela que se autoclassifica como preta ou parda, a qual é particularmente desfavorecida. Enquanto os brancos possuem, em média, 6 anos de escolaridade, os pretos e pardos pouco ultrapassam 4.

A defasagem escolar, como o mostram os mesmos estudos, está fortemente associada a dois outros fatores: nível de renda e escolaridade dos pais. De fato, o insucesso escolar atinge diferencialmente a população mais pobre e o sucesso é favorecido por níveis mais altos de escolaridade dos pais. Como os afrodescendentes estão pesadamente concentrados na população mais pobre, que é também aquela cujas famílias possuem os menores índices de escolaridade, explica-se parcialmente o déficit educacional desta população. Entretanto, quando se comparam brancos com pretos e pardos dentro das mesmas faixas de renda, a diferença entre eles diminui mas não desaparece: para todos os níveis de renda os brancos possuem, em média, um ano a mais de escolaridade do que aqueles com ascendência africana reconhecida (e que, portanto, se classificam neste grupo étnico). Comprova-se assim, a existência da discriminação racial se não como o único, pelo menos como um dos mais importantes explicativos das diferenças de escolaridade.

Se as estatísticas nos indicam a existência do preconceito racial e dos obstáculos que ele institui na progressão escolar das crianças pretas e pardas, a forma de sua manifestação na escola não está suficientemente estudada. Pesquisas qualitativas têm indicado a presença de preconceito entre os professores o qual se manifesta mais comumente sob as formas relativamente sutis de omissão, distanciamento afetivo e pressuposição do fracasso escolar. Muito mais raros são trabalhos que comprovem e analisem a existência, a manifestação e o efeito do preconceito entre as próprias crianças.

Este é exatamente o objetivo do trabalho de Rita de Cássia, o que nos dá uma medida da sua relevância. Além disto, ele se concentra nas séries iniciais do ensino fundamental, etapa crucial na socialização escolar e no estabelecimento de padrões de relacionamento inter étnico, que são de influência decisiva na trajetória escolar posterior.

Neste tema tão delicado, que provoca reações emocionais muito fortes, é fácil deixar que os sentimentos distorçam os dados e deformem e invalidem os resultados da pesquisa. Entre as poucas que foram realizadas sobre este tema, a de Rita de Cássia é a mais cuidadosa, sendo encaminhada de modo a demonstrar conclusivamente as manifestações do preconceito racial entre as crianças, a omissão dos professores face a elas, indicando ao mesmo tempo, o sofrimento que elas provocam.

O esforço de objetividade se dá através de um cuidadoso uso da teoria e dos métodos de investigação. Em primeiro lugar, há todo um esforço de precisão conceitual que envolve o exame da ampla bibliografia sobre preconceitos e discriminação e suas diferentes definições. Em segundo lugar, a autora faz uma ampla revisão da literatura, especialmente da norte-americana, referente às pesquisas sobre preconceito entre crianças. Sendo esta muito mais ampla do que a brasileira, foi nela que se acumularam os resultados mais ricos, inclusive sobre os próprios processos de construção do preconceito, como os de estereotipação e negociação que se dão no nível das relações interpessoais e envolvem dimensões de poder: penalidades, rejeições e discriminações.

Esta revisão permite a construção de uma metodologia segura, que envolve dois aspectos principais. O primeiro, particularmente importante, consiste em atribuir as crianças uma posição de atores da vida social, desempenhando um papel ativo na sua própria socialização. Dentro desta perspectiva, a análise se volta para duas dimensões distintas mas indissociáveis, que envolvem as atitudes e os comportamentos.

Pesquisas com crianças são particularmente difíceis porque pesquisadores adultos não só podem se mostrar incapazes de entender as peculiaridades cognitivas e afetivas das crianças, mas também porque sua posição de autoridade, enquanto adulto, pode modificar as reações das crianças, distorcendo as observações. É verdade que a presença do investigador sempre modifica a situação que pretende observar, mesmo quando se trata de adultos mas, no caso de crianças é necessária uma metodologia particularmente cuidadosa para minimizar esta interferência. Assim, o trabalho de pesquisa envolveu: uma cuidadosa aproximação inicial, de forma que sua presença fosse aceita pelas crianças; observações do comportamento das crianças na sala de aula, no recreio e nas aulas de educação física; entrevistas dirigidas e conversas espontâneas; uso de brincadeiras com bonecos e bonecas diferenciadas em termos de cor; utilização de imagens de personagens brancos e negros. Desta forma, a discussão se baseia num material muito rico e multidimensional, envolvendo tanto aspectos cognitivos como afetivos.

Também importante do ponto de vista metodológico, é a inclusão de duas escolas diferentes, frequentadas, respectivamente, por crianças predominantemente de classe média e por crianças predominantemente pobres.

Entretanto, qualquer que seja o método, a interpretação sempre exige escolhas, pois toda a realidade é, em si, extremamente complexa e multifacetada. O caráter desta escolha depende muito do talento e da sensibilidade do pesquisador. Alguns dos pontos selecionados merecem uma referência.

Em primeiro lugar, a observação de que a constituição das categorias branco e preto se dá através da percepção de um *continuum* que diferencia morenos, claros ou escuros, pretos "mesmo". O preconceito é tanto mais forte quanto mais pronunciados forem os traços africanos que são escolhidos para definir o estereótipo. A tentativa de dicotomização das categorias, restringindo-as a apenas duas, branco e negro, tal como tenta fazer o movimento negro, contradiz esta percepção básica de um *continuum*, com categorias intermediárias, presente nas crianças e que parece constitutivo dos padrões culturais brasileiros.

Em seguida a pesquisa demonstra um forte componente estético que permeia a construção das categorias branco e preto. O preto é considerado feio, parecido com o macaco e, além da cor da pele, o tipo de cabelo é considerado um serial diacrítico importante, observação esta confirmada em outras pesquisas recentes. Este dado é muito importante porque demonstra a importância, no estabelecimento de uma autopercepção positiva por parte das crianças negras, da reconstrução de categorias estéticas realizadas pelo movimento negro, com a promoção da beleza negra, tal como é feita sistematicamente pela revista *Raça*.

Igualmente importante é a associação que se manifesta muito precocemente, como a pesquisa demonstra, entre os traços físicos e atributos morais. Rita de Cássia se detém em duas manifestações desta associação: o diabo é preto e preto é ladrão.

Por outro lado, a observação do comportamento das crianças revela que a prática cotidiana do preconceito racial se explicita basicamente através de gozações e xingamentos que ocorrem com grande frequência em brigas e nas quais se utilizam os estereótipos relativos à aparência.

Particularmente importante são as entrevistas com as crianças negras nas quais se comprova como a manifestação do preconceito e da discriminação é absorvida e interiorizada pelas crianças negras, construindo a percepção de ser inferior e, especialmente, de ser feio.

Quero ressaltar ainda um outro aspecto extremamente relevante deste trabalho; o papel crucial que a escola desempenha no processo de reprodução do preconceito e da discriminação. A inexistência, no processo de formação de professores, de uma conscientização e compreensão do fenômeno do preconceito e da explicitação de práticas pedagógicas a serem desenvolvidas nas salas de aula para redirecionar as atividades e comportamentos preconceituosos das crianças, constitui uma omissão inaceitável, pois faz com que se perca grande oportunidade que se apresenta no processo de socialização, de combater o preconceito racial em seu nascedouro.

Acredito que pesquisas cuidadosas como esta são fundamentais para orientar ações afirmativas que sejam efetivamente eficazes na luta contra o preconceito e suas consequências nefastas na luta contra o círculo vicioso de sua reprodução.

Eunice R. Durham

INTRODUÇÃO

> E as obras sobre história, sociedade e moralidade contêm usualmente, poucas referências no texto e nenhuma no índice ao simples fato de que todos os indivíduos já foram uma vez crianças. Para a maioria dos investigadores, a infância parece pertencer mais ao campo da ação social do que da ciência social, mais à solicitude dos benfeitores do que à dos pensadores.
>
> (ERIKSON,1987)

A discussão em torno das relações raciais no Brasil produziu uma tensão entre duas interpretações opostas: uma que afirma e valoriza a convivência harmoniosa entre *brancos* e *não-brancos*,[1] expressa na ausência de conflito racial violento, e outra que demonstra a existência do preconceito racial. Essa tensão se manifesta, por exemplo, em todo debate público sobre o racismo brasileiro. Os argumentos favoráveis à primeira interpretação enfatizam a ausência da segregação racial e o processo intenso de miscigenação e de sincretismo cultural ocorrido na sociedade brasileira. O conceito de democracia racial, formulado por Gilberto Freyre, pode ser considerado o conceito síntese dessa interpretação.

Os argumentos favoráveis à segunda interpretação ressaltam a persistente desigualdade racial da sociedade brasileira. Dados quantitativos inequívocos sugerem a atuação de mecanismos sociais discriminatórios, embora sutis. A existência de um sistema de classificação múltiplo, com a criação de várias categorias raciais intermediárias, em especial, a categoria *morena*, passa a ser evidenciada como expressão

---

[1] Sempre utilizo neste trabalho as categorias raciais efetivamente usadas pelas pessoas com as quais conversei e pelos autores aqui apresentados e discutidos, devido à relatividade dessas categorias, como ainda veremos. Por essa razão, as categorias raciais estão sempre em itálico.

do racismo brasileiro. Recurso, aliás, denunciado enquanto mecanismo de desmobilização política racial por ter provocado uma fragmentação da identidade *negra* no Brasil. Para DaMatta (1987) o racismo brasileiro especulou sobre o mestiço e, fazendo isso, impediu o confronto direto do *negro* com o *branco* e a percepção dos mecanismos de exploração social e política. E, para Ortiz (1985), a construção de uma identidade nacional mestiça dificulta o discernimento entre as fronteiras de cor e a formação de identidades étnicas.

Percebe-se, pois, que a discussão das relações raciais, tornou-se uma questão delicada e política. Assumir a primeira interpretação pode significar um compromisso injustificável com uma realidade preconceituosa. Mas, por outro lado, não existiria alguma especificidade nas relações raciais existentes no Brasil?

Uma contribuição importante no esclarecimento dessa tensão foi dada por Oracy Nogueira quando caracterizou o preconceito atuante no Brasil como sendo de marca, e o preconceito atuante nos Estados Unidos (polo privilegiado de comparação) como sendo de origem. Dessa forma, a aparência é uma característica mais importante do que a origem na formação do preconceito racial brasileiro. Essa afirmação sugere que a miscigenação intensa contribuiu para diluir o preconceito racial sem, no entanto, aboli-lo. Segundo Nogueira, a ideologia brasileira de relações raciais contém tanto elementos preconceituosos quanto elementos igualitários.

O tema central deste livro é o preconceito racial na infância. Com essa definição assumo que o preconceito racial é atuante na sociedade brasileira. Ao mesmo tempo, identifico uma escassez de estudos sobre relações raciais entre crianças. Pretendo, assim, contribuir para ampliar a compreensão do racismo no Brasil, a partir da discussão do processo de socialização racial, dando ênfase à socialização entre pares. Entendo que a construção de uma realidade preconceituosa por parte das crianças é de fundamental importância na sustentação das características da ordem racial existente no Brasil.

O capítulo I apresenta as principais questões metodológicas que devem ser consideradas num estudo sobre crianças e os conceitos de raça e preconceito racial que orientaram a organização e a reflexão dos dados empíricos. Nesse capítulo realizo também uma descrição detalhada do processo de observação sociológica e dos instrumentos utilizados na coleta dos dados. Os princípios da Teoria da Rotulação foram integrados à análise da produção social do preconceito racial na infância devido à ênfase dada por essa teoria a processos de definição social e à importância por ela conferida ao processo de estereotipação. O capítulo II analisa o sistema de classificação racial em uso pelas crianças observadas. Inicia com uma discussão dos estudos norte-americanos, apresentando os principais resultados relativos à consciência racial e ao processo de aquisição de categorias raciais. Além disso, apresenta as características do conceito de raça na infância, a partir do estudo de Hirschfeld (1996) feito com crianças norte-americanas e europeias. A possibilidade de existência de diversos sistemas de classificação racial através dos tempos e das culturas é ressaltada, fornecendo fundamentos para a análise tanto do conceito de raça desenvolvido no Brasil e das categorias raciais utilizadas nos estudos brasileiros sobre relações raciais na infância, quanto do sistema de classificação encontrado nos dois grupos de crianças observados. O capítulo III situa o debate acadêmico, nos Estados Unidos e no Brasil, em torno do tema do preconceito racial na infância. As principais questões produzidas por essa área de investigação são, então, delimitadas. No capítulo IV são discutidos a natureza e o significado dos estereótipos *preto é feio*, *preto parece diabo* e *ladrão é preto*. A prática cotidiana do preconceito racial, revelada através da gozação e dos xingamentos, constitui o tema da segunda parte desse capítulo. O capítulo V explora o significado das palavras racismo e preconceito, tal como definidas pelas crianças deste estudo, e apresenta as características do discurso relativizador do preconceito, em elaboração nos dois grupos pesquisados. As considerações finais esboçam algumas questões relacionadas à luta antirracista no Brasil contemporâneo.

CONSIDERAÇÕES TEÓRICAS
E METODOLÓGICAS

Há muitas questões especiais, que devem ser detalhadamente discutidas, quando se trata de pesquisar crianças. A preocupação central deve ser a de não interpretar a ação e a fala das crianças a partir da lógica do pensamento dos adultos, aí incluindo o próprio pesquisador. Mehan & Wood (1975), por exemplo, mostraram que os testes educacionais usados nas escolas americanas para fazer julgamentos críticos sobre crianças, distorciam a complexidade de sua realidade, ao impor o ponto de vista adulto. Essa imposição da competência adulta pode resultar em decisões perigosas sobre o progresso e a carreira das crianças na escola, uma vez que suas respostas são tabuladas e analisadas de acordo com os critérios do elaborador dos testes.

O pressuposto de que a realidade da criança difere da realidade dos adultos deve, portanto, ser assumido na análise de crianças. Segundo os autores já citados, na realidade adulta o mundo do jogo, da fantasia, da televisão estão separados do mundo do trabalho, gerando uma lógica de raciocínio diferente da maneira de pensar infantil. As habilidades das crianças não podem ser determinadas somente pelo exame de documentos que tabulam respostas corretas e incorretas, concluem os autores. É necessário deixar que a criança explique a sua resposta, revelando, dessa forma, o raciocínio envolvido em sua decisão.

A caracterização do preconceito racial na infância é o objetivo desta pesquisa. A decisão de observar crianças na escola não foi feita tendo em vista a discussão de como a escola contribui ou não na formação e manutenção de preconceitos raciais. A escolha foi orientada pelo fato de a escola ser um *locus* privilegiado de concentração de crianças, onde as relações entre elas são mais constantes e densas. Essa concentração possibilita o desenvolvimento da questão racial entre as crianças. Nesse novo ambiente social, controlado por professoras, elas testam, em suas relações, o conjunto de valores, atitudes, comportamentos, crenças e noções raciais aprendidos em outros lugares.

A discussão da influência da escola no desenvolvimento da elaboração racial das crianças exigiria um estudo comparativo entre um grupo de crianças que está entrando na escola, pela primeira vez e outro grupo, como o analisado nesta pesquisa, com, no mínimo, dois anos de escola. A forma como as professoras da escola tratam as manifestações raciais pode desempenhar uma influência importante no desenvolvimento da elaboração racial. Esse aspecto não foi alvo de uma observação sistemática.

Busquei estreitar os meus laços com as crianças para que eu pudesse alcançar a percepção que elas tinham das relações raciais estabelecidas no cotidiano da escola e, através disso, entender o processo de estruturação e consolidação do preconceito racial. O meu foco de análise não era como os agentes de socialização transmitem as noções raciais para as crianças, através de suas falas e práticas, mas como a criança aciona e experimenta essas noções em suas relações com outras crianças, e como aprende o que significa ser de uma categoria racial ou de outra, criando e recriando o significado de raça. O uso de noções preconceituosas, ao mesmo tempo, cria e recria o preconceito. As interações sociais que as crianças estabelecem entre si são tão importantes para a sua socialização quanto a relação com outros agentes socializadores. Essa é também a posição assumida por Thorne (1995) em seu estudo com crianças de duas escolas elementares dos Estados Unidos, visando mostrar como crianças constroem e experimentam a identidade de gênero em suas relações na escola. Segundo palavras da própria autora, suas observações da vida diária se preocupavam com o "funcionamento de categorias de gênero na vida social" (idem, ibidem, p. 8) e "sustentaram a visão que gênero é socialmente construído" (idem, ibidem, p. 3). Thorne (1995, p. 3) relativiza o conceito de socialização usado na maior parte da literatura sobre construção social de gênero na infância porque ele enfatiza a passividade dos socializados, pois crianças "agem, resistem, reelaboram e criam; elas influenciam adultos tanto quanto estão sendo influenciadas por eles". Crianças devem ser vistas como atores sociais ativos e competentes em suas diversas relações e suas atividades coletivas, segundo a autora, devem ter um peso significativo no entendimento de gênero e vida social. Assim, para descobrir o ponto de vista e os significados das crianças, continua Thorne (1995), é necessário abandonar algumas suposições adultas, tais como, a crença de que já se sabe o que crianças são, que suas ações diárias são triviais, que elas necessitam ser ativamente controladas ou que são recipientes passivos de treinamento e socialização adultos.

O presente estudo pretende descobrir e traduzir, em termos sociológicos, a teoria do preconceito racial, sugerida pela forma como as crianças observadas estão elaborando suas próprias experiências raciais. Objetiva, pois, descobrir teoria, a partir de dados sistematicamente obtidos e analisados. Esta pesquisa deve ser entendida enquanto um processo permanente de elaboração teórica, que requer que a coleta, a codificação e a análise dos dados sejam feitas simultaneamente. A descoberta de uma teoria fundamentada foi proposta e discutida por Glaser & Strauss (1970), que defendem a necessidade de pesquisas sociais com maior ênfase na geração de teorias, através do método comparativo, do que na verificação de hipóteses derivadas dedutivamente de um arcabouço teórico prévio. Essa orientação sugere que a teoria assim criada tem a possibilidade de "encaixar"-se[2] nas situações empíricas e de ser compreendida tanto por sociólogos quanto por leigos, especialmente, pelos participantes da situação observada.

Pesquisar o ponto de vista da criança sobre suas próprias relações raciais exige uma metodologia que permita uma observação direta das crianças em ação. A presença do pesquisador, no entanto, em se tratando

---

[2] Assim afirmam Glaser & Strauss (1970, p. 3): "Por '*fit*' nós entendemos que as categorias devem ser prontamente (não forçosamente) aplicáveis e indicadas pelos dados sob estudo; por '*work*' nós entendemos que elas devem ser significativamente relevantes e capazes de explicar o comportamento sob estudo".

de crianças, é ainda mais problemática do que na observação de adultos, uma vez que uma integração total no mundo infantil é quase impossível. A criança reconhece uma autoridade nos adultos, além de existir uma diferença nos níveis de desenvolvimento cognitivo e emocional entre os dois, criança e adulto. Tentando minimizar essa dificuldade, evitei assumir o papel de educadora, não orientando nem corrigindo a ação das crianças no cumprimento das regras de convivência obrigatórias, dentro da escola. Quando em sala de aula, por exemplo, vi crianças comendo antes do recreio, brincando com bonequinhos, lendo ou vendo alguma revista, ou seja, escondendo da professora alguma ação não permitida, e alvo de repreensão. Muitas vezes, algumas crianças olhavam para mim e, como eu nada comentava, elas continuavam o que estavam fazendo. Apesar de ser chamada de professora pelas crianças pobres, quando, por alguns momentos, eu ficava responsável pela disciplina em sala, a pedido da professora que precisava sair, eu não conseguia impor a ordem porque as crianças sabiam que eu não tinha essa autoridade nem queria puni-las. Além do mais, era a professora que autorizava a retirada da criança da sala para a entrevista, evidenciando a minha posição na escola.[3]

A pesquisa realizou-se em duas escolas municipais de Belo Horizonte, que atendem a duas clientelas de níveis socioeconômicos diferentes. Uma das escolas está localizada numa favela e, de acordo com dados fornecidos pela secretária, em 1997 essa escola contava com 514 alunos, distribuídos em dois turnos: de manhã com 271 e à tarde com 243 alunos. A outra escola está localizada num bairro de classe média com 758 alunos, dos quais 370 são do turno da manhã e 388 do turno da tarde. De acordo com informações das crianças do grupo pobre, seus pais trabalhavam como pedreiro, servente, porteiro de edifício, pintor, carpinteiro, marceneiro, faxineira, empregada doméstica, lavadeira, cozinheira de restaurante, "varredeira" de rua da prefeitura, e alguns estavam desempregados. No grupo de classe média, as crianças informaram que seus pais trabalhavam como médico, professores de primeiro e segundo graus, engenheiro, comerciante, bancário, diretor de

---

[3] Thorne (1995, p. 16-20) também discute como lidou com a questão da autoridade, que surge da relação entre crianças e adultos.

informática do SESI, FIEMG e SENAI, bióloga, cabo da Polícia Militar, psicóloga, administrador de empresa, dono de empresa de caminhões, gerente, astróloga, advogado, funcionário do CEASA. Nesse último grupo, várias crianças disseram ter empregada doméstica em casa e viver cercadas de vários bens de consumo não acessíveis às crianças do grupo pobre, tais como telefone, *videogame*, televisão por assinatura e carro próprio, além de morar em bairros com infraestrutura urbana adequada e frequentar *shopping centers*. Muitas delas chegam à escola por algum tipo de condução especial, que exige um pagamento mensal. A descrição de uma menina de 10 anos, moradora recente da favela, é reveladora das condições de moradia da maioria das crianças do grupo pobre:

> [...] é difícil aqui, né? Porque aqui tem muitas casas uma em cima da outra, é perigoso cair também. Onde eu morava não era assim não, era tudo separado. Aqui é perigoso demais, tem duas casas em cima da outra. Aí tem uma árvore atrás, depois se quebrar e cair assim. Não é muito bom não. Lá onde eu moro tem umas coisa assim..., é uma montanha, perto dela. Aí a montanha, parece montanha, os menino joga lixo demais, nossa! Perigoso demais, fica jogando pedra em cima da teia. Meu pai nem gosta disso, só que ele xinga eles também. Ele fala: para de jogar esse lixo aqui embaixo. Parece que eles pensa que não tem uma casa aqui embaixo. Aí tem uma casa lá em cima, ele fica jogando lixo embaixo, no terreiro nosso e papai não gosta, minha mãe também. Quando ela chega do trabalho, se tiver um copo, uma coisa fora do lugar, ela bate ni nós.

A primeira etapa da pesquisa de campo foi feita na escola de crianças pobres. De março a junho de 1997 realizei entrevistas não estruturadas com as crianças moradoras da favela. A Prefeitura disponibilizava diariamente uma Kombi para levar e trazer as professoras porque a localização da escola é de difícil acesso e não é servida de transporte urbano. Essa circunstância facilitou o meu contato com as professoras uma vez que, durante o trajeto de ida e volta da escola, participava das conversas na Kombi. Algumas professoras interessavam-se mais que outras pelo trabalho que eu estava realizando. Três delas me pediram ajuda no planejamento de uma discussão sobre a situação do *negro* no Brasil, com os seus alunos. No segundo semestre de 1997 iniciei a observação das crianças de classe média. Nessa escola, a receptividade das professoras foi menor. Houve um maior distanciamento entre mim e elas.

No começo da pesquisa a minha primeira preocupação foi aproximar-me das crianças, estabelecendo com elas uma relação de familiaridade. Inicialmente fui apresentada pelas professoras às suas turmas. Percorri várias turmas do primeiro e segundo ciclos,[4] abarcando crianças de 6 a 14[5] anos de idade, tentando me inserir no cotidiano da escola. Eu dizia às crianças que estava interessada em conversar com elas a respeito do que sabiam e faziam, porque eu iria escrever um livro sobre elas. A ideia do livro logo entusiasmou as crianças que, no entanto, não entendiam muito bem sua natureza. Muitas acharam que o livro seria como os livros de histórias que elas liam, outras faziam questão de falar seu nome completo para sair no livro, outras disseram que comprariam o livro e que queriam lê-lo, e assim por diante. Na escola de classe média as crianças me atribuíram a identidade de escritora.

Terminada essa fase de apresentação, tentei me aproximar das crianças frequentando, além das salas de aula, o recreio e as aulas de Educação Física, momentos em que eu podia conversar mais livremente com elas. Quando introduzi o gravador nessas conversas espontâneas, o interesse em conversar comigo cresceu ainda mais. Sempre me perguntavam pelo gravador e pediam para ouvir o que tinham falado ou cantado. Sempre achavam graça dessa escuta.

Nas aulas de Educação Física também me envolvia com as brincadeiras de corda, de casinha, de pique, além de observá-las em interação.

---

[4] Ciclo é a terminologia adotada pelo Projeto Escola Plural, implementado pela Prefeitura de Belo Horizonte em 1995. Segundo documento da Escola Plural, a concepção de ciclo se contrapõe à concepção seriada de escola onde "os conteúdos e habilidades a serem dominados por cada aluno são divididos em parcelas anuais, semestrais e bimestrais; em cada um desses períodos curtos, todos os alunos têm de dominar a média (60%) dos conteúdos predefinidos". O sistema de ciclos de formação da Escola Plural respeita "a organização dos grupos (turmas), por idade, supondo que o aluno estará junto com os seus pares de idade, facilitando as trocas socializantes e a construção de autoimagens e identidades mais equilibradas". Assim, a Escola Plural compreende que o atual período de educação fundamental (primeiro grau) deva ser reestruturado em três ciclos de formação: o período característico da infância (correspondendo à faixa de idade 6-7; 7-8; 8-9); o período característico de pré-adolescência (correspondendo à faixa de idade 9-10; 10-11; 11-12) e o período característico da adolescência (correspondendo à faixa de idade 12-13; 13-14; 14-15).

[5] Poucos alunos tinham 14 anos. Eles eram da turma acelerada da escola de crianças pobres. Eram crianças cuja idade não coincidia com a série que deveriam estar se tivessem entrado com 7 anos na primeira série e seguido sem repetência, ou seja, eram alunos com atraso escolar. A grande concentração na escola de crianças pobres era de alunos de 6 a 10 anos e na escola de classe média de 7 a 9 anos. Nessa última escola frequentei o turno da manhã, no qual só funcionavam a primeira e segunda séries.

Alguém que chegasse nesses momentos e observasse as crianças correndo de um lado para outro, gritando, jogando futebol ou brincando de outra coisa, não poderia perceber, de imediato, que a questão racial ali se fazia presente, como um dos aspectos em elaboração, no processo mais amplo de socialização. Os sentimentos e pensamentos raciais se inserem no fluxo constante da vida social e não são explicitados espontaneamente a cada encontro. Várias professoras me disseram, por exemplo, que nunca presenciaram qualquer manifestação de preconceito racial, por parte de seus alunos. Esse caráter implícito da consideração racial pode estar sendo acentuado nas escolas públicas brasileiras por não existir uma preocupação formal e oficial com a "educação racial", na qual os discursos raciais fossem intencionalmente debatidos. Várias professoras também me revelaram que não sabem o que fazer, diante de atitudes preconceituosas de seus alunos. As relações sociais nas quais a criança participa formam, então, uma espécie de caldeirão, no interior do qual vários ingredientes do preconceito racial estão sendo cozidos.

Nessa primeira fase da pesquisa conversei com crianças de várias turmas sobre a família, a escola, a vida em casa, os programas de televisão, os filmes assistidos na escola. Percebi que, se eu não introduzisse explicitamente o assunto das *raças,* ele não surgiria nas conversas, nem seria aprofundado, apesar de estar presente nas relações concretas vivenciadas, como pude observar em alguns momentos de conflito entre as crianças, quando verbalizavam agressões de cunho racial. Na escola da favela, por onde iniciei a observação, introduzi o tema racial perguntando a cor da própria criança, a minha e a de colegas. Numa dessas entrevistas, realizada no dia 22 de abril de 1997, ao conversar com uma menina de 10 anos do turno da manhã, que tinha ido à escola à tarde (eu frequentei o turno da tarde), portanto sem nenhum conhecimento a meu respeito, pedi a ela que me descrevesse um amigo, sem fornecer-lhe nenhum critério de descrição. E ela afirmou: "ele é do cabelo liso, ele é branco, ele é bonito", ressaltando características raciais. Aproveitando essa afirmação da criança, incluí várias outras perguntas relacionadas ao tema racial. Ao indagar se na opinião dela era melhor ser *branco* do que ser *preto* (essa criança se autoclassificou como *preta*), ela revelou a existência de categorias de xingamento racial. A partir dessa conversa, comecei a explorar não só a classificação racial como também as categorias de xingamento racial que circulavam entre as crianças.

Posteriormente, no dia 13 maio, a professora de uma turma acelerada[6] me convidou para entrevistar seus alunos. Depois de conversar com eles sobre a vida extraescolar, indaguei sobre seus apelidos. Ao ser mencionado o apelido *"nega da macumba"*, sondei sobre o significado de macumba. Imediatamente, macumba foi associada com capeta. Perguntei como era o capeta, e uma aluna disse que ele era *preto*. Ao serem questionados sobre o *13 de maio*, nenhum aluno soube dizer que era o dia da Abolição da Escravatura. Revelei a eles esse fato e comecei uma conversa sobre a escravidão. Os alunos, então, disseram que escravidão ainda existia e começaram a relatar vários casos do avô de um de seus colegas de turma, considerado *branco* por todos, que, segundo eles, batia e não pagava os empregados e andava armado. Aproveitei a afirmação dos alunos que "os brancos bate nos escravos" para perguntar-lhes sobre sua cor. Dessa conversa, a categoria *preta* não apareceu na autoclassificação e foi rejeitada por uma menina classificada dessa forma pelo colega, cujo avô estava sendo alvo dos comentários. Imediatamente, esse menino foi chamado de *"leite azedo"* e de *"macarrão da Santa Casa"*.

No dia 22 de maio resolvi levar o número 1 da revista *Raça*[7] para perceber, durante o recreio, que tipo de reação espontânea as crianças manifestariam diante das fotografias e gravuras. O primeiro

---

[6] Assim define o documento *Turmas Aceleradas-retratos de uma nova prática*, da Secretaria Municipal de Educação da Prefeitura de Belo Horizonte/Escola Plural, em 1996: "Até 1994, a enturmação dos alunos nas escolas da Rede Municipal era feita baseada na lógica seriada. A Escola Plural, com a implantação do Ciclos de Formação, trouxe à tona o problema dos alunos fora de faixa e o tratamento dado a essa questão dentro da escola [....] Ao colocar a formação dos alunos como eixo do sistema escolar, os processos de socialização próprios de cada idade e o conteúdo não podem mais ser tratados de forma dissociada. Nessa perspectiva, a Escola Plural propõe a enturmação dos alunos, até então considerados fora de faixa, no segundo ciclo e a criação de um projeto específico de trabalho com eles – as Turmas Aceleradas [....] Facilmente é possível perceber que esse processo de interação será mais rico se esses alunos estiverem convivendo com seus pares de idade. São com jovens de sua idade que eles poderão desenvolver suas habilidades, competências, valores, atitudes. Estando no segundo ciclo, poderão discutir problemas, vivenciar experiências, pesquisar temas adequados à sua idade, o que se mostra pouco provável, se forem agrupados com crianças de 6-7 anos". (p. 7)

[7] A revista *Raça* assim se define: *A revista dos negros brasileiros*.

comentário de uma criança foi sobre o cabelo do Carlinhos Brown, que ela não gostava. Ao continuar folheando a revista, um menino, que estava por perto, exclamou diante de uma fotografia: "que nego preto! Ninguém gosta de nego preto". E quando tentei explorar o significado do comentário, ele revelou: "ser preto parece que a gente é macaco". Levei também o livro infantil *Negrinho do Pastoreio*, com a mesma intenção de provocar alguma fala espontânea por parte das crianças. No dia primeiro de julho, diante do desenho da capa e de um outro no interior do livro, vários meninos de 8 anos de idade se referiram ao desenho do *negrinho do pastoreio* de forma depreciativa, projetando um sentimento agressivo. O fato de uma menina ter me pedido emprestado esse livro para ler durante as férias possibilitou um novo diálogo, em agosto, a respeito do sentimento em relação à categoria *negro-preto* com um grupo de meninas de 8 anos de idade.

Nessa primeira etapa da pesquisa na escola da favela, foram entrevistadas 80 crianças, além de outras que participaram das conversas gravadas, não sendo possível identificá-las pelo nome. Muitas vezes a entrevista se iniciava com uma ou duas crianças, e pouco a pouco, outras iam se aproximando e participando da conversa. Após esse período de observação realizei um esforço de compilação dos dados já conseguidos, agrupando-os em torno de três categorias: classificação racial, categorias de xingamento, categorias do padrão de beleza racial.

Em setembro de 1997 iniciei a observação do grupo de crianças de classe média também alunos de uma escola municipal localizada num bairro de classe média. Nessa escola, aproveitei a leitura que as crianças fizeram do livro *Menina bonita do laço de fita*, durante a aula de biblioteca, para conversar sobre essa história de conteúdo racial. Frequentei o recreio, as aulas de Educação Física e participei de uma excursão à Biblioteca Pública Infantojuvenil, com crianças de 8-9 anos de idade.

Depois de um mês de contato e com base na experiência com as crianças pobres, senti necessidade de elaborar uma forma de entrevista na qual eu tivesse maior controle sobre a situação, pois, durante o recreio ou mesmo durante a Educação Física, era difícil manter um diálogo mais profundo com as crianças, seja pela falta de tempo, seja pela dispersão dessas situações sociais de recreação e merenda. Pensei trabalhar com jogos teatrais, de grupos ou com algumas outras técnicas projetivas durante a entrevista, que seria feita com quatro crianças, no máximo, em algum lugar disponível na escola, como na biblioteca, na sala de vídeo ou de artes, uma vez que não me foi destinada nenhuma sala fixa de entrevistas.

Tentando buscar subsídios para organizar essa nova etapa da pesquisa de campo, li alguns estudos que discutiam atitudes raciais na infância, centrada nos procedimentos técnicos utilizados pelos autores. O estudo de Horowitz (1966) sobre o desenvolvimento de atitudes de crianças *white* em relação a *negroes* utilizou três testes que envolviam a apresentação de material pictórico para a criança e a gravação de respostas para situações estandartizadas.

O estudo de Clark & Clark (1966) sobre "a gênese e desenvolvimento de identificação racial como função do desenvolvimento do ego e autoconsciência em crianças negro" (idem, ibidem, p. 308), utilizou o teste das bonecas. Foram usadas 4 bonecas (2 eram *brown* com cabelo preto e 2 eram *white* com cabelo amarelo). Crianças de 3 a 7 anos de idade eram solicitadas a responder 8 perguntas, escolhendo uma das bonecas. Quatro perguntas foram pensadas para revelar preferências (dê-me a boneca que você gostaria de brincar, a mais bonita, a que parece má, a que é de uma cor bonita); três para indicar conhecimento de diferenças raciais (dê-me a boneca que parece uma criança *white*, a que parece uma criança *colored* e a que parece uma criança *negro*); e uma para mostrar autoidentificação (dê-me a boneca que parece com você).

A pesquisa de Figueira (1990, p. 63) teve como objetivo "demonstrar a existência do preconceito racial na escola, correlacionando-o a agentes internos atuantes na instituição: o professor e o livro didático". A pesquisa junto ao corpo discente (estudantes de 7 a 18 anos de idade), de escolas públicas de baixa renda no Rio de Janeiro, buscou verificar a intensidade da ocorrência do preconceito racial e para tal foram utilizadas várias fotografias do rosto, algumas de pessoas *negras*, outras de pessoas *brancas*. Num primeiro momento pedia-se aos entrevistados que escolhessem qual pessoa gostaria que fosse seu melhor amigo, qual a mais simpática, a mais feia, a mais inteligente, a mais bonita, a mais estudiosa, a mais rica, a mais burra, a mais porca, a que parecia ladra.

No segundo momento sondava-se sobre as possibilidades de mobilidade ocupacional (quem você escolheria para ser o engenheiro, a médica, o faxineiro ou a cozinheira). Num terceiro momento solicitava-se ao entrevistado que escolhesse duas pessoas das fotos para formar um casal, na intenção de perceber a receptividade à miscigenação racial.

O estudo feito por Ginsberg (1955) também utilizou a técnica do jogo com duas bonecas idênticas, mas de cores diferentes, além da interpretação de onze cartões desenhados representando cenas da vida de crianças *brancas* e *pretas*. Foram feitos seis vestidos havendo sempre dois iguais (dois vestidos de passeio, dois mais simples para casa ou escola e dois vestidos velhos, rasgados e remendados). O jogo consistia em colocar diante da criança os seis vestidos, e perguntava-se qual roupa ela preferia, qual a mais bonita e que uso se dava para o vestido escolhido e para os outros não escolhidos. Depois indagava-se sobre a diferença entre as duas bonecas, e a criança tinha que escolher um vestido para cada uma delas. Em seguida ela explicava o que as bonecas iam fazer, se iam fazer juntas ou separadas. Após essa atividade, a criança deveria trocar as roupas das bonecas e explicar sobre as novas atividades. Depois, apresentava-se à criança dois cartões com quatro casas pintadas (duas idênticas com terraço, plantas na entrada, persianas verdes e duas com vidros quebrados, muros rachados e roupa lavada pendurada no quintal), e ela precisava escolher a casa de cada boneca, perguntando-se antes qual casa era a mais bonita e preferida por ela. Várias perguntas eram feitas à criança: as bonecas eram amigas, vizinhas ou não se conheciam? Qual das duas era a mais bonita? Caso a criança colocasse a boneca *preta* na casa mais velha a pergunta era por que a boneca morava naquela casa. Várias questões eram feitas para orientar a interpretação que a criança faria dos quadros da vida social. Todos esses estudos realizaram análises estatísticas das respostas dadas pelas crianças.

Ao pensar sobre a minha nova fase da pesquisa de campo, com entrevistas mais estruturadas e controladas, resolvi adotar uma estratégia que valorizasse a verbalização das crianças a respeito de suas concepções de raça. Decidi concentrar essas entrevistas no grupo de crianças de 8-9 anos de idade nas duas escolas. Baseada nas leituras e nas observações feitas de forma não sistematizada, elaborei um protocolo de entrevista em que procurava explorar o significado de algumas associações feitas pelas crianças, como a ligação de *negro-preto* com macaco, com diabo, com feiúra. Foram feitas entrevistas individuais, com 2, 3 ou 4 crianças. Para facilitar a criação de um ambiente lúdico e manter a atenção da criança, utilizei nessas entrevistas bonecas e bonecos de duas cores diferentes.[8] A classificação das bonecas e bonecos era solicitada à criança. A utilização que eu fiz dessa técnica teve uma orientação qualitativa, e as bonecas e bonecos serviram como pretexto para introduzir o tema racial na conversa. Eventualmente, quando apropriado, criava algumas situações sociais com os bonecos e bonecas, e pedia à criança que escolhesse quem desempenharia determinados papéis. Eram dois conjuntos de 7 bonecas e bonecos, de cores diferentes, que permitiam a formação de famílias com avó, avô, pai, mãe, filho, filha e um neném, se a criança assim quisesse. Essa[9]s bonecas e bonecos foram feitos a partir de concepções antroposóficas8 e não são encontrados em lojas comerciais usuais. O objetivo pedagógico desses brinquedos é possibilitar que a criança se identifique com eles, a partir de seus próprios conteúdos imaginários, já que os bonecos e bonecas eram todos iguais, com exceção da cor e da cor da roupa, e não tinham nenhuma expressão facial de tristeza, de alegria ou de raiva. Os bonecos e bonecas eram flexíveis, podendo dobrar as pernas e braços, o que possibilitava uma maior manipulação, e nenhum deles possuía cabelo amarelo.[10]

---

[8] No capítulo III apresento a discussão sobre alguns problemas metodológicos envolvidos na utilização dessa técnica de bonecas em pesquisas sobre atitudes raciais de crianças.

[9] Entrevistei a professora que revende as famílias de bonecos e bonecas em Belo Horizonte. Ela leciona numa escola com orientação pedagógica antroposófica. Segundo ela, o objetivo dessa pedagogia nos sete primeiros anos de vida da criança é o de "proteger a infância, incentivar o brincar espontâneo, sadio e a capacidade que a criança traz dentro consigo. A criança é puro movimento, ela tem um mundo imaginário, rico dentro dela que precisa ser estimulado. A fantasia, essa imaginação infantil deve ser exercitada senão ela atrofia. É necessário oferecer à criança um ambiente saudável para ela exercitar a fantasia; estimular o mundo imaginativo da criança através de brinquedos encontrados na natureza e através de brinquedos artesanais".

[10] A descrição feita pela professora que revende os bonecos foi: "As famílias de bonecos foram confeccionadas por camponesas. Elas são feitas dentro da nossa linha pedagógica e é uma amiga minha que faz um trabalho social com camponesas no interior de São Paulo. Então, essas senhoras trabalhavam na plantação de cana, era um trabalho muito pesado. Então, ela tirou elas do campo e

De novembro a dezembro de 1997 foram entrevistadas 27 crianças pobres e 22 crianças de classe média, todas cursando o terceiro ano do primeiro ciclo, na faixa etária de 8-9 anos. As entrevistas foram gravadas. As crianças se sentiram à vontade durante as entrevistas, e muitas delas me pediram para serem novamente entrevistadas, em outra ocasião. O roteiro das entrevistas consistia nas seguintes perguntas básicas que eram adaptadas ao contexto: perguntas sobre a família (quantos irmãos, ocupação dos pais); sobre as brincadeiras; sobre o grupo de amigos existentes na sala; sobre os bonecos (quais são as diferenças que você observa entre os bonecos? Por que você montou famílias dessa forma? Por que você escolheu esses? E outras perguntas sugeridas pela reação das crianças aos bonecos); sobre as cores de pessoas e a identificação dos colegas de sala nessas categorias; sobre a autoclassificação e sobre a minha cor; sobre igreja que frequenta; sobre representação de Deus; do capeta e de anjos; sobre macumba e perguntas tais como: Você gostaria de ser *preto* ou *negro*? (eu utilizava a categoria usada pela criança nas respostas anteriores). Por quê? Se você pudesse escolher, qual você escolheria? Por quê? Você gosta de sua cor? Você já ouviu *preto* ser xingado? De quê? Onde? Você já ouviu dizer que *preto* parece macaco? Onde? Você sabe me explicar por que isso acontece?

---

as ensinou a fazer bonecas. A boneca, na verdade, tem um mínimo de detalhes possíveis, justamente, isso assim, na expressão, justamente para que a criança possa colocar ali a imaginação. Então, isso é um dos pontos, assim, de ter a forma, mas de evitar os detalhes, as caricaturas. O outro ponto é a questão do material. Então, a gente só trabalha com material 100% natural. Elas são recheadas de lã de carneiro. Os vestidinhos são de algodão, né? Porque, justamente, a criança nesse primeiro setênio está desenvolvendo todos os órgãos de sentido, que estão ainda sendo formados. Então, essa sensibilidade que a criança tem do tato, né?, ao tatear; tudo que a criança pega, aquilo está atuando em sua corporalidade, na formação de sua corporalidade. Então a gente oferece material realmente que traz texturas diferentes. Até nos brinquedos naturais, que a gente encontra na natureza, a gente percebe sons, odores, texturas variadas, né? Então, é muito rico esse universo dos brinquedos naturais. E também esses artesanais, porque trazem um pouco esse calor de quem fez, essa criação do artista que fez, traz também essa questão do, por exemplo, no caso dessa boneca de pano, como é gostoso você pegar uma boneca de pano, abraçar. Ela é quentinha. A lã tem essa propriedade mesmo, que ela toma a temperatura de quem pega, sabe? Então, a criança fica abraçada com a bonequinha, ela fica na mesma temperatura que o corpo da criança, né? Então, isso é muito mais gostoso do que você pegar aquela boneca de plástico. O plástico é frio, é duro, né? É um material morto. Foi praticamente trabalhado artificialmente, uma transformação artificial, sendo que a lã, o algodão, todo esse material natural, ele é um material que traz ainda essa vida, essa vitalidade".

Essas entrevistas realizaram-se na presença dos bonecos e das bonecas, que, entretanto, não foram utilizados exclusivamente como instrumentos de uma técnica projetiva. Em alguns momentos, no entanto, eu simulava uma brincadeira com os bonecos e as bonecas e sugeria às crianças que escolhessem qual delas representaria um determinado papel, como o padre de uma igreja, o médico ou a faxineira de uma fábrica. Esse experimento dependia do contexto da entrevista e não foi utilizado de forma sistemática, a não ser a simulação da cena de um assalto. Eu pedia às crianças que determinassem entre um boneco e outro, de cores distintas, qual seria o ladrão da brincadeira. Em outros momentos eu solicitava à criança que inventasse uma história com os bonecos, sugerindo algumas situações como briga, sala de aula, namoro, festa de aniversário, igreja. Esse procedimento não funcionou muito bem porque as crianças tiveram dificuldade em criar a história. Para usar esse recurso, teria sido necessário um roteiro dirigido de criação, como o utilizado por Porter (1973) no seu estudo sobre a gênese do preconceito e seus efeitos, a partir da análise de atitudes raciais de crianças de 3 a 5 anos de idade. Nessa investigação, a autora utilizou uma técnica denominada *The Tv-Storie Game,* na qual o entrevistador informa às crianças que elas vão criar uma história infantil para televisão usando bonecos e casas de bonecos para ajudá-las. As duas situações sociais propostas foram a escola e a casa. A estória começa na escola e o entrevistador pede que a criança escolha um boneco *negro* ou white que se pareça com ela própria para iniciar sua história. O entrevistador afirma que aquele boneco escolhido foi o primeiro a chegar e que ficou esperando algum amigo chegar para brincar. O entrevistador, então, apresenta dois outros bonecos, um *white* e outro *negro*, e pergunta qual dos dois é amigo do que chegou primeiro e o porquê da escolha. Após começarem a brincar, duas outras crianças chegam à escola, e o amigo do primeiro fala que uma das crianças é muito agradável e sugere convidá-la para brincar. O entrevistador pergunta: qual dos dois é agradável? Por quê? Agora as três crianças estão brincando, e duas outras chegam à escola. Diante da proposta da primeira criança a chegar na escola de convidar também essas últimas para brincar, o amigo diz que não gosta de uma delas porque ela é preguiçosa e estúpida. O entrevistador pergunta: qual das duas é preguiçosa e estúpida? Por quê? O que ela disse para o amigo?

A segunda história criada segue o mesmo padrão anterior simulando uma festa de aniversário. Pergunta-se à criança qual menina parece limpa e organizada, qual deve receber o último pirulito, qual das meninas entre quatro opções parece criança *negro*, qual dos meninos entre quatro opções parece criança *colored*, quais parecem crianças *white*. Após essas perguntas, é dada à criança a oportunidade de criar seu próprio *TV show*. Essa é a parte não estruturada do teste. Quando a criança começava a dispersar, o entrevistador pegava uma boneca da mesma categoria racial e sexo da entrevistada e perguntava: quem é a mãe da boneca? Quais são seus irmãos e irmãs? O mesmo processo era repetido com a boneca de categoria racial oposta.

Finalmente, o entrevistador separava 4 bonecos do mesmo sexo da criança entrevistada (dois *whites* e dois *negroes*) para que ela selecionasse os dois mais parecidos. Essa escolha poderia também ser feita pela cor da roupa, pois os bonecos de *raças* diferentes eram vestidos do mesmo jeito. Por exemplo, uma boneca *white* e uma boneca *negro* com vestido vermelho, e uma boneca *white* e uma boneca *negro* com vestido azul. Depois disso, o entrevistador separava quatro bonecos vestidos completamente diferentes: um boneco e uma boneca *white*, e um boneco e uma boneca *negro*, para que a criança escolhesse os dois mais parecidos. Nesse caso, o agrupamento poderia ser por sexo ou por categoria racial.

Os dados assim obtidos foram estatisticamente analisados, definindo-se três variáveis dependentes: consciência, autoidentificação e atitudes (estereótipos, preferências e distância social). A autora considerou o material não estruturado – comentários feitos pelas crianças e o jogo livre – na interpretação dos resultados, por ser difícil uma análise somente baseada na escolha forçada de bonecos. A escolha da boneca *white*, por exemplo, poderia indicar rejeição de *negroes*, preferência por *whites* ou ambas as coisas. A criança poderia também desenvolver sentimentos positivos ou negativos para com ambas as categorias raciais. Assim, Porter (idem, p. 51) diz que "se crianças não somente selecionam a boneca white, mas também fazem comentários que *white* é bom e *black* não é, um padrão de atitudes raciais incipientes é, pelo menos, indicado".

A utilização de bonecas nessa primeira fase da pesquisa teve, portanto, um caráter menos projetivo, uma vez que a entrevista não foi baseada na escolha sistemática entre uma boneca *não branca* ou *branca*.[11] Após essa coleta, compilei os dados em torno de algumas categorias e redigi um *memo* sobre crianças pobres e um outro sobre as crianças de classe média.

Não realizei uma análise estatística das respostas dadas pelas crianças, mas uma análise do discurso construído por elas, tentando perceber o significado da vivência racial e as características do processo de socialização racial. A comparação entre os dois grupos socioeconômicos pesquisados resultou na elaboração de um outro *memo* intitulado *O processo de socialização racial de crianças*. Nele aprofundei as ideias já elaboradas quando da primeira sistematização dos dados, após a primeira etapa de observação. Discuti o sistema de classificação racial utilizado pelas crianças; o processo social de elaboração de estereótipos raciais, destacando-se o uso de categorias depreciativas, que indica que o sistema de classificação racial não é apenas um sistema de diferenciação, e as ideias de que "preto é feio", "preto parece macaco", "preto parece diabo" e "preto é ladrão e pobre", e o discurso relativizador do preconceito racial.

A análise feita dos dados obtidos por observação direta ou pelas entrevistas não considerou a consistência interna de cada entrevista individualmente. As falas das crianças foram agrupadas de acordo com as categorias e as características de sua interpretação sobre as relações raciais. Dessa forma, foi esboçado o tipo ideal de criança preconceituosa em relação a *negros-pretos*, apontando as similaridades e as diferenças entre uma criança de classe média e uma criança pobre, moradora da favela.

Tentando descobrir novas manifestações do preconceito racial e incentivar a verbalização de um conjunto mais amplo de estereótipos ou de sentimentos negativos em relação às categorias *negro-preto* e *branco*, organizei uma nova etapa de entrevistas com as mesmas crianças, conjugando o uso de bonecos e de cartões onde estavam escritos os seguintes atributos positivos e negativos: organizado,

---

[11] Utilizo essas categorias porque as crianças classificaram as bonecas como *branca* ou *preta, negra* ou alguma outra categoria *não-branca*.

educado, simpático, inteligente, honesto, forte, estudioso, vaidoso, limpo, bom, bondoso, corajoso, sincero, pobre, rico, batuqueiro, violento, ruim, malandro, covarde, vagabundo, nojento, ignorante, preguiçoso, sujo, sem educação, macumbeiro, desonesto, fedorento, burro, chato, maldoso, valentão, brigão. Muitos desses atributos foram sugeridos pelos estudos de atitudes raciais infantis, comentados acima. O experimento consistiu em pedir às crianças que distribuíssem os cartões entre dois bonecos, um *branco* e outro *não-branco*, não sendo necessário usar todos os cartões. Essas entrevistas foram realizadas nos meses de junho e julho de 1998.

As crianças são consideradas nesse estudo, retomando o argumento, enquanto atores da vida social, desempenhando um papel ativo no seu próprio processo de socialização. Lerner&Lerner (1986, p. 91-92) ao refletirem a respeito da relação entre crianças e contexto, afirmam que as crianças são processadoras e produtoras de seu próprio desenvolvimento, existindo uma função circular entre a criança e seu contexto. O processo de socialização, segundo esses autores, implica a aquisição de competência comportamental e cognitiva por parte da criança, que responde pelas demandas do ambiente. Ela, então, elabora sua própria experiência de socialização – a socialização racial é parte dessa experiência – desenvolvendo, ao mesmo tempo, como destaca Cicourel (1974), uma concepção de estrutura social.

Também Erikson (1976) chama a atenção para o papel ativo da criança. Para esse autor, por exemplo, quando a criança necessita submeter o seu *ego* a um exame meticuloso, "depois dos ciclos das travessias nos encapelados mares sociais" (idem, p. 203), ela se recolhe ao seu pequeno mundo de brinquedos e coisas. A partir do controle dos brinquedos, a criança pode também dominar seus traumas, que neles são projetados. Na idade da escola maternal, o prazer lúdico, até então solitário, invade a *macrosfera,* e a criança começa a aprender qual conteúdo pode ser compartilhado e imposto aos outros. Para Erikson (1976, p. 204), "o jogo da criança é a forma infantil da capacidade humana para manejar a experiência, criando situações-modelo, e para dominar a realidade por meio da experimentação e do planejamento".

A ênfase na importância da socialização entre pares na aprendizagem e produção de uma realidade preconceituosa por parte das crianças aproximou-me dos princípios da perspectiva da Teoria da Rotulação (*labeling theory*) ao analisar os dados produzidos. A teoria da rotulação, aplicada ao estudo de comportamento desviante, supõe que desvio não é inerente ao comportamento em si, mas é o resultado da aplicação de regras e sanções por outros contra alguém percebido como violador de regras. O princípio central da orientação do rótulo é, segundo Schur (1971, p. 7) que "desvio e controle social sempre envolvem processos de definição social". O desvio é, assim, constantemente formado, resultado de processos dinâmicos de interação social. Ele é reflexo de complexos processos de ação e reação, de resposta e contrarrespostas. A ênfase dessa análise recai sobre as reações societais e o processo pelo qual o rótulo de desvio é aplicado com sucesso. O desviante, então, é socialmente construído, e o desvio pode ser entendido como tudo aquilo que é considerado diferente e gera uma resposta social negativa. Assim, os teóricos da rotulação preocupam-se em estudar por que as pessoas são rotuladas e quem as rotula.

A teoria do rótulo, no entanto, pode ser útil na discussão de outros processos sociais de rotulação, como, por exemplo, os ocorridos no interior das escolas, a partir das expectativas que as/os professoras/es geram sobre seus alunos. A integração entre essa perspectiva de análise da teoria da rotulação e a pesquisa sobre "*profecia que se autocumpre*" (*self-fulfilling prophecy*) foi sugerida por Rist (1977) nos estudos educacionais, especialmente nas explicações de sucesso ou falência nas escolas. Para o autor (idem, p. 302), "a análise dos efeitos das expectativas do professor produz resultados altamente similares àqueles encontrados no estudo de desvio social". Alunos são rotulados e, a partir disso, mudam suas definições de *self* e, posteriormente, reforçam o comportamento que desencadeou a reação social, o que interfere em suas carreiras dentro do sistema educacional.

Processos semelhantes também ocorrem na atribuição de estereótipos raciais. A diferenciação racial resulta em penalidades, rejeições e discriminações. As pessoas que são rotuladas de feias por motivo racial, por exemplo, muitas vezes assumem essa descrição de si mesmas, assim como a pessoa rotulada de desviante, que se torna aquilo que é descrito pelo rótulo. Além disso, percebe-se um intenso processo social de negociação, de rejeição, de aceitação ou modificação nas tentativas de aplicação do rótulo. Schur (1971, p. 25) reconhece explicitamente que reações estigmatizantes contra *grupos de minoria* são similares às reações que produzem desvio, mas acha importante distingui-las, pois, segundo ele, não "parece útil considerar 'desviantes' todos os membros de grupos de minoria". No entanto, um processo inicial de criação e atribuição de estereótipos raciais pode levar a um comportamento definido pelo grupo como desviante, como, por exemplo, uma menina ou menino que adquirem o rótulo de "brigão" ou "agressivo". Nesse caso, a reação ao estereótipo racial ou comportamento preconceituoso, a briga, gera outra reação social: a de reprovação do comportamento agressivo e rotulação de "desviante", que passa, então, a ser alvo de controle por parte da administração da escola.

A relação entre grupos de *maioria* e de *minoria* implica, pois, processos semelhantes aos de imputação de desvio. As características do grupo de minoria passam a ser vistas como diferentes e desviantes de uma suposta norma referencial positiva. Para Schur (1971, p. 11) são três os processos básicos de resposta envolvidos na produção de resultados de desvio: processos de estereotipar, de interpretação retrospectiva e de barganha e negociação. Esses processos básicos, segundo o autor (idem, p. 38-39), operam em três níveis de análise: *collective rule-making*, reações interpessoais e no nível organizacional. Na análise que faço dos dados da minha pesquisa, considerarei o modo de operação dos processos de estereotipar e de negociação no nível das relações interpessoais, não considerando o nível de produção de regras coletivas e o organizacional nem o processo de interpretação retrospectiva.

Quanto ao primeiro processo, o de estereotipar, Schur (1971) observa que esse conceito importante para a Psicologia Social tem sido usado para descrever reações diante de *status* racial e étnico, visto como *status* atribuído e tem sido pouco aplicado no estudo de comportamento desviante. Essa falha, segundo o autor, foi superada com a Teoria da Rotulação que considera os mecanismos de estereotipar como centrais para explicações da produção de desvios. Citando Lippmann (1922),[12] Schur (idem, p. 40) destaca parte dos processos pelos quais indivíduos e comportamentos são rotulados:

> Nós não vemos primeiro, então definimos, nós definimos primeiro e então vemos... Nós ouvimos sobre o mundo antes de vê-lo. Nós imaginamos a maioria das coisas antes que nós as experimentemos. E aquelas preconcepções, a não ser que a educação faça-nos agudamente conscientes, governam profundamente a totalidade do processo de percepção. Elas marcam certos objetos como familiares ou estranhos, enfatizando a diferença, de modo que o levemente familiar é visto como muito familiar e o pouco estranho como agudamente estrangeiro. (SCHUR, 1971, p. 40)

Essa citação enfatiza a prioridade do processo de definição em relação ao de percepção e aproxima-se do argumento levantado por Hirschfeld (1996) em sua explicação da aquisição de categorias raciais, como veremos no próximo capítulo. Assim como categorizar, estereotipar é também considerado um aspecto essencial da interação social. Como declarou Schur (1971, p. 41), *"processos de definição e reação são centrais na interação social e que portanto, tipos de rotulação – pronunciados ou sutis, positivos ou negativos e outros – são certamente fenômenos sociais difundidos"*. Assim como categorias de desvio transmitem *"stock interpretative acconting"*[13] para qualquer pessoa classificada sob um certa categoria, assim também categorias raciais abarcam crenças sobre "qualidades não óbvias ou interiores (incluindo as morais e mentais) tanto quanto sobre as físicas exteriores" (HIRSCHFELD, 1996, p. 42). Conforme esse autor (ibidem, p. 53), aquelas crenças estão ligadas ao preconceito racial que, segundo ele, abarca "a noção de que diferenças corporais em aparência assinala diferenças em potencial e valor que, por sua vez, legitima injuriosas distinções entre raças".

---

[12] De acordo com Ashmore & Del Boca (1981, p. 2), a publicação desse livro de Lippmann em 1922 trouxe o termo "estereótipo" para a atenção dos cientistas sociais e muitas das ideias contidas neste livro sobre estereótipo parecem, segundo os autores, *"surpreendentemente contemporâneas"*. A tese básica de Lippmann, continuam os autores, é que "humanos não respondem diretamente à realidade externa, mas à 'representação do ambiente que é em menor ou maior grau feito pelo homem mesmo [p.10]'[...] Para Lippmann, em outras palavras, estereótipos eram estruturas cognitivas que ajudavam indivíduos processar informação sobre o ambiente...".

[13] Esse conceito está numa citação feita por Schur (1971, p. 41) da definição de desviantes feita por Rubington, Earl e Weinberg, Martin S. em 1968, na coletânea organizada por eles sob o título *Deviance: The Interactionist Perspective*.

O segundo processo básico a ser aqui considerado, o de negociação e barganha, relaciona-se com o fato de que a imputação de rótulos implica algum exercício de poder. Os analistas do rótulo têm estudado esse aspecto, principalmente, nos processos organizacionais informais do sistema legal. Segundo Schur (1971, p. 57), "processamento informal baseia-se no poder discricionário de agentes particulares de controle" e "o exercício desse arbítrio, tipicamente influenciado pelo estereótipo, por interpretação retrospectiva e também por imperativos organizacionais, vitalmente afeta a 'produção' de resultados de desvio". Outra arena de negociação e barganha selecionada pelos analistas do rótulo tem sido a dos diagnósticos psiquiátricos, segundo o autor. Nesse caso ocorre uma negociação entre doutor e paciente no sentido de determinar uma compartilhada definição da situação. Para Schur (idem, p. 66), a grande contribuição da abordagem da rotulação foi a de ter incorporado esses elementos de barganha e relações de poder – "aspectos centrais de toda interação social" – nas análises de desvio e controle social.

Dessa discussão sobre negociação e barganha entre "desviantes" e agentes de controle, é fundamental reter a ideia que a realidade social é definida nas relações interpessoais, que também são caracterizadas como relações de poder. Nesse sentido, processos de rotulação e de resistência ou algum tipo de adaptação ao rótulo podem coexistir. Como afirma Schur (idem, p. 56), "a vulnerabilidade individual para processos de imputação pode ser altamente variável, dependendo de fatores situacionais, posição social, recursos de poder, etc.". Como ainda será visto, também os processos de categorização racial são negociados, dentro de certos limites, bem como as relações raciais – de tolerância ou preconceito – estabelecidas pelas crianças desse estudo.

A atribuição de estereótipos raciais negativos é, neste livro, entendida como manifestação atitudinal do preconceito, e os estereótipos são, contemporaneamente, vistos como o componente cognitivo das atitudes intergrupos. Essa manifestação atitudinal é também constituída por sentimentos e preferências. De acordo com Blalock (1982, p. 19), uma "pessoa preconceituosa desenvolve estereótipos, ou crenças simplificadas sobre as minorias...", e na prática é difícil separar esse componente cognitivo do componente afetivo.

Ashmore & Del Boca (1981), revendo a literatura sobre estereótipos, identificaram áreas de acordo e desacordo na definição do conceito, mas concluíram que o significado central do termo pode assim ser explicitado: "um conjunto de crenças sobre os atributos pessoais de um grupo de pessoas" (idem, p. 16). Três áreas de desacordo foram por eles apontadas: (1) estereótipo deve ou não ser considerado mau por definição? (2) estereótipos são crenças de um indivíduo sobre um grupo particular ou são crenças consensuais ou culturalmente compartilhadas? e, (3) estereótipos são traços *característicos* de um grupo social ou são atributos *diferenciadores*? Para os autores (idem, p. 16), a consideração do estereótipo como "mau" tem pouca utilidade e implica a ideia de que estereótipos são estruturas cognitivas desviantes, bizarras ou patológicas, servindo para "isolar a pesquisa sobre estereótipo das áreas da Psicologia e da Sociologia que tratam com processos 'normais' envolvidos na percepção de indivíduos e grupos".

A resposta da maioria dos sociólogos à segunda área de desacordo, conforme afirmaram os autores (idem, p. 19) é que estereótipos devem ser vistos como "crenças sobre grupos sociais que são amplamente compartilhadas". Ashmore & Del Boca (1981), no entanto, sugerem uma distinção entre estereótipo (conjunto de crenças de um indivíduo sobre um grupo social) e estereótipo cultural (padrões de crenças compartilhados). Finalmente, esses autores entendem que os estereótipos não devem ser restritos somente aos atributos diferenciadores nem aos atributos característicos. Atributos diferenciadores, mesmo que sejam atribuídos com um grau relativamente baixo de frequência, devem ser considerados componentes de um estereótipo. Mas os atributos característicos também devem ser incluídos, mesmo que apareçam em vários grupos, pois é provável que os atributos diferenciadores constituam a menor proporção do estereótipo ou do estereótipo cultural e que "o significado de traços não diferenciadores varie em função do conjunto total de crenças sobre um grupo social" (idem, ibidem, p. 20).

A definição de preconceito racial, no entanto, não se restringe à sua manifestação atitudinal, mas inclui também uma dimensão comportamental. Blalock (1982) sugere que cinco tipos gerais de comportamento, desencadeados pelas interações entre membros do grupo de maioria e minoria, cobrem a maior parte dos tópicos inseridos no campo das relações raciais e étnicas:[14] (1) relações de exploração; (2)comportamento competitivo; (3) agressão; (4) discriminação e, (5) comportamento de evitação. Discriminação foi definida como o "tratamento diferencial de membros do grupo de minoria e de membros do grupo dominante" (idem, p.19).[15]

A distinção entre atitude e comportamento existente na literatura sociológica americana tem gerado uma discussão sobre a relação entre esses dois conceitos, pois nem sempre se observa compatibilidade entre comportamento e atitude. A discrepância entre atitude e comportamento, no caso do preconceito racial, pode ocorrer, por exemplo, segundo Blalock (1982), quando existem normas inequívocas e sanções legais que tentam impedir a discriminação, pois, nesse caso, é possível que as atitudes preconceituosas permaneçam, porque elas não são automaticamente eliminadas por lei. Essa discrepância foi também identificada nas pesquisas sobre atitudes raciais na infância, como veremos no capítulo III, quando discutiremos tanto a manifestação atitudinal do preconceito quanto a comportamental dos grupos de crianças observados.

Antes de concluir este capítulo, é importante situar as reflexões de Hirschfeld (1996) sobre o fenômeno racial com o objetivo de explicitar o significado do conceito de raça, tal como deve ser entendido neste trabalho, e de delimitar teoricamente o debate contemporâneo, pois raça é um conceito complexo que tem gerado muita controvérsia.

---

[14] Relações raciais e étnicas são consideradas por Blalock (1982, p. 1) como um tipo especial de relação intergrupos que quase sempre envolvem relações de poder em que "um grupo dominante aloca para si a maior parte das recompensas, tais como os melhores empregos e moradia, e do controle sobre os mais importantes recursos ou centros de poder".

[15] Blalock (1982) discute as condições sociais que afetam cada tipo de comportamento levando em consideração fenômenos de nível macro. Assim, remeto o leitor interessado em uma discussão das teorias que enfatizam mais diretamente as causas macro sociais do preconceito e discriminação raciais e étnicas a essa obra. Jones (1973, p. 3) também considera a discriminação uma manifestação comportamental do preconceito e a define como sendo "as ações destinadas a manter as características de nosso grupo, bem como sua posição privilegiada, à custa dos participantes do grupo de comparação". Esse autor considera o preconceito "uma atitude negativa, com relação a um grupo ou uma pessoa, baseando-se num processo de comparação social em que o grupo do indivíduo é considerado como o ponto positivo de referência".

De acordo com esse autor, os estudos sobre raça são feitos, principalmente, a partir de duas abordagens: uma universalista, adotada pelos psicólogos, especialmente os cognitivos e outra comparativa, própria de disciplinas comparativas e interpretativas como Sociologia, Antropologia, História, etc. A abordagem universalista "explora os processos mentais subjacentes que dão origem a cognições raciais e *biases*", e a abordagem comparativa "aborda raça como o produto de específicas forças sociais e históricas" (Q, 1996, p. 7).

A perspectiva psicológica-universalista entende raça como um "subproduto do modo que a informação é organizada e processada" (idem, ibidem, p. 8). O processamento de informação humana se dá pela capacidade em formar categorias de objetos e categorias sociais. Esse processo de categorização facilita o pensamento, reduzindo a quantidade de informação que as pessoas necessitam manipular, além de possibilitar uma extensão do conhecimento do mundo natural e social: "categorias naturais estendem nosso conhecimento do mundo capturando similaridades não óbvias entre seus membros" (HIRSCHFELD, 1996, p. 8) e categorias sociais "estendem explicações do comportamento humano para instâncias não conhecidas em circunstâncias não familiares" (idem ibidem, p. 9).

A criação de tipos humanos é feita através da classificação e da rotulação de pessoas tanto em termos de "transitórias crenças e emoções" quanto em termos de "traços e disposições mais estáveis" (idem ibidem, p.9), ou tendo como base a aparência externa. Raça e gênero são os dois tipos de aparência particularmente salientes, e essa saliência tem sido explicada pelos psicólogos pela "propensão para classificar conjuntamente objetos que compartilham similaridades físicas conspícuas" e pelo "fato de que gênero e raça têm correlatos físicos proeminentes" (idem, ibidem, p. 9). Assim, categorias de gênero e raça aproximam-se de categorias naturais, na medida em que capturam "similaridades não óbvias que podem ser recrutadas para estender conhecimento" (ibidem, ibidem, p. 9), gerando, por outro lado e, diferentemente das inferências promovidas pelas categorias naturais, a possibilidade de formação de preconceitos sociais, através da produção de inferências errôneas.

Preconceitos são entendidos por essa perspectiva como exemplos de categorias *biases*. O desenvolvimento de ideias sobre raça e racismo é atribuído a *biases* no processamento da informação. Por causa desse entendimento, os psicólogos não desenvolveram teorias sobre raça. Para eles, os objetos de estudo são fenômenos, tais como o preconceito, o processo de estereotipar ou o favoritismo pelo próprio grupo. Não se preocuparam em especificar a categoria-alvo – raça, gênero, nacionalidade, ocupações, etc. Para Hirschfeld (1996, p. 26), no entanto, "os processos psicológicos que se aplicam a categorias sociais não podem ser completamente entendidos fora do quadro de referência cultural em que as categorias são fixadas". O conteúdo das categorias e o contexto em que se inserem interferem no modo como elas são processadas.

Já a perspectiva comparativa, por sua vez, enfatiza o conteúdo específico do pensamento racial, que não é o mesmo em todos os contextos. Ela está interessada nas representações públicas e nas doutrinas sobre raça. Admite a existência de múltiplos sistemas de pensamento racial, que se desenvolvem em diferentes culturas e épocas históricas. Compreende raça como "uma noção histórica e culturalmente específica, envolvida em uma constelação de discursos econômicos, políticos e culturais e particularmente ligada a específicas relações de poder e autoridade" (HIRSCHFELD, 1996, p. 32). As relações de poder são relações estruturais e não relações mentais, a não ser na medida em que práticas de dominação e subordinação são de alguma forma representadas e representáveis. Assim, nessa concepção, sistemas de pensamento racial raramente são explicados por causas psicológicas.

Para Hirschfeld (1996), nem a abordagem psicológica, nem a comparativa conseguem explicar uma questão, para ele fundamental, sobre o pensamento racial: "por que as pessoas tão prontamente se movem de categorias visuais para a natureza interior?" (idem, p. 11). A ideia de raça envolve crenças sobre a aparência física e sobre qualidades internas:

> [...] raça é interessante, do ponto de vista do senso comum, precisamente porque similaridades físicas aceitas comumente são supostamente emblemáticas de uma multitude de outros atributos, propriedades e competências, frequentemente não óbvios. (HIRSCHFELD, 1996, p. 4)

O conceito de raça, continua o autor, "subdetermina o pensamento racial", *que só pode ser* explicado "por referência a instanciação do conceito de raça no ambiente cultural particular" (idem, p. 34). Dessa forma, conceito de raça e pensamento racial são noções distintas. O pensamento racial é um dos aspectos das formações culturais. Por isso, acredita o autor, somente a integração das duas abordagens através da consideração de fatores mentais e estruturais permitirá uma resposta adequada à questão fundamental colocada acima, pois, "a ideia de raça é tanto psicologicamente singular quanto historicamente específica" (id, p. 17). Tanto a capacidade conceitual quanto o contexto histórico são necessários na produção do conceito de raça. O contexto histórico e cultural produz a noção de raça como um tipo único de crença, diferente de outras noções do senso comum, e "os processos psicológicos profundamente enraizados" (idem, p. 12) são responsáveis por sua recorrência em culturas e épocas históricas. O fenômeno racial contém em si tanto uma dimensão universal quanto particular.

 A proposta de integração teórica da abordagem psicológica e comparativa sugerida pelo autor reconhece que a especificidade do pensamento racial é derivada tanto da "maneira única do sistema conceitual humano criar e utilizar conhecimento de tipos humanos intrínsecos" quanto de condições históricas e culturais. Ele também afirma que a criação de conhecimento e o raciocínio sobre tipos humanos envolvem uma *competência de domain-specific* (HIRSCHFELD, 1996, p. 12).[16] A aprendizagem e a representação dos aspectos raciais,

---

[16] O autor esclarece que "...competência de *domain-specific* é uma estrutura cognitiva dedicada a obter, organizar e usar conhecimento sobre uma particular área de conteúdo [...] Tradicionalmente a mente tem sido concebida como uma *general-purpose problem solver* cuja operação pode ser estudada largamente, independente do conteúdo particular. Em recentes anos, tem emergido um sustentado desafio para essa visão que propõe que a mente é uma coleção de *special-purpose tools*, cada uma objetivando um problema específico ou conteúdo. Conhecimentos do senso comum do mundo físico, do mundo biológico e do mundo psicológico têm todos sido interpretados como produtos de competências de *domain-specific*. Apesar de cada competência ser a base para um distinto corpo de conhecimento, todas competências *domain-specific* compartilham características estruturais comuns. Cada uma dirige a atenção para certos tipos de dados, especifica a existência de certos tipos de entidades e guia a formação de uma certa extensão de hipóteses. Tais ferramentas desempenham duas funções cruciais: elas simplificam a tarefa de impor ordem sobre um mundo frequentemente desordenado e elas fornecem os meios para enriquecer e estender, de outro modo, conhecimento limitado" (idem, p. 12-13).

e de outros aspectos do mundo são feitas através de modos distintos e especializados. O autor, no entanto, afirma que não considera raça um conceito inato, pois raças não são categorias genuínas do ambiente natural, apesar da proposição de que conhecimento racial emerge da operação de uma ferramenta conceitual de *special-purpose*. Raças são criadas por homens, e não descobertas por eles; são artefatos da cultura humana. Os seres humanos conceitualizam o mundo humano como composto de tipos humanos, e o conceito de raça, conforme sugere o autor "emerge da noção de tipos humanos, estabelecidos sobre a atribuição de características inerentes ou intrínsecas comuns" (idem, p. 13). A criação de tipos humanos é compreensiva, pois implica não somente a classificação de indivíduos em tipos relevantes a partir daquilo que é considerado significativo, como também admite a existência de similaridades nas naturezas básicas e não óbvias dos indivíduos pertencentes à mesma categoria. A noção de tipologia humana que interessa ao autor é a do senso comum que tem sido chamada de "*grupo primordial*" (idem, p. 20).[17]

O conceito de raça, em suma, contém aspectos que atravessam culturas e épocas históricas e aspectos cultural e historicamente distintos. O autor admite, assim, a existência de um núcleo cognitivo recorrente, que perpassa a variação cultural. O conceito de raça está "embutido na teoria do senso comum que sustenta que humanos podem ser distribuídos em tipos duradouros sobre a base de propriedades altamente correlacionadas, fundamentadas naturalmente" (idem, p. 38). Duas ideias são constituintes desse conceito de raça: (a) a ideia de que raça é natural, e essa ideia está presente em todos os sistemas de crenças raciais; e (b) a ideia de que conhecimento cotidiano, inclusive

---

[17] *Grupo primordial* é assim definido: "qualquer grupo difuso de indivíduos que uma pessoa reconhece como sendo como ele ou ela de algum modo fundamental e duradouro, mas cuja similaridade não é determinável por eventos locais (e.g. relações imediatas de parentesco). Tais grupos não são organizados ao redor de propriedades específicas ou atividades (e.g. uma atividade comum ou função instrumental) ou sentimento compartilhado (e.g. uma perspectiva política e moral comuns). Mais, o nível em que esse recorte é feito é determinado por uma lógica partitiva de senso comum ou ontologia social que discerne os tipos de pessoas 'naturais' que existem no mundo" (HIRSCHFELD, 1996, p. 20).

o racial, é teórico.[18] Todos os sistemas de pensamento racial adulto exibem características que, segundo o autor, permitem considerá-los *theory-like*: "compromisso com uma ontologia específica, atenção a princípios causais de *'domain-specific'*, coerência de crença e resistência padronizada a contraevidência" (idem, p. 38). A ontologia, nesse caso, é a expectativa de que os seres humanos podem ser distribuídos em um número de distintos tipos físicos.

O autor (Hirschfeld, 1996, p. 39) reconhece que a caracterização do discurso racial como teoria não é nova, mas, diferentemente de outros estudiosos, distingue a base teórica para o pensamento racial ("um conjunto de princípios abstratos que constrangem a construção de teorias particulares de raça") e o pensamento racial em si ("sistemas de referenciamento racial [i.e., sistemas de distribuição racial aceitos culturalmente em um tempo e lugar particulares]"). Teoria de raça foi definida como

> [...] a crença popular, recorrentemente encontrada, em que os humanos podem ser distribuídos em distintos tipos baseados em sua constituição concreta e observável. A noção de constituição observável captura as seguintes características do pensamento racial: diferenças raciais são pensadas como sendo encorpadas, naturais e duradouras, e abarcando tanto qualidades não óbvias ou interiores (incluindo as morais e mentais) quanto as físicas exteriores (HIRSCHFELD, 1996, p. 42).

A versão atual dessas características não deve ser generalizada para todo sistema de pensamento racial, conforme reivindica o autor. A ideia de que diferenças raciais são encorpadas inclui, mas não se restringe ao critério físico que membros de diferentes raças diferem em sua anatomia externa, pois "raça é também codificada e encorpada em modos menos visivelmente somáticos" (idem, p. 43), como observáveis diferenças culturais e comportamentais. Raça nem sempre é associada com diferenças na anatomia externa. Contemporaneamente, observa o autor, diferenças na cor da pele, na cor e textura do cabelo e na estrutura facial são pensadas, nas culturas euro-americanas, como indicadoras de diferenças de raça. Mas nem sempre esse critério físico predominou. A noção de que diferenças raciais são naturais também não deve restringir-se ao seu

---

[18] Teoria é assim entendida por Hirschfeld (1996, p. 38): "um sistema intuitivo, não reflexivo de explicação de senso comum que serve para relatar percepções populares do mundo".

sentido moderno, que identifica raça com algum tipo biológico, pois o conceito de "raça tem frequentemente sido aplicado para populações étnicas que, sob crença popular, não são nem distintas em fenótipo nem (estritamente falando) biologicamente 'reprodutivas'" (idem, p. 45). Existem muitas outras explicações para a similaridade racial que não evocam a moderna Biologia. Assim também ocorre com a característica *raça é duradoura* (características raciais são consideradas imutáveis), que não deve se limitar à visão biológica moderna de hereditariedade, pois existem explicações não biológicas para a ideia de imutabilidade racial.

A última característica da teoria de raça, de acordo com a definição acima reproduzida, relaciona-se com a crença de que existem diferenças físicas (fenotípicas) e diferenças não físicas ("formas de conduta costumeiras, cultura, moralidade e psicologia" [idem, p. 53]) entre grupos raciais. Essa crença nas qualidades interiores e não óbvias, e nas qualidades físicas exteriores é, segundo o autor, "um dos aspectos mais malignos da teoria popular, porque é muito proximamente ligada ao (e autorizante) preconceito racial" (idem, p. 53). Além disso, também acredita-se que esse conjunto específico de propriedades configura uma essência distintiva. O pensamento racial é, então, essencialista: "o impulso para essencializar é fundamental para todas as teorias de raça do senso comum" (idem, p. 57). Propriedades essenciais podem ser aquelas que definem um membro como pertencente a alguma categoria, manifestando-se a noção classificatória de essência ou podem ser aquelas propriedades subjacentes que "fazem com que um membro de uma categoria se desenvolva dentro de um certo tipo de coisa" (idem, p. 54). Nesse caso manifesta-se a noção causal de essência. O autor reafirma que essa noção de essência racial é uma questão de crença, e não tem nenhuma base científica. Para o autor, a maioria das crenças raciais não é científica, mas noções do senso comum. Essas crenças desempenham um papel fundamental na vida social, pois predizem acesso diferencial a recursos e oportunidades sociais ao mesmo tempo que legitimam essa desigual distribuição, ao essencializar e naturalizar tanto a similitude quanto à diferença.

Portanto, para o autor, o pensamento racial adulto é um conhecimento *theory-like,* e os adultos contemporâneos acreditam que raça é um fenômeno natural, governado por três princípios: imutabilidade durante o crescimento, diferenciação entre as contribuições das propriedades físicas para a formação de identidade racial e hereditariedade. Além desses aspectos, a noção de "essência material e não óbvia" (idem, p. 86) se faz presente no pensamento racial, portanto o modelo de raça dos adultos é biologicamente fundamentado.

Este capítulo apresentou os fundamentos metodológicos e teóricos em que a pesquisa se baseou. A consideração do papel ativo da criança em seu processo de socialização aproximou-me da perspectiva da Teoria da Rotulação, que destaca a importância dos processos de definição social e de atribuição de estereótipos na produção de desvio. Processos igualmente importantes na atribuição de estereótipos raciais e na produção do preconceito racial. A forma como o indivíduo ou o comportamento são rotulados envolve uma predefinição social, que orienta a percepção e a ação sobre o mundo social. Processos de rotulação são fenômenos sociais difundidos.

Além do mais: a imputação de rótulos implica algum exercício de poder e envolve processos de negociação e barganha. Essa consideração supõe que a realidade social é definida nas relações interpessoais, portanto rotulação e resistência ou adaptação ao rótulo são fenômenos coexistentes.

Os estereótipos são aqui considerados parte da manifestação atitudinal do preconceito racial, que, no entanto, possui também uma dimensão comportamental.

Finalmente, a ideia de raça deve ser entendida como um artefato da cultura humana; não é, portanto, uma categoria genuína do ambiente natural. A criação das raças por seres humanos depende tanto de processos mentais universais quanto do contexto histórico particular. Dessa forma, como propôs Hirschfeld (1996, p. 34), a explicação do pensamento racial só pode ser feita "por referência à instanciação do conceito de raça no ambiente cultural particular". Além disso, deve ser enfatizado o caráter teórico do conhecimento racial cotidiano.

No próximo capítulo discuto o sistema de classificação racial utilizado pelas crianças observadas, tendo em vista o debate contemporâneo sobre a aquisição de categorias raciais, bem como sobre as características do conceito de raça existente na infância.

O SISTEMA DE CLASSIFICAÇÃO RACIAL

Os primeiros estudos sobre relações raciais na infância apareceram nos Estados Unidos, na década de 1930. Trata-se, portanto, de uma ampla e consolidada área de estudos, onde questões e perspectivas foram sendo precisadas através de inúmeros autores e pesquisas. Apresentarei, a seguir, as principais conclusões desses estudos, bem como dos estudos realizados no Brasil, conclusões relacionadas à problemática da classificação racial, tema central deste capítulo.

O estudo de Clark&Clark (1966), publicado em 1947, desenvolveu o *teste de bonecas,* que se tornou o modo mais comum de investigar a autoidentificação e preferências raciais e étnicas de crianças menores.[19] Esse estudo demonstrou que crianças menores *black,*[20] nos EUA, tinham dificuldade em aceitar sua *negritude* e sérios problemas de identidade social (DAVEY & NORBURN, 1980). Além disso, a revelação de que crianças menores notavam diferenças de cor da pele causou grande surpresa. Vários outros estudos seguiram-se a esse, e, de acordo com Vaughan (1987, p. 75-76), apesar de alguns problemas como a

---

[19] Pelo fato de as expressões equivalentes em português soarem estranhas, *young* ou *younger children* e *old* ou *older children* são traduzidas neste trabalho por crianças menores e crianças maiores, respectivamente. A faixa etária dessas duas categorias varia, mas, em geral, *young children* se refere a crianças até 7 anos e *old children* a crianças acima de 7 anos.

[20] Como já ressaltado no capítulo anterior, manterei a categoria racial usada pelo autor, tanto em português quanto em inglês.

definição de níveis de consciência étnica ou a desconsideração da base afetiva das respostas das crianças, eles "foram teoricamente importantes por demonstrarem que estas respostas variavam com a idade, que havia uma tendência desenvolvimental e que consciência de raça não estava completamente desenvolvida ao nascer". Vaughan (1987) ainda aponta uma importância política naqueles estudos: eles contribuíram para que, em 1954, a Suprema Corte dos Estados Unidos considerasse inconstitucional a segregação racial nas escolas, já que ela violava a cláusula de igual proteção.

A partir daí, três grandes áreas de pesquisa se constituíram em torno da questão racial entre crianças: consciência racial, atitudes raciais e identidade racial. A questão do sistema de classificação racial, que envolve tanto uma discussão sobre o processo de aquisição de categorias raciais quanto um debate sobre as características do próprio sistema de classificação utilizado, perpassa todas as áreas temáticas, embora, seja especialmente um tema privilegiado dos estudos sobre consciência racial.

Consciência racial implica, de acordo com a sistematização dos estudos dessa área feita por Porter (1973, p. 22) um "conhecimento tanto de visível diferença entre categorias raciais, quanto dos sinais perceptivos, através dos quais alguém classifica pessoas nestas divisões". Para a autora, não é possível interpretar as verdadeiras atitudes raciais das crianças ou a autoestima racial, a não ser que, primeiramente, haja uma investigação da consciência racial, pois é necessário saber se as crianças estão conscientes da raça enquanto uma categoria social (idem, ibidem, p. 3). Ela critica também alguns estudos que não consideraram a *consciência* um conceito multidimensional, que inclui a "habilidade para classificar por cor e o conhecimento de termos raciais" (idem, ibidem, p. 24) e considera a autoidentificação correta (quando a autoclassificação da criança é considerada correta), uma técnica inadequada para medir consciência racial, pois, "autoidentificação mede fatores emocionais tanto quanto cognitivos" (Porter, idem, p. 25). Assim, a autoidentificação errada não necessariamente significa ausência de consciência racial. Como exemplo, a autora afirma que as "crianças *negro*, que são altamente conscientes de diferenças raciais, podem se identificar como *white* porque elas não gostam de seus *status* raciais" (idem, ibidem, p. 23).

Concordando com essa crítica de Porter (1973), Vaughan (1987, p. 81) afirma que a resposta à pergunta *quem parece com você?*, feita a uma criança de um grupo de minoria étnica, será frequentemente incorreta, uma vez que, para crianças menores, o "sentido de *self* definido em termos étnicos, é tanto uma questão do que alguém deseja parecer, quanto do que alguém realmente parece". Como crianças menores são sensíveis à estrutura social, assim como à natureza de relações entre maioria e minoria e ao privilégio, elas podem desejar fazer parte do grupo da maioria. Além disso, a situação do teste pode permitir que as crianças fantasiem. Para esse autor, o conflito existente na literatura sobre as diferenças de consciência entre crianças *black* e *white*, em termos de autoidentificação, pode ser resolvido ao se inverter a pergunta para "com quem as crianças querem parecer?", pois a questão da autoidentificação é não só puramente cognitiva e intelectual mas também afetiva.

Aboud (1987), ao analisar essa questão da autoidentificação racial incorreta feita por crianças de minoria, observa que crianças *black* de até 6 anos de idade acreditavam que poderiam tornar-se uma criança *white* se quisessem. Nesse caso, o desejo estaria determinando a identificação racial. Observa também que identificação incorreta foi encontrada em testes de similaridade, que utiliza bonecas ou fotos, e não em testes em que rótulos raciais foram apresentados. Tentando uma explicação para essa descoberta, ela afirma que cor da pele e tipo de cabelo, pistas fornecidas no teste de similaridade, podem não ser atributos salientes, quando no julgamento de si próprio. Crianças menores de minoria podem estar identificando-se com *whites* "porque elas podem agir como elas, ser felizes e bem sucedidas como elas ou jogar os mesmos jogos" (ABOUD, 1987, p. 40), ou seja, a identificação é feita inferindo-se a partir de outras qualidades.

Ao lado da discussão sobre o significado da autoidentificação incorreta, são também analisadas as influências da idade, sexo, cor ou raça, classe e contato sobre a consciência racial. A revisão dessas análises feita por Porter (1973) revela que a consciência de raça cresce com a idade e que a maioria das crianças tornam-se conscientes da raça durante os anos pré-escolares, entre 3 e 5 anos de idade.[21] Resumindo os resultados das pesquisas sobre essa relação entre consciência e idade, Katz (1982) afirma que aos 3 anos muitas crianças exibem consciência dos sinais raciais e observa que "os processos subjacentes a esse desenvolvimento não são bem investigados e entendidos" (idem, p. 22). Ressalta, ainda, a insuficiência de estudos sobre o desenvolvimento da consciência racial durante os três primeiros anos de vida.

Ramsey (1987, p. 58) também aponta os 3 anos como a idade em que a criança já é capaz de racialmente classificar e identificar pessoas, e essa habilidade cresce durante os anos pré-operacionais (3 a 6 anos). No entanto, a autora avalia que esses estudos carecem de informação sobre a "proeminência dessas categorias nas percepções das crianças ou sobre os modos que as crianças as conceitualizam".

Os dados de Porter (1973), produzidos em sua pesquisa com crianças norte-americanas de 3 a 5 anos, mostraram que a cor torna-se um conceito com grande carga afetiva por volta do quarto ano e que crianças *black* e *white* de 3 anos não possuem grande consciência das diferenças raciais. Na idade de 4 anos, os dados indicaram uma orientação cognitiva em relação à raça pouco desenvolvida; no entanto, a criança começa a perceber que diferenças de cor têm algum tipo de significado social. Aos 5 anos ocorre um salto na sofisticação conceitual: "A preferência por *white,* acompanhada por uma vaga consciência de raça na idade de 4 anos, é transformada, aos 5 anos, em um claro conhecimento de que essas características biológicas são conectadas a categorias sociais"

---

[21] A caracterização feita por Erikson (1987) da etapa de desenvolvimento compreendida entre 3 a 5 anos destaca, entre outras coisas, a maior liberdade de locomoção por parte da criança e o aperfeiçoamento de seu sentido de linguagem. Esse aperfeiçoamento permite que a criança entenda e indague incessantemente sobre inúmeras coisas, "escutando apenas o bastante, muitas vezes, para formar noções inteiramente errôneas" (idem, ibidem, p. 115). No final do terceiro ano de idade, diz o autor, a criança "começa a fazer comparações e está apta a desenvolver uma curiosidade infatigável sobre diferenças e espécies, em geral, e sobre diferenças de sexo e idade, em particular. Tenta compreender possíveis papéis que lhe pareçam dignos de ser imaginados. Mais imediatamente, pode agora associar-se aos de sua própria idade" (idem, ib., p. 116). Essa é a fase, portanto, da curiosidade insaciável e da ampliação das trocas sociais. Erikson (1987, p. 119) afirma também que é nessa fase que se forma a "base ontogenética da moralidade": a criança "sente agora não só medo de ser descoberta mas escuta a 'voz interior' da auto-observação, da auto-orientação e da autopunição, que a divide radicalmente em seu próprio íntimo: uma nova e poderosa alienação".

(PORTER, 1973, p. 79). Assim, conclui a autora, a consciência cognitiva de raça surge para *blacks* e *whites*, entre 4 e 5 anos; existe, no entanto, uma diferença em relação à importância atribuída à cor: a *criança black* confere uma importância para cor mais cedo do que a criança *white*.

Ainda segundo Porter (1973), a relação entre consciência e sexo é ainda obscura. Essa relação seria ainda mais complexa do que puderam supor os estudos anteriores. De acordo com autora, a aparência pessoal foi mais importante para as meninas *black* e *white* do que para os meninos. As meninas *black* foram mais conscientes dos termos raciais que os meninos *black* (idem ibidem, p. 136), mas, por outro lado, elas se identificaram a si mesmas menos corretamente. Já entre as crianças *white*, os meninos pareciam ter uma orientação mais cognitiva para raça do que as meninas. A autora também verificou e forneceu evidência favorável para a proposição de que as crianças *black* eram mais preocupadas com as diferenças de cor que as crianças *white*. Apesar disso, seus dados indicaram uma taxa maior de autoidentificação errada entre crianças *black* em relação às crianças *white*, e isso sugere, segundo a autora, a presença de outros fatores, que não cognitivos, na autoclassificação das crianças *black,* como o desejo de ser *white* ou outros sentimentos sobre sua própria raça. Mostrou também que crianças da *classe trabalhadora* e da *classe mais baixa*, de ambas as raças (de acordo com sua afirmação), pareciam mais conscientes das diferenças de cor que as da *classe média*, pois as "crianças dos grupos socioeconômicos mais baixos tendem a não ser tão superprotegidas quanto aquelas da classe média, e pode existir menos tentativa de defender a criança da classe mais baixa de realidades sociais ameaçadoras" (PORTER, 1973, p. 87).

Finalmente, Porter (1973, p. 27) demonstrou a existência de uma alta relação entre consciência e contato inter-racial, pois as "crianças em escolas não segregadas são provavelmente mais sensíveis para a existência de grupos raciais". Katz (1982), ao fazer um paralelo entre a aquisição de conceitos de raça e outros relacionados com características da pessoa, como gênero, por exemplo, também ressaltou a importância do contato. Segundo ela, a exposição a uma pessoa racialmente diferente é necessária para que o conceito de raça entre no repertório da criança e/ou para dissipar concepções equivocadas.

A consciência racial, portanto, implica a aquisição de categorias raciais. A aprendizagem do mundo social se dá através de um processo de classificação em categorias dos indivíduos e eventos. Segundo Davey&Norburn (1980), desde cedo as crianças percebem similaridades e diferenças nos objetos e nas pessoas, e essa percepção desencadeia um processo de categorização. Assim, numa sociedade multirracial, diferenças na cor da pele, forma de cabelo, roupa, discurso, etc., podem tornar-se base para processos de classificação. Holmes (1995) em seu estudo com pré-escolares de 5 anos, observou que as crianças localizavam as pessoas em diferentes categorias, tendo como critério a cor da pele e a linguagem nativa, confirmando, segundo a autora, estudos que demonstraram que as crianças utilizam as características superficiais e salientes, tais como cor da pele, com o objetivo de fazer a comparação social e, ininterruptamente, agrupar as pessoas.

Para Katz (1982) há um prerrequisito perceptivo relacionado ao processo de aprendizagem de qualquer sistema de categorias: "antes de ser capaz de definir um grupo social, a criança deve ser capaz de discriminar entre grupos e aprender quais pistas são relevantes para inclusão ou exclusão do grupo" (idem, ibidem, p. 19). Assim, continua a autora, as classificações iniciais das crianças menores baseiam-se em sinais facilmente discerníveis, e isso explica porque raça e gênero são dimensões sociais tão cedo aprendidas. Quanto às pistas (ou sinais) raciais que as crianças observam, Katz (1982) cita dois estudos que não identificaram, como é comum, cor da pele como a pista mais evidente para diferenciar raça: um foi conduzido por Sorce (1979), que achou que "características fisionômicas eram mais salientes que a cor da pele e que as crianças *white* eram mais conscientes das características do cabelo do que da cor da pele" (KATZ, 1982, p. 25), e o outro, por Katz & Zalk (1974), que não encontraram preferências marcantes pelas bonecas *white*, quando a única distinção entre os pares de bonecas macho/fêmea era a cor da pele, mantendo constantes a cor marrom do cabelo e dos olhos. Outra característica importante do processo de aquisição do conceito de raça evidenciada por Katz (1982) é a presença de componentes avaliativos envolvidos nessa aprendizagem. Segundo a autora, os dados evidenciam que, para as crianças de pré-escola, a consciência dos sinais raciais não é neutra: "o fato de que tão poucas crianças *white* expressem o desejo de ser nada além de *white* é indicativo de que avaliações do *status* diferencial devem ser comunicadas às crianças muito cedo na vida" (idem, ibidem, p. 45). Dessa forma, Katz (1982) discorda da ideia amplamente aceita de que a consciência racial precede à avaliação racial.

Vaughan (1987) também considera que um ato perceptivo pode levar uma criança a classificar as pessoas baseada na cor da pele. Esse processo de categorização foi definido pelo autor como "a tendência em crianças de agrupar pessoas em categorias baseadas em atributos percebidos em comum" (idem, p. 90). No entanto, ele destaca o papel da estrutura social nesse processo de categorização, uma vez que "a probabilidade de a criança construir categorias sociais de um modo idiossincrático é reduzida por categorias já existentes e relações intergrupos já estruturadas e reconhecidas pela comunidade" (idem, p. 85). Além disso, ele chama a atenção para o fato de que mudanças na estrutura social podem alterar as categorias ou as relações entre elas. Também Davey & Norburn (1980) consideraram que o sistema classificatório das crianças refletirá as preferências e *biases* de suas sociedades, já que elas se apoderarão das categorias que estão culturalmente disponíveis.

Discutindo as características do pensamento racial de crianças, Hirschfeld (1996) reconheceu a existência de um consenso entre os pesquisadores, ao contrário da crença popular, de que raça é uma das primeiras dimensões sociais emergentes que a criança observa, e esse padrão de desenvolvimento parece ser estável em diversas culturas. Além disso, é também consensual, de acordo com o autor, a ideia de que, em comparação com outras teorias do senso comum (por exemplo, *folk biology* ou *naive physics*), os sistemas de crença racial tornam-se *theory-like*[22] relativamente tarde na infância. De acordo com a concepção padrão, enfatiza Hirschfeld (1996, p. 87), "as crianças desenvolvem primeiro categorias que capturam pouco mais que regularidades superficiais. Mais tarde, essas categorias metamorfoseiam-se em *theory-laden* e em conceitos essencialistas". Acredita-se, ainda, que essa transformação

---

[22] Conforme já dito no capítulo anterior, para Hirschfeld (1996) pensamento racial é *theory-like* quando exibe uma ontologia, uma causalidade de domínio específico e uma diferenciação de conceitos.

é guiada por um processo de transferência de princípios biológicos de inferência para o domínio humano, envolvendo o raciocínio por analogia. O autor, no entanto, questiona essa formulação, apontando a insuficiência de pesquisas sobre esse processo de transferência.

Outro ponto consensual entre os pesquisadores que Hirschfeld (1996) questiona é a proposição de que as crianças não têm uma noção natural da raça, ou seja, elas não compartilham o modelo de raça biologicamente fundamentado dos adultos. Assim, elas classificariam pessoas em categorias raciais baseando-se em "pistas perceptivas aparentes" e não tanto em "critérios abstratos, não óbvios, tais como essências" (idem, p. 88). Uma consequência desse fato seria uma inabilidade por parte da criança para compreender a raça enquanto ligada a qualidades intrínsecas, portanto, uma incapacidade para reconhecer que identidade racial é constante.

Com base em sua pesquisa feita com crianças americanas e europeias, Hirschfeld (1996) procura demonstrar que as crenças das crianças sobre diferença racial são também essencialistas e biologicamente fundamentadas (isto é, naturais) e que o pensamento racial das crianças menores é *theory-like*. Para o autor (idem, p. 189), os estudos anteriores negam, de alguma forma, que raça seja uma categoria complexa da mente em formação, negação, segundo ele, não bem fundamentada:

> [...] os achados que eu tenho revisto mostram que muitos dos mais intricados e, em alguma extensão, obscuros aspectos da crença adulta (incluindo constructos essencialistas) parecem tomar lugar virtualmente no momento que a criança mostra sinais de ser racialmente consciente. (HIRSCHFELD, 1996, p. 189)

Para avaliar o entendimento das crianças sobre identidade racial, o autor pesquisou a familiaridade delas com o crescimento e a hereditariedade, isto é, ele estava interessado em saber se as crianças acreditavam na mudança gradual da raça de uma pessoa, no contexto de outras mudanças físicas, que ocorrem durante o tempo de vida e se elas acreditavam na estabilidade da raça através de gerações. A suposta ideia de que as crianças são confusas a respeito da permanência de identidade racial permite concluir que elas consideram possível a mudança racial no processo de crescimento e de hereditariedade. O experimento denominado *A identidade de raça* foi feito com 109 crianças americanas de 3, 4 e 7 anos de idade e envolveu três dimensões de contraste: raça, ocupação e tipo de corpo, por serem as três dimensões marcadas por sinais perceptivos conspícuos, conhecidas na mesma idade e associadas a preferências e estereótipos. Os resultados indicaram que as crianças acreditavam que raça era a dimensão mais provável de ser herdada e permanecer imutável ao longo da vida, em relação à ocupação ou ao tipo de corpo. A noção de raça é, então, vista como "imutável, corporal, diferenciada, derivada de *background* familiar e, de qualquer forma, consistente com princípios biológicos de causalidade" (Hirschfeld, 1996, p. 98). Dessa forma, as inferências sobre as diferenças raciais, feitas pelas crianças pesquisadas por Hirschfeld (ibidem) parecem ser, de acordo com o próprio autor, naturais.

Para explorar se as crenças das crianças sobre raças também incluíam uma noção biológica de hereditariedade, foram investigadas 18 crianças de 5 anos, utilizando uma história sobre duas famílias, uma *black* e outra *white*, que tiveram seus bebês trocados no hospital. Os resultados indicaram que as crianças têm um modelo natural e *theory-like* de raça. Elas "acreditam que raça é um aspecto intrínseco de uma pessoa, fixada ao nascimento e imutável durante a vida" (Hirschfeld, 1996, p. 134). Finalmente, o autor conclui que a compreensão essencialista de raça das crianças não é derivada, por analogia, da teoria da *folk biology*. O raciocínio essencialista surge independentemente no pensamento racial e no biológico. Para reforçar o seu argumento, Hirschfeld (1996) afirma ser necessário articular a capacidade cognitiva com fatores societais. Crianças menores possuem uma teoria da sociedade, ou seja, "expectativas sobre as entidades da sociedade e suas naturezas" (Hirschfeld, 1996, p. 119). E, para o autor, raça é um dos componentes centrais da teoria ingênua das crianças sobre a sociedade. A aquisição de conceitos raciais está embutida na aquisição de uma *folk sociology*.

Hirschfeld (1996) discorda daqueles estudos sobre a aquisição de consciência racial e étnica que assumem a experiência visual (aparência) como de fundamental importância na construção de categorias raciais por parte das crianças. Para esse autor, essa proposição é paradoxal porque "as características físicas aparentes fornecem pistas confusas sobre a pertença a uma categoria racial" (idem, p. 135) e porque a noção de que as categorias raciais são naturais é independente das aparências. Assim, continua o autor, "mais que serem excessivamente dependentes de aparências, conceitos raciais de crianças menores envolvem codificação e obtenção de dados processados que são, em muitos modos, independentes dos fatores perceptivos" (idem, ibidem, p. 136). Isso não quer dizer, segundo o autor, que as crianças não possuem conhecimento da raça orientado pela percepção; elas também constroem suas categorias usando critérios ontológicos e, nesse último caso, a importância da informação sobre a aparência física é limitada.

Para Hirschfeld (1996), a integração entre conhecimento perceptivo e conhecimento conceitual pode ser menor do que é usualmente imaginado. Ele sugere que essa integração se desenvolve durante a pré-escola e os anos iniciais da escola, contrariando outros pesquisadores que afirmam que nesse período ocorre um considerável desenvolvimento conceitual quanto ao pensamento racial. Assim, "o que acontece durante os últimos anos pré-escolares, pode ser menos uma reestruturação do sistema conceitual que uma acumulação do conhecimento factual sobre os correlatos perceptivos, culturalmente relevantes, do conceito em questão" (HIRSCHFELD, 1996, p. 137) ou "uma justaposição de inicialmente relativamente distintas categorias verbais e visuais" (idem, ibidem, p. 154). Para o autor, as crianças menores preocupam-se, inicialmente, com a elaboração de um domínio conceitual da raça e somente depois preocupam-se com o modo que exemplares individuais podem ser diferenciados perceptivamente. A atenção delas volta-se mais para pistas verbais ou discursivas do que para as visuais.

Baseando-se em estudos prévios, como o de Aboud (1987), Hirschfeld (1996) afirma que a discussão sobre autoidentificações incorretas de crianças fornece um suporte para o padrão de desenvolvimento do conceito de raça, proposto por ele, na medida em que a identificação incorreta é rara, quando são usados rótulos raciais verbais: "as crianças parecem saber muito bem a quais grupos elas pertencem. O que elas não compreendem bem é qual correlato físico é mais relevante para sua identidade" (idem, ibidem, p. 138). O entendimento inicial de raça da criança envolve tipos ontológicos, mais que tipos visuais, portanto, não é derivado de diferenças observadas, mas de informação discursiva. Para Hirschfeld (1996, p. 137), a ênfase sobre a informação perceptiva no processo de categorização racial inicial dada por outros pesquisadores pode ser devida ao foco dado à convergência do "conhecimento orientado pela percepção" e "o conhecimento orientado pelo domínio" e não aos processos de formação dos conceitos raciais.

Para testar essas ideias, Hirschfeld (1996) realizou duas pesquisas, envolvendo 64 crianças francesas de 3 a 4 anos na primeira e 32 crianças na segunda. Elas objetivaram conhecer a informação social que as crianças lembravam de uma narrativa verbal (primeiro estudo) e de uma narrativa não verbal, pictórica (segundo estudo). Foi também investigada a relação entre os rótulos verbais e a informação visual, no segundo estudo. Foram usados como dimensões sociais raça, gênero, ocupação, características físicas não raciais (como tipo de corpo e idade) e comportamento. Os resultados das pesquisas confirmaram que sinais de superfície (aparentes) não são componentes fundamentais nas quais crianças menores baseiam-se quando constroem categorias raciais: "...as crianças relembraram consideravelmente mais sobre a raça de um personagem, depois de ouvir uma complexa narrativa verbal, que depois de ver uma complexa narrativa visual" (idem, ibidem, p. 154). Por outro lado, a informação sobre gênero foi lembrada em maior detalhe depois da narrativa visual. Esse fato, segundo o autor, sugere a existência de "distintos formatos conceituais em que a informação sobre várias categorias sociais é estocada" (idem, ibidem, p.154). Assim, as categorias raciais das crianças menores derivam, de início, menos da informação visual que da verbal. Tais categorias contêm, então, pouco conhecimento perceptivo e muito conhecimento conceitual, sem que isso signifique, ressalta Hirschfeld (1996, p. 155), a não representação da informação visual: "crianças entendem que algumas dimensões físicas são racialmente relevantes e outras não". De início, as crianças menores não veem raça; escutam sobre ela.

O foco principal da discussão de Hirschfeld (1996, p. 189) são as inferências conceituais promovidas pelas categorias raciais ("p.e., algumas propriedades são intrínsecas e outras variáveis ou algumas características corporais são herdadas, mas outras não são"), e não tanto as inferências avaliativas ("p.e., membros de alguns grupos são intelectualmente estúpidos, agressivos ou sujos"), às quais eu estarei observando mais diretamente em minha pesquisa. As crianças da faixa etária por mim pesquisada – crianças de 6 a 14 anos, a maioria de 8-9 anos – já teriam desenvolvido, segundo a teoria, uma consciência racial, em seu aspecto tanto perceptivo quanto conceitual. Partindo desse pressuposto, em minha discussão dos dados sobre o sistema de classificação utilizado pelas crianças, darei ênfase ao significado social atribuído às categorias raciais. Antes de apresentar esses dados, considero importante refletir sobre a possibilidade da existência de variados sistemas de classificação racial através dos tempos e das culturas, entre outras razões, por ser comum, no Brasil, mesmo na literatura especializada, a comparação entre o sistema de classificação norte-americano e o brasileiro e a proposição de incorreção do último.

Para Hirschfeld (1996), sistemas de pensamento racial variam através de culturas, apesar da existência de um conjunto central de princípios subjacentes. O ambiente cultural e o político exercem uma grande influência na formação das categorias raciais. Existem várias estratégias de classificação e, segundo o autor, a questão do híbrido racial (fruto da miscigenação) foi tratado de diferentes formas por vários sistemas de pensamento racial: "qualquer sistema de pensamento racial deve fornecer alguma estratégia para resolver ambiguidades" (Hirschfeld, 1996, p. 56). Segundo esse mesmo autor, a estratégia usada para eliminar as categorias raciais intermediárias nos Estados Unidos foi a regra "uma só gota de sangue". Através dessa regra, as crianças de "origem racial" mista são tratadas como pertencentes a uma das categorias raciais de seus pais, mas não a ambas. No entanto, o reconhecimento social (*status* de não escravo) e biológico (*status* físico intermediário) da categoria intermediária *mulatto*, ocorreu em algumas regiões do sul dos Estados Unidos antes da Guerra Civil. Com o movimento abolicionista teriam surgido ansiedades relativas ao perigo de uma categoria intermediária entre escravo e livre e, em 1850, surgiu um novo sistema de classificação racial, no qual *mulattoes* tornaram-se *black*. Historicamente,p continua Hirschfeld (1996, p. 161), a regra "uma só gota de sangue" tem um conteúdo racista, e é parte de uma "ideologia racista que 'explicou' (em termos quase biológicos) como supostas inclinações, temperamentos e capacidades inatas mapeavam categorias raciais". Apesar disso, essa regra não é mais limitada à essa visão de raça, pois muitos *blacks* a defendem como meio de manter a herança *black*.

Muitos sistemas de classificação racial não utilizam essa regra, reconhecendo o *status* racial híbrido. Como exemplo, o autor cita o Brasil, a partir do livro de Degler (1971).[23] Para Hirschfeld (1996), categorias raciais híbridas sinalizam para uma diferente conceituação de raça. De acordo com a concepção norte-americana, a mudança de identificação racial não é possível e se o *passing* acontece, ele deve ser feito em segredo, gerando, com isso, ansiedades. Já em sistemas de pensamento racial que admitem que a raça não é necessariamente fixada ao nascer, o *passing* não se transforma numa questão. Como exemplo, o autor cita a concepção brasileira de que *dinheiro embranquece*. O critério para mudança de categoria racial, nesse caso, não é principalmente o físico, como no caso norte-americano, em que o *passing* baseia-se na aparência física ambígua.

Valle Silva (1994), em sua análise sobre identidade racial no Brasil, afirma que o conceito de raça desenvolvido na América Latina e no Brasil, em especial, é baseado em características fenotípicas e socioeconômicas do indivíduo. Disso resulta um sistema múltiplo de classificação, incluindo diversas categorias. Para o autor, no entanto, não é essa multiplicidade de termos raciais o mais notável, mas, sim, "a indeterminação, a subjetividade e a dependência contextual de sua aplicação" (idem, ibidem, p. 70). Essas, como veremos, são as características centrais do processo de negociação das categorias raciais estabelecido pelas crianças em suas relações cotidianas.

Em 1976, o IBGE incluiu duas perguntas sobre a autoclassificação, uma aberta e outra fechada, em sua Pesquisa Nacional por Amostra de

---

[23] DEGLER (1971) formulou a tese (ver Skidmore, 1994, p. 143) de que existiria no Brasil uma *"válvula de escape do mulato"* ou uma *"saída de emergência"*, segundo a qual os *mulatos* enfrentariam menos dificuldades do que os *pretos* para ascender socialmente, escapando das desvantagens da *negritude*. Essa tese foi questionada pelos estudos quantitativos sobre desigualdade racial no Brasil, como veremos. Skidmore (1994, p. 192-193), ao analisar a miscigenação ocorrida no Brasil e nos EUA, afirma que "não menos importante é o fato de que a contínua realidade de miscigenação na América inglesa ter sido transformada pelos homens brancos em uma ameaça psíquica, especialmente depois da abolição [...] Por razões que ainda não foram plenamente exploradas, a realidade da miscigenação na América *portuguesa* não produziu os mesmos resultados psíquicos. A exploração de escravas negras pelo homem branco produziu um diferente fenômeno psicossexual: o culto da mulata".

Domicílios (PNAD), para verificar a adequação das categorias censitárias (*branco, preto, pardo* e *amarelo*), em relação ao vocabulário racial popular. De acordo com Valle Silva (1994), a maioria das pessoas que se declarou inicialmente como *morenas* se autoclassificou como *parda* na questão fechada. Assim, conclui o autor, "embora os quesitos censitários não expressem a riqueza do vocabulário brasileiro e retirem o seu eminente caráter de ambiguidade, esses quesitos parecem capturar aproximadamente a forma com que a maioria dos brasileiros se vê racialmente" (idem, ibidem, p. 72). Para o autor, a questão não é tanto o questionamento da classificação censitária do IBGE, mas a análise do resultado da utilização de um critério mais objetivo para categorizar a população brasileira. Tendo isso em vista e os resultados das pesquisas sobre identidade racial no Brasil, que mostram que a "autoclassificação de cor está contaminada pela situação socioeconômica dos respondentes" (idem, ibidem, p. 74), Valle Silva se propõe a analisar, ainda que precariamente, o que chamou de "efeito embranquecimento", a partir de um *survey*, feito em São Paulo, em 1986, sobre identidades coletivas (racial, de gênero, de classe e partidária). "Efeito embranquecimento" foi definido como "as discrepâncias entre cor atribuída e cor autopercebida" (VALLE SILVA, 1994, p. 76). A análise feita compara a autoclassificação com a classificação feita pelo pesquisador e observa a posição socioeconômica dos respondentes. Busca descobrir quais os indivíduos que deram respostas discrepantes, em relação aos que forneceram informações consistentes. Para os analistas quantitativos, portanto, a agregação de dados dos pretos e pardos parece ser adequada e justificável. A análise de variância simples para as variáveis é feita para três grupos: para aqueles cuja cor atribuída pelo entrevistador foi *branca*, para os que a cor atribuída foi *parda* e para aqueles cuja cor atribuída foi *preta*. Os resultados foram os seguintes:

- Os que se classificaram consistentemente como *brancos* tinham quase 9 anos de escolaridade, enquanto os que se autodefiniram inconsistentemente como *pretos* tinham 5 anos de escolaridade; os que se autodefiniram como *mulatos* tinham um nível de escolaridade intermediário perto de 7 anos e os que se autoclassificaram como *morenos* (categoria ambígua) tinham o nível mais baixo de escolaridade.

- Os *pardos* que se autoclassificaram inconsistentemente como *pretos* tinham um nível educacional bem abaixo da média do grupo e os que se autoclassificaram como *brancos* tinham um nível educacional bem acima da média.
- Os *pretos* que se autoclassificaram consistentemente como *pretos* apresentaram nível médio de escolaridade em torno de 6,5 anos; os que se autoclassificaram inconsistentemente como *mulatos* tinham quase 9 anos e os que inconsistentemente se classificaram como *brancos* tinham 12,7 anos de estudos completos.
- Os resultados da mesma análise para a outra variável foram coerentes com os da variável escolaridade.

A conclusão geral do autor foi que os resultados confirmaram a ideia de um "efeito embranquecimento":

> [...] coerentemente, indivíduos classificados como pretos pelo entrevistador quanto mais 'embranquecem' sua cor, tanto maior sua posição socioeconômica [...] Similarmente, indivíduos com cor atribuída parda, quando embranquecem, apresentam também melhor nível social e, inversamente, quando escurecem, em relação à cor atribuída, apresentam posição social muito mais baixa. Esse é também o caso dos 'brancos' atribuídos que escurecem seus próprios olhos (VALLE SILVA, 1994, p. 77).

Diante desses resultados Valle Silva (1994) discutiu o poder explicativo da variável cor sobre as variáveis dependentes, considerando a autoclassificação e a classificação atribuída. Concluiu que o poder explicativo reduz quando se passa da autoclassificação para a classificação atribuída, devido à maior heterogeneidade interna de cada categoria de cor no último caso, embora as diferenças entre as categorias de cor permaneçam significativas. Assim, no Brasil, "não só o dinheiro embranquece, como, inversamente, a pobreza também escurece" (idem, ibidem, p. 78).

Sansone (1992, p. 143), em sua pesquisa sobre a "relação entre cor e classe na Bahia contemporânea e o desenvolvimento da identidade étnica dos afro-brasileiros", aponta a inconsistência entre a cor na certidão, a cor declarada pelo entrevistado e a opinião do pesquisador sobre a cor do entrevistado, mostrando que os que são *pardos* e *pretos* pela certidão preferem se autodefinir com outros termos, sendo o *moreno* e *escuro* os mais populares. Na linguagem popular, o termo *preto* deve, sempre que possível, ser evitado, por estar associado a características negativas. Utilizando a autodeclaração e a própria opinião, Sansone (1993) tenta mapear a constatada relatividade do sistema de classificação de cor. Agrupou os termos utilizados pelos entrevistados em quatro subgrupos: *brancos, morenos, pardos/mulatos* e *pretos/negros*. Mostrou que a terminologia da cor, altamente subjetiva, muda com o contexto e com o tipo de conversa, e que os *brancos* são os menos ambíguos (são *brancos* na certidão, para o IBGE e na autodeclaração em quase todos os contextos). Mostrou, também, que a terminologia de cor varia com a faixa etária, nível educacional e renda, detectando também o "efeito embranquecimento". Segundo o autor:

> [...] os negros autodeclarados são jovens, escolarizados e desempregados. Então, quem são aqueles que se autodeclararam pretos? Em sua grande maioria trata-se dos negros mais pobres. Os negros que não querem se definir como "negros" e têm uma condição um pouco melhor tendem a se autodefinir como "escuros" ou, mais ainda, como "pardos" ou "morenos". Algo parecido acontece com os mestiços: aqueles com uma condição melhor na rua tendem mais a se autodefinir como brancos. Neste sentido, o termo preto forma uma categoria-resto que contém os mais escuros "sem jeito" – aqueles negros com renda, escolaridade e *status* baixos demais para se aventurarem no jogo dos códigos da cor e do *status* (SANSONE, 1993, p. 88).

Apesar do reconhecimento da multiplicidade dos termos raciais e da existência de um complexo "cálculo da identidade racial", conforme expressão de Valle Silva (1994, p. 71), o uso de múltiplas categorias é um dos pontos mais polêmicos da discussão racial no Brasil. Os pesquisadores têm optado pela utilização do sistema bipolar, discriminando duas categorias: *negro* e *branco* ou *branco* e *não-branco*.

Assim, a utilização de categorias raciais intermediárias, como *moreno, marrom,* etc., é fortemente criticada. Hasenbalg (1979) apontou como resultado dessa ambiguidade da classificação racial, manifestada através de categorias intermediárias supostamente mais valorizadas, a dificuldade de organização política dos *negros,* por ter provocado uma fragmentação da identidade *negra*. A valorização ideológica da categoria (mestiça) *morena* é denunciada enquanto um mecanismo social de desmobilização política racial e como uma prática racista, na medida em que implica a ideia de que "quanto mais próximo do branco melhor", especificando a ideologia racial do branqueamento. Além disso, Hasenbalg (1979, p. 236-37) considera o *contínuo de cor* um dos responsáveis pela inibição do "senso de solidariedade necessário ao sucesso das organizações a favor dos direitos dos negros", devido à dificuldade de integrar *morenos, mulatos, pardos*, etc., na luta contra o racismo, unificando *negros* e *mestiços* numa ação coletiva organizada. Mas a polêmica rendeu novos argumentos.

Fry (1995/96), num artigo em que comenta a análise feita por Hanchard (1994) de um caso de discriminação racial, ocorrido com a filha do governador do Espírito Santo, em 1993, levanta a hipótese de que o modo múltiplo de classificação racial seria predominante nas camadas 'populares', enquanto o modo bipolar predominaria nas classes médias intelectualizadas urbanas. De acordo com o autor, essa hipótese é razoável porque são as classes médias intelectualizadas as mais influenciadas pelo Movimento Negro, que condena enfaticamente o modo múltiplo. Tentando relativizar essa consideração do modo bipolar como o correto, Fry (idem, p. 132) afirma o caráter arbitrário de qualquer modo de classificação racial e argumenta que o modo múltiplo pode ser "mais coerente, menos ambíguo e até menos racista que o bipolar dos Estados Unidos", porque o primeiro "utiliza um sistema de porcentagens não quantificadas: assim, 'cabelo bom', 'nariz chato', 'lábios finos' e 'cor clara' acabam reconhecendo a herança genética africana e europeia".

Mais recentemente, Fry (2005, p.164) ao comentar o conceito de democracia racial propõe uma interpretação que afirma que o Brasil vive uma tensão entre o ideal de democracia racial (ideais de mistura e do não-racialismo) e as velhas hierarquias raciais do século XIX, com sua ideia de inferioridade dos *negros*. A democracia racial expressaria a "recusa em reconhecer 'raça' como categoria de significação na distribuição de juízos morais ou de bens e privilégios". A democracia racial é considerada pelo autor como um mito no sentido antropológico do termo: "uma afirmação ritualizada de princípios considerados fundamentais à constituição da ordem social. E, como todos os mitos, não deixa de ser desmentido com uma frequência lamentável" (FRY, 2005, p. 164). O autor conclui que esses ideais embutidos no mito da democracia racial, que foram por muito tempo ideologia oficial no Brasil e parte da visão de mundo de muitos brasileiros, "são valores cada vez mais raros no mundo contemporâneo" e valeria a pena leva-los a sério diante dos "terríveis conflitos e a maior mortandade humana na história recente" produzidos por "obsessões étnicas e raciais". (FRY, 2005, p. 165).

Os estudos brasileiros, em pequena quantidade, sobre as relações raciais na infância evitam discutir a questão da classificação racial, adotando também um esquema dicotômico *–branco* e *negro* e/ou *não-branco* –, como se a utilização desse esquema fosse autoevidente e se justificasse por si mesmo. A pesquisa feita por Silva (1995) com um grupo de crianças e adolescentes de 8 a 16 anos, em Belo Horizonte, além de não distinguir infância e adolescência, não considera a problemática da classificação racial, afirmando que os alunos por ela entrevistados eram todos *negros*, apesar de revelar que "muitos se denominavam morenos, raros se identificavam como pessoas de cor negra" (SILVA, 1995, p. 24). A autora explica esse fato pelos "danos causados à estrutura psíquica do indivíduo" (idem, ibidem, p. 111) pelo racismo, que o transforma em pessoa emocionalmente insegura diante do "grupo étnico economicamente dominante", minando, dessa forma, a autoestima, que traz como consequência "muitos deles se autorrepresentarem como morenos, nunca se identificando com o seu grupo de origem" (SILVA, 1995, p. 112). O fato de uma aluna *negra*, conforme classificação da autora, se apresentar como *morena clara*, foi interpretado como uma forma da aluna *escamotear* a própria cor, ficando "assim, evidente que ela possui uma percepção negativa de sua imagem corporal" (idem, ibidem, p. 83).

Outra pesquisa sobre racismo, desenvolvida pela Fundação João Pinheiro (1991), numa escola de periferia da rede estadual de ensino, em Belo Horizonte, também não problematiza as categorias raciais *branca* e *negra* e, ao analisar a formação da identidade da criança *negra* afirma existir "autonegação", "ideal de beleza branca" e "conflito e contradição revelados na autoclassificação racial, como morena ou morena clara" (idem, ibidem, p. 56). Nesse trabalho, a escola foi interpretada como transmissora de uma "visão de mundo branca" e responsabilizada pela "negação do negro enquanto indivíduo" (idem, ibidem, p. 57).

Em sua pesquisa com crianças de 4 a 6 anos, Cavalleiro (1998, p. 32) afirma, sem esclarecer, que optou pela grafia *negro* em razão de sua utilização histórica e que considera *negros*, os *pretos* e *pardos*, segundo as definições do IBGE.

Uma das exceções dessa classificação bipolar feita pelo pesquisador que, ao fazer isso, desconsidera a lógica em uso existente entre as crianças e o intenso processo de negociação da classificação racial, é o trabalho de Sanjek (1971) que estudou o vocabulário racial de uma vila de pescadores a 80 KM de Salvador (BA) e a forma de aquisição desse vocabulário por crianças e adolescentes de 5 a 19 anos. O autor encontrou 116 termos raciais, mas através de uma análise componencial, foi possível selecionar os 10 termos mais salientes que compunham o mapa cognitivo da maioria dos informantes. Os dados obtidos com crianças e adolescentes revelaram que o vocabulário racial é aprendido cumulativamente, acompanhando o desenvolvimento das crianças. A discriminação *preto/branco* é a primeira a ser assimilada. Além disso, o termo *moreno* somente mais tarde aparece como organizador do domínio: "somente um pouco mais de um terço do grupo abaixo de 10 anos usou moreno. Dois terços do grupo de 10 para 12 anos usaram moreno. Somente duas das 44 crianças de 13 anos e mais velhas não usaram moreno" (SANJEK, 1971, p. 138). Os resultados do grupo abaixo de 10 anos também indicaram que, durante esse período, em torno de dois terços usaram três termos raciais, mas somente um terço podia ir além disso. Depois de 10 anos, dois terços usaram 4 ou mais termos e aos 16 anos quase todos podiam usar pelo menos 5 termos. A discriminação pela forma do cabelo era aprendida depois da tricotomia de cor pela maioria das crianças: no grupo abaixo de 10 anos e no de 10 para 12 anos, menos que um terço distinguiram pela forma do cabelo.

Os estudos sobre desigualdade racial no Brasil, feitos, principalmente, a partir da análise estatística de dados produzidos pelos Censos Nacionais e pelas Pesquisas Nacionais por Amostra de Domicílios (PNADS), aglutinam duas categorias censitárias, *preto* e *pardo*, na categoria *negro* e chegaram a resultados que refutaram a tese formulada por Degler (1971) da "válvula de escape do mulato". A ausência de diferenças significativas entre *mulatos* e *pretos* em termos, por exemplo, de padrões de retorno da experiência e da escolaridade, faz com que Valle Silva (1985) justifique a utilização da categoria *não-branco* (*mulatos* e *pretos*), na análise a respeito da discriminação racial no Brasil. Numa perspectiva semelhante, Andrews (1992), a partir da análise de dados sobre rendimentos e educação, afirma que a principal linha da desigualdade racial no Brasil é entre *brancos* e *não-brancos* e não entre *negros* e *mulatos*. Telles (2003, p. 229), por sua vez, com a intenção de investigar a intensidade dos argumentos de Wade (1993)[24], a partir de seus estudos na Colômbia, de que a renda dos *pardos* se aproxima mais da dos *brancos* que da dos *pretos* quando a classificação é feita pelo pesquisador (afirmando, assim, que em muitos países sul-americanos, inclusive o Brasil, a principal divisão racial existente é entre *pretos* e *não-pretos*), utiliza dados da pesquisa DataFolha de 1995 e conclui que há diferenças entre *pardos* e *pretos*, reconhecendo que "a discriminação contra os pardos é menor do que contra os pretos, mas a renda dos pardos se aproxima da dos pretos e não da dos brancos [...] a principal segmentação racial se dá entre os brancos e não-brancos [...]". (TELLES, 2003, p. 231). Para os analistas quantitativos, portanto, a agregação de dados dos *pretos* e *pardos* parece ser adequada e justificável

No entanto, numa pesquisa qualitativa que busca perceber a dinâmica racial na infância, o uso social das categorias raciais é um processo que deve ser considerado. Ele pode ser considerado um jogo (um jogo sério). Esse jogo da classificação e autoclassificação racial é um dos processos sociais constituintes da realidade racial cotidiana das crianças e, para expressar as suas percepções desse jogo, utilizo as categorias raciais por elas empregadas, tentando, ao mesmo tempo, controlar a imposição do meu próprio sistema de classificação. A análise das características desse jogo é o objetivo do final deste capítulo.

A classificação racial, experimentada pelos dois grupos de crianças observados neste estudo, envolve a utilização de vários termos raciais e se orienta principalmente pelo princípio da gradação da tonalidade da cor da pele, o que faz com que uma pequena diferença de tom seja

---

[24] WADE, Peter. *Blackness and Race Mixture: The Dynamics of Racial Identity in Colômbia*. Baltimore: Johns Hopkins University Press, 1993.

ressaltada.²⁵ No processo real de categorização inexiste uma definição clara e precisa da identidade racial, e essa ambiguidade é menor quando se trata da classificação de uma pessoa na categoria *branco*. Assim, o mesmo indivíduo pode ser classificado em categorias diferentes por diversos outros ou em diferentes situações, ou até mesmo sua autoclassificação pode variar.

Aloísio,²⁶ 9 anos, do grupo de crianças pobres, se autoclassificou como *branco* quando conversava sozinho comigo e, numa entrevista com um outro colega, disse ser *moreno*, seguindo a classificação do colega. É possível interpretar essa mudança, baseada na forma enfática e direta em que ocorreu a primeira classificação como *branco*, como uma tentativa de manutenção da igualdade de *status* social por parte dessa criança, que quis demonstrar companherismo, não explicitando uma distinção de cor entre ela e o colega. Paula, também desse mesmo grupo, se autoclassificou como *preta*, mudando depois, ainda que de forma vacilante, falando bem baixo, para *morena*, num contexto em que suas duas outras colegas disseram ser *branca* e *morena*. O significado social do princípio da gradação da tonalidade da cor da pele, permite que se instaure nas relações sociais entre crianças um processo de negociação social da classificação racial, sendo possível, até um certo ponto, a manipulação das categorias.

No entanto, apesar de não existir um sistema fixo, objetivo e único de classificação, utilizado igualmente por todas as crianças, é possível identificar as categorias mais relevantes e os correlatos físicos a elas associados. Essa análise foi feita distinguindo-se os grupos socioeconômicos observados – o de crianças pobres e o de crianças de classe média – que implica uma diferenciação na composição racial desses dois grupos, com o objetivo de que esse esforço comparativo possibilite evidenciar diferenças e semelhanças no processo de categorização dos indivíduos.

No grupo de crianças pobres as categorias mais usadas foram reveladas, de forma sistemática, durante uma aula de Educação Física, de duas

---

²⁵ Sanjek (1971, em sua já referida pesquisa sobre o vocabulário racial em uma vila de pescadores na Bahia, concluiu que cor da pele e forma de cabelo eram os dois componentes (ou discriminantes) básicos que organizavam o domínio. Essas duas características estavam envolvidas no significado dos termos raciais utilizados.

²⁶ Tive o cuidado de preservar o anonimato das crianças criando nomes fictícios para todas elas.

turmas do segundo ano, do primeiro ciclo (crianças de 7 anos que haviam terminado a pré-escola no ano anterior), através de uma brincadeira com corda em que as crianças, enquanto pulam, falam o seguinte texto:

> Açúcar refinado, queremos saber qual é a cor do seu namorado: preto, branco, louro ou moreno. Açúcar refinado queremos saber qual é a letra do seu namorado: a, b, c, d etc. Açúcar refinado, queremos saber qual é a casa que você pretende ter: casa, apartamento, galinheiro ou chiqueiro. Açúcar refinado queremos saber quantos filhos você pretende ter: 1, 2, 3 etc.

Essa brincadeira torna-se própria das meninas, a partir de uma certa idade, conforme o depoimento do Geraldo, 10 anos, que revelou que "quem pula corda é muié" e por isso ele parou de pular corda ("a minha mãe fica chamando eu de muiezinha, os outro também fica"). É uma brincadeira que também provoca o imaginário amoroso das crianças, pois cada uma delas assume que as perguntas estão sendo direcionadas a elas. Projeta-se, portanto, o desejo racial em relação a namorados ou futuros maridos. A letra da música que acompanha essa brincadeira de corda é repetida várias e várias vezes, pois sempre é um grupo grande que brinca, o que obriga a formação de uma fila de crianças, que ficam esperando a colega que está pulando errar e que deve ocupar o último lugar da fila. Assim, a repetição constante das categorias *preto, branco, louro ou moreno* ajuda a fixá-las em um sistema de classificação racial múltiplo e não bipolar. Nesse sistema de classificação a categoria *negro* não aparece. Apesar de o início da letra evocar a cor branca – *"Açúcar refinado"* –, o que poderia contaminar a brincadeira, a preferência das crianças recai sobre o *louro* (e aqui, a cor do cabelo parece ser a característica discriminante) *e o moreno*. Ou seja, ao lado do *louro*, a categoria *moreno* disputa a preferência das crianças, o que pressupõe a existência de um processo de valorização ou, pelo menos, de não desvalorização da categoria *morena*, conforme ainda veremos.

Além dessas categorias básicas (*preto, branco, louro e moreno*), foram utilizadas por outras crianças, durante nossas conversas, as categorias *marrom-escuro, marrom-claro, moreno-claro, moreno-escuro, claro, escuro, preto claro, preto bem escuro e negro*, demonstrando, assim, o sistema de gradação já aludido antes. Esporadicamente, foram também mencionadas as categorias *índio, mulata* e *misturada*. A gradação permite a utilização de expressões comparativas tais como:

"fulano é muito mais escuro que eu", *"fulano é um pouco mais claro que eu"*, *"fulano não é muito preto não"*, etc. As seguintes falas revelam as dimensões dessa gradação, colocando-a como um dos critérios significativos de observação feita pelas crianças, mesmo no interior das relações familiares. Uma menina de 9 anos, *morena*, disse que não tinha nenhum irmão *preto*, "tudo moreno-escuro, o Valnei não é preto não, é mais escuro, muito mais do que eu, oh!". Outra menina, de 10 anos, *preta*, disse existir pessoa *branca, marrom, preta* e *loura* e considerou um colega de sala, identificado como *preto*, por quase todos os outros, como *moreno* (uma categoria não incluída, por essa menina, anteriormente, em seu sistema de classificação, mas que parece equivaler a *marrom*), dizendo que ele era *"um pouco mais claro"* que ela. Ela também revelou que seus dois irmãos eram *morenos*, sua mãe *morena* e seu pai *"um pouco mais claro"* que ela, acrescentando, em seguida, *"mas ele é da minha cor"*. Nesse caso, as pessoas "um pouco mais claras" que a entrevistada foram consideradas por ela como *morenas*, com exceção do pai, que, pela contradição do relato ("ele é um pouco mais claro, mas ele é da minha cor") pode-se supor que a diferença de tonalidade da cor da pele entre eles deve ser difícil de perceber.

Esse depoimento permite demarcar um critério importante de análise da classificação racial, que é de distinguir e comparar uma definição individual da identidade dos outros e uma definição social. No depoimento anterior, do ponto de vista da criança, o colega de sala era *moreno*, porque ela, ao comparar-se com ele, distinguiu as tonalidades de cor da pele. Mas, do ponto de vista da definição social, o colega era *preto*, não sendo percebidas pelo grupo diferenças significativas entre os dois, no que se refere à cor da pele. Assim, perguntas sobre a autoclassificação e sobre a classificação das/dos colegas permitiu-me perceber a composição racial do grupo a partir do ponto de vista das crianças, e identificar a existência de um certo consenso social em torno das categorias raciais consideradas adequadas a cada indivíduo.

Uma outra menina de 10 anos, *misturada* disse: "eu sou branca mas também sou preta...porque eu sou morena-clara". Comentou, depois, que o pai era *"moreno mais escuro"* e a mãe "branca" e que *preto* era diferente de *moreno-escuro* "só um pouquinho", reconhecendo, explicitamente a possibilidade de uma terceira categoria (*morena-clara*) fruto da mistura racial entre *branco* e *preto/moreno-escuro*. Um menino de 10 anos afirmou existirem somente duas *raças*: "tem os pretos, os branco", mas quando se autoclassificou disse *marrom*. Indaguei-lhe, então, "marrom é diferente de preto?". E ele respondeu: "é, porque ela é mais clara, e preto é mais escuro". Quis saber se existia algum *preto* em sua sala e ele disse: "pra mim, a Diana é mais um pouquinho, mas ela não é muito preta, não". A distinção entre *moreno escuro* e *preto* foi feita em outra ocasião: uma menina de 9 anos, *morena-clara*, classificou sua mãe como *morena-escura* e seu avô materno como *preto*. Uma outra menina, 11 anos, *morena-escura*, considerou *moreno-escuro* diferente de *preto,* definindo *preto* como sendo "aquela pessoa bem preta, bem preta, mas bem preta mesmo".

A pouca distinção entre *preto* e *marrom-escuro* ou *moreno-escuro,* conforme visto acima, permite que englobemos essas categorias, mas o uso de uma ou de outra vai depender de variáveis situacionais e sociológicas, tais como o processo subjetivo e o contexto cultural e social de aprendizagem dos termos raciais por parte de cada criança, e da tentativa de *"escapar"* da categoria *preta/negra*, conforme veremos.

O diálogo abaixo, ocorrido durante o recreio, expressa a realidade de quase equivalência fenotípica entre as categorias *preta* e *marrom-escuro*:[27]

P: E você? Que cor que você é?

Neide: Preta.

P: E sua mãe? Que cor que ela é?

Neide: Ela é branca. Não, ela é da cor dele.

P: E que cor é a dele? Não é branco e nem preto?

Neide: Moreno.

Mário: Isso é marrom-escuro.

P: Isso é marrom-escuro?

Mário: É porque é eu que sou marrom.

P: Você é marrom-escuro? Como você se chama?

---

[27] Sanjek (1971), encontrou grande ambiguidade na categoria *morena,* que podia ser usada para quase qualquer conjunto de características raciais, mas a combinação *pele escura* e *cabelo encaracolado* não era adequada para o termo *moreno*. Nesse caso, o termo apropriado era *preto*. A associação de *moreno* com *pele clara* também era muito pequena, segundo o autor.

Mário: Mário

P: Então, quer dizer que você é marrom-escuro. E a Neide? Que cor que ela é?

Mário: Marrom-escuro também.

As categorias raciais mais usadas entre as crianças de classe média são as mesmas do grupo de crianças pobres, ou seja, *branco, preto e moreno*, com o acréscimo da categoria *negro,* que foi mais utilizada pelas crianças de classe média. A gradação foi também observada com a explicitação de categorias como o *mais ou menos branco, mais ou menos preto e mais ou menos moreno*, indicando a percepção de diferentes tonalidades também na categoria *branco*. A classificação como *marrom* também foi feita e apenas uma criança utilizou a categoria *escuro* ou, numa outra ocasião, *mais escurinho* dizendo existir "pessoa branca, pessoa morena, pessoa mais ou menos morena e pessoa escura". Essa criança se autoclassificou como *morena*. A ambiguidade da classificação racial foi coincidentemente acentuada nesse grupo pelo pai de uma das alunas, convidado pelas professoras de duas turmas do terceiro ano do primeiro ciclo (crianças de 7 a 9 anos), para comentar as maquetes feitas pelas crianças sobre o meio ambiente. Houve uma ambiguidade nos depoimentos das crianças a respeito do que aconteceu durante a palestra, pois, em alguns momentos, elas afirmaram que o palestrante perguntou quem era da *raça negra* e que alguns colegas levantaram a mão. Em outros momentos, elas afirmaram que o palestrante identificou os representantes da *raça negra* que, então, levantaram a mão. Tanto uma versão quanto a outra, no entanto, revelaram facetas do processo de aprendizagem pelas crianças da classificação racial em que estão envolvidas, além de evidenciar o conhecimento do conceito de *raça negra*, integrante da política racial voltada para a conscientização e a valorização de uma identidade racial *negra* no Brasil.

Um menino de 8 anos, ao ser perguntado sobre quais cores de pessoas existiam na turma, respondeu: "lá tem branco, moreno, tem preto também; é que veio um cara aqui das maquetes e perguntou quem que era da raça negra e aí uns lá levantou o dedo, uns lá". *Raça negra* nesse contexto foi identificada com a categoria *preto*. E uma outra criança, que se classificou inicialmente como *preto* e depois como *negro* (identificação das categorias *preto* e *negro*), disse que "foi as meninas que começou a falar isso: acho que foi numa palestra, não sei; cidade dos brancos e cidade dos pretos... Ele falou assim: quem que é dos pretos? E aí as meninas começaram a falar esse, esse, esse". Quando indagado se, até então, ele não sabia, essa criança disse que não e revelou que pensava que era "mais ou menos". Nesse caso, a criança operou uma reclassificação racial de *mais ou menos* para *preto/negro*, assumindo a identidade que foi atribuída pelas *"meninas"* e pelo palestrante, não reagindo, aparentemente, de forma negativa a essa classificação.

Esse modelo de classificação se aproxima do modelo dicotômico predominante nas classes médias intelectualizadas e urbanas, conforme sugestão de Fry (1995/96). Um outro grupo de três crianças citou, segundo elas, dois colegas da *raça negra*. Imediatamente, uma das crianças discordou dizendo que Tadeu era *café com leite* ou *moreno*. A expressão *café com leite* sugere uma tonalidade intermediária entre o *branco* (leite) e o *preto/negro* (café), um dos correlatos físicos da categoria intermediária *morena*. Diante disso, perguntei ao grupo "como vocês sabem que Maria é da raça negra?" e uma das crianças respondeu: "porque uma vez, quando a gente tava fazendo palestra com o pai da Emília da sala 5, de maquete, aí o pai da Emília falou assim: quem é da raça negra aí levanta a mão. E a Maria e o Tadeu levantou, só que ele é café com leite". A criança manteve Maria na classificação de *raça negra*.[28]9 Uma das crianças, então, disse: "mas, a professora falou que ele é negro, não é café com leite não", buscando a autoridade da professora para encerrar a discussão. Noutro grupo, com duas crianças de 9 anos, o mesmo debate apareceu:

P: Aqui tem bonecos éee...

Eliane: Nego e branco.

P: E lá na sala de vocês também tem?

Eliane: Tem, Tadeu, Aline.

Regina: Tadeu é moreno.

Eliane: Mas, aquele moço falou assim que eles são de qualidade negra. Então é o Tadeu, a Aline.

Regina: A Aline é um pouco morena.

---

[28] Maria foi também classificada como *bem moreninha* e como *marrom escura*.

Eliane: O Júlio, quer ver, tem mais, o Nestor que é um pouquinho moreno, a Maria.

Regina: A Maria, a Maria.

P: Esses são os negros. Antes do moço falar vocês sabiam que eles eram negros?

Regina: Não. Eu pensava que eles eram morenos, porque a minha colega, quando ela me chama de branquela, eu chamo ela de nega e aí ela fala que ela é morena.

P: E você é de que cor Eliane?

Eliane: Eu sou morena, não sou negra, o moço falou que eu não sou negra.

P: E se ele tivesse falado que você é negra você ia discordar dele?

Eliane: Não. Não tem problema se eu sou negra. Eu sou humana, não sou? Então o que que tem eu ser...

Na entrevista acima, o único nome confirmado pelas duas crianças, em relação à classificação de *negro*, foi o de Maria, que em sua entrevista afirmou: "eu sou morena, pelo menos, pra mim eu sou morena", o que revela a consciência da possibilidade de ser considerada *negra* por outras pessoas.

Além disso, percebe-se naquele diálogo, a tentativa, por parte de Eliane, de reenquadrar os até então considerados *morenos* na categoria *negra*, caindo novamente no modelo dicotômico. Mas, esse esforço encontrou a resistência de Regina, que insistiu na classificação de Tadeu e Aline na categoria *morena,* talvez pela experiência, revelada na entrevista acima, de ser corrigida por uma colega, que recusa ser chamada de *nega,* se autoclassificando como *morena.*

A resposta de Eliane sobre a sua cor revela que ela não adotou integralmente o modelo dicotômico ("eu sou morena, não sou negra") e demonstra uma certa ambiguidade e incerteza, pois ela quis que sua autoclassificação fosse legitimada pelo "moço" que fez a palestra, como se pudesse existir alguma dúvida quanto à sua classificação. De fato, no final da entrevista essa criança revelou que nas férias viaja para Cristais, uma cidade do interior onde mora sua avó, acrescentando que "lá tem muita gente negra". Quando indagada se em sua família existia algum *negro* ela respondeu: "tem, meu tio". Além disso, ao ser perguntada se discordaria da classificação de *negra*, sua resposta revela um conhecimento de que existe algum problema em ser *negro*, pois ao interrogar "eu sou humana, não sou?", tentou construir um argumento favorável, acrescentando em seguida "o que que tem eu ser...?", como se pudesse haver algum problema.

Um incidente ocorrido durante o recreio revelou o constrangimento que pode gerar a explicitação pública das diferenças entre as categorias raciais. Um menino de 7 anos, que se autoclassificou como *branco* e logo em seguida como *moreno*, foi solicitado a explicar novamente, só que diante de várias outras crianças, as diferenças de gradação, que ele já tinha me revelado:

P: Você me disse que existem quatro tipos de raça: negro, branco, moreno e preto. Aí você me disse que, fala aí, quem é mais escuro que quem? Como é que é?

Tales: Não sei.

P: Aquela história de mais escuro e mais claro.

Tales: Eu não vou falar, não.

P: Não vai falar de novo, não?

Tales: Tá cheio de gente aqui.

P: O que que tem?

Tales: O que que tem! (respondeu com uma entonação que indicava que a resposta era óbvia. É como se eu já devesse saber que esse tipo de pergunta não se faz publicamente).

Após esse diálogo, a criança saiu de perto de mim e quando voltou disse: "enche o saco de outro, falô?", num tom claramente agressivo, o que comprova o mal-estar e o constrangimento causados pela pergunta. Essa reação expressa um conhecimento tácito por parte daquela criança de que a discussão sobre as diferenças raciais, na qual a classificação racial é um aspecto fundamental, não deve ser feita publicamente, diante de colegas. Por essa reação, pode-se inferir que, em situações amistosas multirraciais, o "correto" seria controlar a manifestação de ideias a respeito das diferentes "raças" existentes (o melhor é não tocar nesse assunto). Uma outra ilustração desse comportamento foi fornecida por uma mãe (professora universitária de minhas relações e não mãe de alguma das crianças por mim observadas) que disse ter ficado *sem graça* quando sua filha, na época com 4 anos, perguntou a um motorista de táxi se o filho dele era *preto*. A reação de reprovação da mãe diante da pergunta que estava sendo feita pela criança, certamente forneceu-lhe indícios da inadequação social desse tipo de curiosidade.

Se, por um lado, esse comportamento pode ser considerado uma tentativa de relação social na qual as considerações raciais são colocadas em segundo plano, por outro, ele pode gerar uma inibição da discussão aberta sobre as dificuldades latentes que podem surgir na convivência inter-racial, ao transformar a questão racial em assunto proibido, constrangedor, que só pode ser discutido em ambientes íntimos, familiares, de forma preconceituosa ou não. Essa transformação da questão racial em assunto tabu pode dificultar a superação de preconceitos raciais arraigados, transmitidos e assimilados desde a infância. Esse comportamento pode também ser interpretado como a manifestação do que Nogueira (1985, p. 85-86) denomina como *etiqueta racial*, ou seja, um tipo de "controle do comportamento de indivíduos do grupo discriminador, de modo a evitar a suscetibilização ou humilhação de indivíduos do grupo discriminado". Esse tipo de comportamento parece ser mais característico e evidente no grupo de classe média, mas não é exclusivo dele.

Uma outra característica do sistema de classificação racial utilizado pelas crianças é a intercambialidade das categorias *preto/negro* e *preto/moreno*. A intercambialidade entre *negro* e *preto* se deve à equivalência entre essas duas categorias no discurso das crianças, especialmente das crianças pobres, portanto claramente não é atribuído à categoria *negro* o sentido positivo de valorização de identidade étnica, dado pelo Movimento Negro, por exemplo.

Algumas crianças, no entanto, tentaram elaborar uma distinção entre as duas categorias, ainda que um pouco fluida. Uma menina do grupo pobre chegou mesmo a afirmar que não se importava de ser chamada de *preta*, mas de *negra,* sim, e um menino de 10 anos afirmou que "preto eu já vi, mas negro eu nunca vi...eu nem sei o que que é...não sei que cor que é negro", eliminando, naquele momento, a categoria *negro/a* de seu discurso. Uma outra menina, de 9 anos, desse mesmo grupo classificou as pessoas em *claras, escuras e morenas* e a si própria como *clara*, explicando que *escuro* é a mesma coisa que *negro* "porque é escuro e os negro também é escuro", e preto "é a mesma coisa que escuro, que nem a Diana, ela é preta". Uma criança de 7 anos, pobre, fez uma distinção entre *preto* e *negro*, dizendo que *"negro é mais escuro"*, sendo imediatamente contestada por uma colega que insistiu que "era a mesma coisa". Entre as crianças de classe média, algumas também tentaram distinguir as duas categorias, algumas vezes dizendo que *negro é mais escuro que preto*, outras, o contrário. Algumas consideraram mais certo falar *negro* e uma afirmou que falar *negro* era mais ofensivo que *preto*.

A possibilidade de escolha entre se referir a alguém como *preto/negro* ou como *moreno*, dependendo do contexto, acentua a ambiguidade da categoria *morena* em função da inclusão de uma ampla variedade de tipos de tonalidade de cor da pele. Uma criança de 8 anos, do grupo de classe média, chegou a afirmar que *"eu tenho um primo que é da raça neguinha porque ele é moreno"*, identificando nessa afirmação as categorias *negro* e *moreno*, apesar de, mais adiante na entrevista, esse grupo de crianças ter admitido a existência de três categorias raciais (*branco, moreno* e *raça negra*, mas o *moreno* é excluído da *raça negra* e definido como *café com leite*). Uma menina de 12 anos, do grupo de crianças pobres, intercambiou *preta* e *morena-escura*: "porque ela é preta; morena-escura, mas bem escura". Um menino de 11 anos, do grupo de crianças pobres, que se autoclassificou como *preto* e *carvão* em momentos diferentes, identificou um colega causador de uma briga na hora do recreio como *moreno*, dizendo "é aquele moreno ali". Quando olhei na direção indicada, não fui capaz de perceber nenhuma diferença significativa entre as tonalidades de cor da pele dos dois. Maria, de 9 anos, do grupo de classe média, considerou uma forma de preconceito a utilização da categoria *preto* para classificar alguém. Respondendo à pergunta sobre quais cores de pessoas existem, ela acrescentou ao *branco* e *moreno* a seguinte expressão: *"não é preconceito não, mas tem preta também"*. E, diante da pergunta *"você conhece algum preto pessoalmente?* voltou a dizer: *"olha, pra mim não é preconceito isso, mas eu tenho uma vizinha, eu gosto muito dela, muito, o pai dela que é, ela não, ela já é morena"*. O sentido negativo associado à categoria *preto* e, portanto, o seu uso cuidadoso, é revelado nessa fala através da expressão *"não é preconceito"*. Noutra conversa, uma criança de 8 anos, desse mesmo grupo, mostrou uma certa vacilação ao incluir a categoria *preto* em seu sistema de classificação racial: "moreno, branco, éee, aquele, preto".

É possível distinguir, a partir desses depoimentos das crianças, um duplo sentido do termo *moreno*: um, que diz respeito ao reconhecimento de uma categoria intermediária, em termos de *status* social (essa categoria não associa-se a atributos negativos) e biológico (reconhecimento de um suposto *status* físico intermediário) e outro, relacionado a um tipo de tratamento social considerado menos ofensivo do que o uso dos termos *negro* ou *preto*, correspondendo, assim, ao comportamento exigido pela *"etiqueta racial"* de evitar a suscetibilidade dos indivíduos classificados e percebidos como *negros/pretos*.

Hirschfeld (1996 p. 56-57), argúi que crianças miscigenadas (híbridos raciais) colocam um problema significativo para classificação racial e que, como já vimos, todo sistema de pensamento racial deve fornecer alguma estratégia para resolver a ambiguidade. Citando Degler (1971), afirma que nas colônias portuguesas a estratégia utilizada foi o reconhecimento de categorias raciais intermediárias (*"mullato"*). Conforme também já dito, através do jogo de classificação e autoclassificação, em que eu pedia que a criança se autoclassificasse e classificasse os seus colegas, foi possível perceber que um certo consenso é socialmente construído em torno da identificação racial, que define quem será classificado como *moreno, branco, preto/negro* ou alguma outra categoria derivada. Assim, as crianças de tonalidade mais escura de cor da pele têm relativamente menos chances de ser consideradas *morenas,* mesmo as que possuem um nível socioeconômico de classe média.

A disputa em torno da classificação racial, com a resistência de alguns à classificação *preto/negro*, é um outro indicador do processo de reconhecimento de uma terceira categoria, mais valorizada, pelo menos, em se tratando do mundo infantil.

Entre as crianças pobres, o cuidado com a utilização da categoria *preto/negro* não foi observado com tanta frequência, talvez pelo fato de, pela lógica de classificação desse grupo, crianças *brancas* constituírem a minoria, o que faz com que a disputa para não ser incluído na categoria *preta/negra* se torne mais intensa. A utilização desta última categoria foi totalmente abolida do sistema de classificação de uma criança que afirmou só existir *marrom-escuro* (ele próprio se classificou nessa categoria) e *branco*. Uma outra criança que se autoclassificou como *marrom*, admitiu ao mesmo tempo não gostar de ser daquela cor e que também adotou somente duas categorias de classificação (*marrom* e *branco*), chegou a afirmar que "preto não existe". A abolição da categoria *preta*/negra, que gera uma nova versão do sistema bipolar, pode ser entendida a partir do processo social de rejeição dessa categoria devido à sua associação com um significado negativo.

Apesar de as crianças do grupo pobre tecerem comentários sobre as características raciais mais livremente, não significa que não exista nenhum constrangimento. Um menino de 9 anos, *moreno*, tentou claramente evitar repetir um comentário que tinha feito sobre uma colega, que eu não havia entendido, diante da aproximação dela. Como insisti em saber o que ele tinha dito, ele se esquivou me perguntando se eu tinha visto na revista a boneca *preta*. Respondi que não, e ele que sim e, mudando de ideia, apontou o dedo para sua colega (que se autoclassificou como *preta* e é assim considerada por outros colegas) e rindo me disse que "*é ela que é a boneca preta*" saindo correndo logo em seguida, como que fugindo da situação por ter feito alguma coisa errada, não aprovada socialmente.

Dessa forma, as crianças vão aprendendo, testando umas às outras e introjetando a ideia de que existe algum problema em ser *preto* ou chamar alguém de *preto* em determinadas situações. Ser chamado de *preto* é considerado uma ofensa ou uma forma de preconceito, tanto por pessoas adultas envolvidas politicamente com a "questão racial", que reivindicam ser identificadas como *negras* ou *afro-brasileiras*, rejeitando, ao mesmo tempo, a classificação *morenas*, quanto por pessoas não envolvidas diretamente com o Movimento Negro, como, por exemplo, a mãe de uma criança *branca* que me disse estar aliviada com o fato de o filho dela de 8 anos não ter preconceito "porque ele se referia aos colegas mais escuros de marrom". A categoria *preto* ou mesmo a categoria *negro* ocupam, pois, uma posição inferior no sistema de classificação racial das crianças (é, portanto, um sistema hierarquizado de classificação, em que as categorias possuem atributos sociais positivos e negativos), e são alvo de um processo social de estigmatização, de agressões e hostilidades, enfim, de poder. Numa entrevista coletiva com várias crianças pobres, uma delas, de 11 anos, revelou essa negatividade associada à categoria *preto* dizendo:

Catarina: Ela é nega ruça, ela é pior do que nego!

P: Pior como?

Catarina: Pior do que nego, que minha mãe fala.

Mais adiante:

P: Catarina, a Glaura (a criança que foi classificada de *nega ruça* e se autoclassificou como *clara* e, posteriormente *morena-clara* sendo até considerada *loura* por uma colega) ficou curiosa com o que a sua mãe disse que é pior ser...

Catarina: Que negro, éee que gente nego ruço é pior que gente preta.

P: Nego ruço? E você falou que ela é? Ela tá querendo saber por quê?

Catarina: Porque ela é, porque ela é muuuito amarela e o cabelo dela.

P: E por que será que é pior? Pior em que sentido? Você sabe, a sua mãe te explicou?

Catarina: Isso ela não explicou, não.

P: E o que você imaginou?

Catarina:...?...mas, eu acho que é pior que o preto.

Assim, ao adquirir a noção de outro, e de outro diferente, também em termos raciais, a criança adquire a interpretação dessa diferença. No caso de sociedades em que preconceitos raciais se manifestam, como a brasileira, as noções de diferença e de hierarquia raciais são adquiridas simultaneamente. Através de vários mecanismos sociais vivenciados no processo de socialização, inicialmente, no interior da família, no espaço da rua e nas organizações religiosas e, posteriormente, nas creches e nas escolas, a criança aprende que "ser *preto* é uma desvantagem" por estar numa posição inferior. O fato de esse processo de elaboração inicial da diversidade racial conter representações preconceituosas e ocorrer durante a socialização primária, através de intensas relações emocionais, em que, um certo mundo é apresentado à criança como *o mundo*, torna a realização da tolerância racial mais difícil e prepara uma base durável para futuros preconceitos.

As principais características do sistema de classificação utilizado pelas crianças são, portanto, a multiplicidade das categorias e a gradação de cor existente entre elas, a possibilidade de manipulação e de intercambialidade das categorias, gerando uma classificação contextual e circunstancial, a identificação das categorias *preto e negro* e a hierarquia que localiza a categoria *preto/negro* na posição inferior, através do processo social de estigmatização e formação de estereótipos, que veremos a seguir.

Todas essas características, especialmente a gradação hierárquica das categorias, podem ser sintetizadas no conceito de *preconceito racial de marca* elaborado por Nogueira (1985, p. 67-93). De acordo com esse autor, o preconceito de marca é o tipo de preconceito racial predominante no Brasil e se exerce em relação à aparência, ou seja, em relação aos "traços físicos, a fisionomia, os gestos e o sotaque do indivíduo" (idem, ibidem, p. 78). No caso da classificação racial das crianças, o que conta é, principalmente, a tonalidade da cor da pele e, em seguida, o tipo de cabelo. No grupo de crianças pobres, em que a maioria delas foi considerada *morena/marrom,* os classificados na categoria *preto/negro* eram os que tinham uma tonalidade bem escura da pele, e são esses que sofrem, mais diretamente e frequentemente, o preconceito racial. Já no grupo de crianças de 8-9 anos de classe média, de uma mesma turma, a única criança reconhecida por quase todos os seus colegas como *negra* foi Maria que, no entanto, entre as crianças pobres, dificilmente seria assim classificada. Dessa forma, como já destacado, o processo real de classificação racial é um processo social circunstancial e maleável e, relembrando mais uma vez Nogueira (1985, p. 82), "a intensidade do preconceito varia em proporção direta dos traços negroides".

Por outro lado, observei entre as crianças, além da estigmatização da categoria *preto/ negro*, uma valorização da categoria *morena* que, como veremos, não se transformou em categorias de xingamento nem as derivou, como aconteceu com as categorias *branco* e *preto/negro*. Esse fato pode estar indicando uma característica das relações raciais no Brasil, denominada por Freyre (1973) como "a mística sociológica da morenidade", sem, no entanto, concluir, como ele, pela inexistência do preconceito racial.

Mas, essa valorização, ou a não desvalorização da categoria *morena*, mesmo que em termos mais abstratos, implica uma diferença qualitativa em relação a um sistema de classificação predominantemente bipolar. No mundo infantil, ser considerado *moreno* ou *preto/negro* é significativamente importante e pode representar um tratamento social diferenciado. Uma criança classificada como *preta/negra* dificilmente escapa das avaliações negativas e comentários depreciativos associados a essa categoria, podendo sua autoestima ser muito mais atingida do que as que se consideram e são consideradas *morenas*. Um dos problemas desse tipo de classificação baseada na aparência é o grau maior de incerteza quanto à manutenção da identidade racial *morena* e a garantia de tratamento não discriminatório em outros contextos sociais, em outros grupos ou em outra etapa biográfica da vida do indivíduo. A não desvalorização da categoria *morena* torna o processo de identificação racial, durante a infância, mais competitivo e complexo, portanto mais dinâmico. Quando a criança se tornar adulta e estiver competindo por recursos econômicos, sociais e políticos, talvez ela sinta e descubra que ter sido classificada como *morena* não garante a eliminação do preconceito racial.

No próximo capítulo apresento os resultados das pesquisas sobre preconceito racial realizadas com crianças nos EUA e no Brasil, delimitando, ao mesmo tempo, as principais questões produzidas por essa área de investigação.

Preconceito racial na infância:
o debate acadêmico

Os estudos norte-americanos já produziram uma grande quantidade de dados sobre as atitudes e os comportamentos raciais de crianças. Os resultados desses estudos e suas interpretações, no entanto, revelaram-se discrepantes, evidenciando a complexidade do fenômeno racial na infância.

Porter (1973), em sua pesquisa sobre a relação entre fatores socioculturais e variações nas atitudes raciais incipientes e seus efeitos sobre a autoestima de crianças, reconheceu a necessidade de estudos mais aprofundados sobre os mecanismos de aquisição de atitudes raciais. Apesar de não ser esse o seu objeto central de investigação, a autora descreveu oito mecanismos gerais de transmissão. São eles: (1) família (através de processos de identificação entre filhos e pais, e da existência de *overheard conversations* [conversas entre adultos realizadas na presença de crianças]); (2) sutis pistas comportamentais fornecidas pelos adultos (como, por exemplo, sobrancelhas levantadas ou demonstração de raiva, orgulho, etc.); (3) comentários dos pares (grupo de brincadeiras ou da escola); (4) admiração, por outros, da aparência pessoal da criança (por exemplo, elogio ao cabelo ou à cor dos olhos); (5) associações culturais e simbólicas de cores (existe uma conotação positiva para as palavras *branco* ou *claro* e negativa para as palavras *preto*, *negro* e *escuro*: por exemplo, a expressão *a coisa tá preta* ou a consideração que a sujeira é *preta*); (6) material de leitura infantil estereotipado (tanto os livros didáticos quanto os de Literatura); (7) meios de comunicação de massa (através da exposição direta ou dos comentários dos adultos sobre os assuntos veiculados pela televisão, especialmente); e (8) observação feita pela criança da ocupação racial de papéis sociais. No entanto, Porter aponta, entre outras, algumas questões que merecem ser pesquisadas melhor, como, por exemplo: quanto das atitudes raciais dos pais realmente afetam o processo de formação de atitudes em crianças? Como o material de leitura estereotipado e a televisão afetam as ideias de crianças sobre raça? Como a percepção da estrutura ocupacional da sociedade afeta o desenvolvimento de atitudes? Qual é o efeito dos fatores de personalidade sobre as atitudes raciais? Qual é a relação da estrutura e do funcionamento da família e dos padrões de socialização com a identidade pessoal e de grupo? Como ocorrem os processos de mudança de atitudes? Ainda segundo ainda a autora, embora os mecanismos de transmissão de atitudes sejam similares para todas as crianças, o ambiente sociológico e psicológico e o pertencimento racial afetam a extensão dos sentimentos e a reação a eles. Assim, a transmissão de preconceito não é automática, e a existência de crianças mais ou menos preconceituosas ou não preconceituosas é possível.[28]

Katz (1982) colocou em dúvida a crença de que os pais transmitem diretamente preconceitos raciais para seus filhos, que se tornam, assim, também preconceituosos, e problematizou a afirmação de que o desajustamento emocional produz atitudes negativas em crianças, afirmando que os achados empíricos sobre a relação entre o processo de formação de uma personalidade autoritária, as técnicas de educação de crianças e a origem do preconceito racial em crianças não são conclusivos. Reconheceu que alguns componentes básicos de atitudes raciais podiam ser entendidos em termos de reforço cultural do simbolismo das cores inicialmente adquirido. Porém, os aspectos cognitivos e os componentes perceptivos das atitudes raciais negativas é que mereceram maior atenção da autora. Katz (1982) considerou que a diferenciação perceptiva era o processo básico para o desenvolvimento de atitudes hostis.

---

[28] Jones (1973, p.101) sugere, inclusive, que a pesquisa devia se dedicar à descoberta do que impede que algumas pessoas se tornem preconceituosas.

Objetivando estudar essa questão num contexto desenvolvimental, a autora e seus colegas conduziram várias pesquisas com crianças em centros urbanos supondo que "parâmetros perceptivos e linguísticos envolvidos em diferenciação de grupo são de considerável importância na aquisição de atitude" (Katz, 1982, p. 37). A diferenciação perceptiva é função tanto de pistas distintivas quanto de rótulos e afirmações avaliadoras de grupos. Assim, a atribuição de rótulos distintos para diferentes grupos étnicos facilita a distinção entre grupos e reduz a capacidade para diferenciar entre membros individuais. Esses dois processos têm implicações para o desenvolvimento de atitude. O primeiro estudo[29] foi realizado com crianças *black* e *white* de creche e de pré-escola buscando responder se as diferenças entre membros de outro grupo são mais difíceis de discriminar que as diferenças dentro do próprio grupo. O resultado do experimento comprovou essa hipótese e mostrou que o processo de rotulação era um importante fator para explicar esse resultado. Um outro estudo foi feito com crianças de segundo, quarto e sexto graus de dois grupos racialmente integrados de escolas públicas de *New York* e teve como objetivo avaliar a relação desenvolvimental entre atitudes e fatores perceptivos. Os resultados foram assim sistematizados pela autora: crianças de todas as idades e grupos raciais com alto preconceito viam pistas raciais (cor da pele e tonalidade) como mais distintivas do que crianças com baixo preconceito; por outro lado, crianças com alto preconceito julgavam, mais que as crianças com baixo preconceito, que as faces consideradas dos indivíduos de outras categorias raciais eram similares, mesmo quando observam outros tipos de pistas, como por exemplo, presença de óculos ou expressão facial; além disso, essas tendências eram mais pronunciadas em crianças *white* que em crianças *black*.

Num outro estudo com crianças de segundo e sexto graus (7 e 11 anos de idade), experiências de rotulação foram feitas. Foram utilizadas duas faces púrpuras e duas verdes: uma de cada cor estava sorrindo e outra demonstrando desagrado. Foi ensinado para um grupo associar um rótulo comum para cada par de cor; para outro, associar rótulos comuns tendo como base as expressões faciais; para um terceiro

---

[29] Para a descrição das técnicas utilizadas nos estudos ver Katz (1982, p. 37-39).

grupo, associar um rótulo distintivo para cada uma das quatro faces e, finalmente, para um último grupo de controle não foi fornecido nenhum rótulo. Posteriormente a essa tarefa de rotulação, as crianças deviam julgar a similaridade de todos os possíveis pares das 4 faces. Os resultados confirmaram as predições para as crianças *white*: "rótulos que agrupavam estímulos na base de pistas de cor aumentaram a diferenciação perceptiva de pistas de cor, enquanto rótulos associados com expressão facial intensificaram a distinção de diferenças de expressão" (KATZ, 1982, p. 39). Os tipos de rótulos usados modificavam a percepção subsequente. Para crianças *black*, mesmo na ausência de rótulos, pistas de cor eram percebidas como salientes, e o treinamento de rotulação não alterava, de forma significativa, suas percepções. Uma explicação dada pela autora para esse fenômeno é o fato de a "sociedade *white* não permitir que *blacks* 'esqueçam' a cor, mesmo se eles desejarem" (KATZ, 1982, p. 40). De acordo com a autora, por volta dos 4 anos, crianças *white* já manifestam maior dificuldade de distinguir faces de outras categorias raciais do que de seu próprio grupo. Isso pode ser devido, segundo ela, à categorização dos indivíduos em grupos, fazendo com que a característica definidora (como cor) torne-se a mais saliente, enquanto outras pistas são menos observadas. Então, a percepção pode ser influenciada pelos processos de rotulação e as atitudes de crianças *white* estão relacionadas com sua percepção das pessoas: crianças com alto preconceito viam como extremamente diferentes duas faces parecidas em todos os aspectos com exceção da cor (uma *white* e outra *black*) e consideravam outras diferenças individuais entre faces *black* menos salientes do que as diferenças entre duas faces *white*. Katz (1982) conclui dizendo que os mecanismos perceptivos podem ter um importante papel no desenvolvimento e na manutenção do preconceito. Assim, quanto mais ênfase se dá às diferenças entre grupos raciais e quanto mais se ignoram as diferenças individuais entre membros de grupos de minoria, mais se reforça a base perceptiva para a manutenção do preconceito.

Pela exposição acima, é possível entender a importância dos mecanismos perceptivos no desenvolvimento e na manutenção do preconceito. No entanto, se esses mecanismos perceptivos são influenciados pelos processos de rotulação, pelo menos, para o caso de crianças *white*, conforme afirmou Katz (ibidem), o processo básico para o desenvolvimento de atitudes hostis seria o de rotulação, associado com as afirmações avaliadoras de grupos, e não o de diferenciação perceptiva. Mesmo considerando a diferenciação perceptiva como básica, como explicar o surgimento de atitude negativa diante da diferença?

Conforme discutido no capítulo anterior, Hirschfeld (1996) considera que a atenção de crianças se concentra mais em pistas verbais do que em pistas visuais, questionando com essa proposição todas as teorias que dão prioridade para a percepção na aquisição de categorias raciais. O entendimento inicial de raça da criança, então, seria derivado de informação discursiva. Isso significa que a aquisição de categorias raciais está diretamente relacionada com a aquisição da linguagem. Ainda de acordo com o Hirschfeld (ibidem), categorias raciais promovem inferências conceituais e avaliativas. Assim, de acordo com essa teoria, a aquisição de atitudes raciais negativas em direção a outros grupos raciais também pode estar diretamente relacionada com a interpretação da informação discursiva pela criança antes mesmo que uma diferenciação perceptiva seja feita por ela.

Outro conjunto de questões relacionadas às pesquisas realizadas com crianças norte-americanas diz respeito à caracterização das atitudes raciais e às mudanças observadas ao longo do tempo.

Porter (1973), estudando a influência de fatores socioculturais no desenvolvimento de atitudes raciais (a pesquisa foi feita em 1965 com crianças norte-americanas de pré-escola, de 3 a 5 anos), demonstrou que as crianças eram preconceituosas em atitudes,[30] e que essas atitudes variavam com a idade, o sexo, a classe social, o contato intergrupal e a gradação da cor da pele (para *negroes*). Baseada em sua análise do significado da escolha da boneca, por raça e idade, concluiu que: "alta taxa de escolha de boneca *white*, de fato, é indicativo, pelo menos, de atitudes raciais incipientes para a maioria das crianças de pré-escola de ambas as raças" (PORTER, 1973, p. 28). Identificou uma forte afinidade

---

[30] Na revisão dos achados empíricos de outros estudos sobre o desenvolvimento de atitudes raciais em crianças, Porter (1973, p. 38) considerou que uma das principais descobertas dessas investigações foi a revelação de que "crianças de ambas as raças tendem a mostrar preferência por *white*".

para bonecas *white* tanto entre crianças *white* quanto entre crianças *black*, observando que a preferência por boneca *white* aumenta e a designação de rótulos como preguiçosa ou estúpida para boneca *white* decresce dos 3 para 5 anos de idade.

Os dados da autora indicaram que a criança é consciente de cor aos 3 anos de idade, mas ainda quase não atribui significado social às estas diferenças de cor e que nessa mesma idade, crianças *black* parecem dar maior importância à cor. Por volta dos 4 anos, surgem atitudes raciais incipientes, apesar de a criança não ter ainda uma cognição sofisticada de diferenças raciais. Por volta dos 5 anos "a conexão entre cor e raça torna-se clara, e preferências vagas são desenvolvidas em atitudes sociais reais" (PORTER, 1973, p. 85), mas ainda não são como as dos adultos.

Embora as crianças mostrem preferência *white,* a autora considera que a intensidade desses sentimentos se diferencia por ambiente social e mostra que o *status* socioeconômico é o principal fator no desenvolvimento de preconceito entre crianças *black* e *white*, além de sexo, contato inter-racial e tonalidade da cor da pele. Assim, mostra a autora, crianças *white* de *classe trabalhadora* e "*classe mais baixa*" (famílias que recebem fundos *ADC*[31]) manifestam preferência *white*, ainda que levemente, em relação às crianças de *classe média*.

Porter (1973) também encontrou variação significante por classe entre crianças *black*. As de *classe média* escolhiam menos a boneca *negro* do que as de *classe trabalhadora* e, para algumas crianças de *classe média,* essa escolha representava rejeição *black*, enquanto para algumas da *classe trabalhadora* essa escolha refletia hostilidade para com a boneca *white*.

Resumindo todos os seus achados, a autora afirma não existir um padrão uniforme de resposta dentro de cada grupo racial, apesar da constatação de um padrão geral de "preconceito entre whites e autor-rejeição entre crianças menores *black*" (PORTER, 1973, p.220).

Katz (1982) questiona os resultados de estudos de preferência baseados na tarefa de escolha de bonecas, que tem sido o instrumento

---

[31] ADC: Aid to Depend Children.

de medida mais frequentemente empregado, pois esse instrumento revela um grande número de problemas metodológicos. Na maioria dos estudos, a boneca *white* tem cabelo louro e olhos azuis, e a boneca *black* tem cabelo e olhos marrons. As bonecas, então, não diferem apenas em pistas de cor da pele, obscurecendo, assim, as pistas que estão sendo usadas pelas crianças para preferirem, conforme os resultados dos estudos, as bonecas *white*. Numa pesquisa realizada pela própria autora e por Zalk (1974), não foi encontrada forte preferência por boneca *white* quando a cor do cabelo e a dos olhos eram constantes: "preferências eram baseadas mais em pistas de gênero que em pistas raciais, sugerindo que pistas raciais podem não ser tão salientes para crianças menores como são outros tipos de características da pessoa" (KATZ, 1982, p. 38). Além disso, Katz (1982) afirma que dados de confiabilidade e de validade para essa técnica não têm sido apresentados, apesar do amplo uso e, segundo ela, parece que os investigadores não estão muito conscientes dessas questões. A pertinência dessa crítica é exemplificada pela autora através da não correspondência observada nos poucos estudos que tentaram comparar atitudes e comportamento real de crianças de creche ou pré-escola.[32] Ainda segundo a autora, a questão da escolha feita por crianças *black* é controvertida e aparentemente contraditória. Muitos estudos não confirmaram os achados iniciais de Clark e Clark de que crianças *black* exibiam fortes preferências por bonecas *white,* enquanto muitos outros, de fato, reproduziram aqueles achados. Para Katz (1982), esses resultados discrepantes podem estar refletindo a ausência de confiabilidade da técnica de bonecas ou variações geográficas nas atitudes de crianças. É observado pela autora que os trabalhos cujos resultados indicaram atitudes mais positivas em direção a bonecas e retratos *black* ocorreram em grandes centros

---

[32] Katz (1982, p. 23) cita o estudo de Stevenson e Stevenson (*Social interaction in an interracial nursery school, 1960*), que revelou que as crianças pesquisadas não exibiram preferência por brincar com crianças da mesma raça; o de Porter (1971), que, conforme já visto, também não encontrou relação entre padrões de brincadeira e preferências por bonecas e o de Hraba & Grant (*Black is beautiful: a reexamination of racial preference and identification, 1970),* que não encontrou relação entre a performance na tarefa de boneca e escolha de amigos.

urbanos, enquanto as atitudes negativas parecem prevalecer no Sul e em cidades menores dos Estados Unidos.

Apesar dessa controvérsia, Katz (1982) acredita que há maior evidência para hipótese de mudança de atitude em direção a uma maior autoestima e identificação racial positiva: "crianças black de pré-escola, na maioria dos recentes estudos, agora mostram ambos: nenhum *bias* ou preferência pela mesma raça em tarefas de escolha" (KATZ, 1982, p. 25).[33] Quanto às respostas de crianças *white*, a autora chama atenção para o fato de que elas não sofreram modificações: "crianças *white* nunca expressam preferências por ser um membro de qualquer grupo racial a não ser o seu próprio" (idem, ibidem, p. 25). Além disso, continua Katz (1982), vários estudos mostraram que crianças de 3 para 4 anos de idade associam fortemente cor *white* e grupo racial rotulado *white* com características positivas, e o contrário para *black*. Finalmente, a autora identifica algumas questões que necessitam de estudos longitudinais relacionadas ao desenvolvimento subsequente de atitudes, pois nem todas as crianças desenvolvem atitudes negativas intergrupos: preferências iniciais se relacionam com sentimentos e comportamentos posteriores? Que relação existiria entre consciência e atitudes?

Outra mudança identificada por Katz (1982) através de seu estudo sobre experiências de rotulação, já descrito acima, se relaciona com a questão da autopercepção do grupo de minoria. A autora observou que estudantes *black* não consideravam variações de tonalidade da cor da pele uma base importante para a distinção perceptiva, contrariando os resultados de estudos anteriores, que sugeriam que a tonalidade de pele mais clara era fortemente valorizada na comunidade *black*. Segundo a autora, essa tendência pode estar relacionada com a luta de *blacks* por igualdade e dignidade. Sistematizando os achados de pesquisa, em um outro momento, Katz (1987, p. 93-94) confirma que esses são mais consistentes que as interpretações produzidas sobre as respostas atitudinais de crianças. Assim, crianças *white* exibem preferência pelo

---

[33] Holmes (1995, p. 53) também concluiu que as crianças *African American* de 5 anos de idade por ela pesquisadas não possuíam baixa autoestima; ao contrário, elas "tinham um forte e orgulhoso sentido de suas identidades pessoais e de grupo".

próprio grupo por volta dos 4 anos, expressam comentários negativos em direção a outros grupos e sempre desejam ser *white*. Crianças de grupo de minoria inicialmente expressam menos preferência por seu próprio grupo ("apesar da extensão de preferência para outro grupo parecer estar diminuindo" [KATZ, 1987, p. 94]) e parecem ser menos preconceituosas em direção a *whites*. Concordando com Vaughan (1987), Katz (idem, p. 94) afirma que a interpretação dos dados não pode dispensar a análise da estrutura social na qual a criança se insere: "nós não podemos explicar completamente o desenvolvimento social de crianças sem levar em consideração a alta prevalência de atitudes racistas e sexistas nos adultos ao redor delas".

Holmes (1995), diante dos resultados de estudos feitos com crianças maiores, constatou que as tensões raciais cresciam com a idade, uma vez que o grupo de crianças de 5 anos por ela pesquisado era relativamente não preconceiuoso. A autora forneceu duas explicações para a ausência de preconceito nessa faixa etária: ausência de maturidade cognitiva e características do currículo que incentivavam o desenvolvimento de relações inter-raciais. Observou que raça não interferia na escolha de amigos, mas era um critério de seleção de um potencial "*par romântico*". Evidenciou uma dificuldade por parte das crianças em aceitar casais inter-raciais.

Finalmente, os estudos norte-americanos identificaram a existência de um paradoxo entre atitudes preconceituosas e comportamento não preconceituoso.

Ramsey (1987, p. 68-69) chama a atenção para esse paradoxo entre atitude e comportamento e o explica dizendo que as crianças não se preocupam com o que os adultos veem como contradições. Assim, suposições verbalizadas e categorizações globais podem ser superadas por experiências imediatas. As inconsistências entre as ideias expressadas por uma criança e suas ações podem surgir do fato de seu pensamento ser limitado pela situação. Assim, diz a autora, apesar de as crianças funcionarem cognitivamente em um "mundo de absolutos e supergeneralizações que as tornam mais receptivas a comentários estereotipados e preconceituosos de adultos" (idem, ibidem, p. 67) e apesar de comentários ou eventos carregados de emoção terem um maior impacto sobre as ideias das crianças que eventos neutros, o comportamento delas "não é tão 'dirigido' por essas suposições gerais quanto se poderia supor" (idem, ibidem, p. 67).

Para Hirschfeld (1996), a ausência de correspondência entre atitude racial e comportamento (especialmente a escolha de colega para brincar) pode ser explicada pelo fato de as representações de crianças de pré-escola de categorias raciais não serem ricas de informação perceptiva, o que faz com que essas crianças não identifiquem exatamente quais são os representantes dos grupos de minoria que elas não gostam: "...crianças menores têm pouca dificuldade de expressar preconceito racial, uma vez dada a oportunidade para fazer isso no contexto experimental, mas elas têm considerável dificuldade de instanciar categorias raciais" (HIRSCHFELD, 1996, p. 156).

Os estudos sobre preconceito racial entre crianças no Brasil se relacionam com a discussão da escola enquanto um mecanismo de diferenciação social e reprodutora do preconceito, com exceção de dois estudos, integrantes do projeto de pesquisa sobre relações raciais no Brasil patrocinado pela UNESCO[34] na década de 1950. Bicudo (1955) investigou as atitudes raciais de alunos que frequentavam o terceiro ano das escolas públicas primárias da cidade de São Paulo. O estudo pretendeu evidenciar "os sentimentos e os mecanismos psíquicos de defesa manifestos nas atitudes relacionadas com a cor dos colegas" e "a influência das relações intrafamiliais no desenvolvimento daquelas atitudes" (BICUDO, 1955, p. 227). A amostra foi constituída de 130 classes de terceiro ano, de 108 escolas, totalizando 4.520 estudantes de 9 a 15 anos, classificados em *brancos, mulatos, negros* e *japoneses*. O critério de classificação usado foi a aparência dos traços físicos, "sendo considerados brancos também os que passavam por brancos, mulatos os mais escuros do que o branco e com traços negroides, como o cabelo encarapinhado e negros os de pele mais escura" (BICUDO,

---

[34] Para uma discussão detalhada da implantação do Projeto UNESCO no Brasil, ver Maio (1997). Esse autor teve como objetivo "examinar o contexto, o desenvolvimento, os resultados e o impacto do conjunto de estudos sobre as relações raciais, sob o patrocínio da UNESCO, desenvolvido em Pernambuco, Bahia, São Paulo e Rio de Janeiro, no intervalo compreendido entre 1951 e 1953 e que envolveu pesquisadores nacionais e estrangeiros" (MAIO, 1997, p. 2).

1955, p. 228). A amostra era composta de 86,32% de *brancos*, 6,86% de *negros*, 3,93% de *japoneses* e 2,89% de *mulatos*. Foi feita uma análise estatística das respostas dos alunos a um questionário sobre a escolha de colegas preferidos e rejeitados que constatou a existência de uma relação de dependência entre a cor dos que rejeitam e a cor dos rejeitados bem como entre a cor dos que preferiram e a cor dos preferidos. Os que justificaram suas escolhas por motivos raciais explícitos compuseram um total de apenas 0,22% das respostas de rejeição. A análise das respostas de preferência revelou uma preferência acentuada e geral pelo *branco*, sendo que 8,47% de *brancos* não escolheram colega *branco*, o que sugere, segundo a autora, que "*outros fatores atuaram na escolha*" (idem, ibidem, p. 231). A análise demonstrou também diferenças de atitudes entre os sexos, pois houve maior preferência por colega *branco* entre as meninas *brancas* do que entre os meninos *brancos*. A análise das rejeições mostrou que 87,46% foram contra o *branco*, 8,7% contra o *negro*, 2,83% contra o *mulato* e 1,01% contra o *japonês*. Segundo a autora, "o escolar branco rejeitou-se em elevada porcentagem, enquanto foi baixa a porcentagem com que cada grupo de minoria se rejeitou" (BICUDO, 1955, p. 235). Assim, os grupos de minoria não atraíram contra si a maior carga de hostilidade. As atitudes de rejeição segundo o sexo sugeriram que, a menina *negra* rejeitava-se mais que o menino *negro,* e os escolares *negros* foram mais rejeitados que os *mulatos* tanto entre os meninos quanto entre as meninas, o que dá apoio, segundo a autora, à hipótese de que "a cor mais carregada do negro seria fator de rejeição, enquanto o 'branqueamento' gradativo da pele constituiria um fator atenuante da rejeição" (idem, ibidem, p. 237). Por outro lado, o *negro* foi o que mais se rejeitou entre os escolares *de cor* e, para a autora, com essa autorrejeição, o *negro* "estaria reafirmando as atitudes do branco como meio de defender-se de uma rejeição de fora maior, a qual uma rebelião aberta poderia acarretar" (idem, ibidem, p. 285). As mais altas porcentagens das atitudes de preferência e rejeição recaíram sobre o *branco*, o que, segundo a autora, pode ser explicado pelo fato de os escolares *brancos* restringirem suas escolhas de preferência e rejeição ao próprio grupo, demonstrando-se "recalcados em relação aos de cor" (idem, ibidem, p. 239), e têm sua atenção e seus sentimentos voltados para o próprio *branco*. Além do recalcamento, a existência de um prejulgamento desfavorável em relação aos *negros* explica também o padrão de escolhas de preferência e rejeição dos alunos *brancos*. A autora, porém, não considera em sua análise a alta concentração de *brancos* em sua amostra, o que poderia também ter influenciado os resultados obtidos. O fato de ter sido mínima a rejeição por motivos explicitamente raciais sugere, de acordo com Bicudo (1955, p. 244), uma censura dos sentimentos hostis relacionados com a cor, em que as atitudes foram "mascaradas por uma identidade entre o branco e as qualidades apreciadas e entre o não branco e as qualidades não apreciadas".

Foram também realizadas entrevistas com 28 aluno, seus pais e professores, entre os mais preferidos (13 *brancos*) e os mais rejeitados (9 *brancos*, 5 *negros*, 1 *mulato*), além de um caso, entre os 18, cujo motivo explícito de rejeição foi racial (*branco*), com o objetivo de conhecer traços de personalidade, ajustamento entre os membros da família e as atitudes referentes "às pessoas de cor" (BICUDO, 1955, p. 229). Para a autora, o fato de todos os escolares mais preferidos serem *brancos*, com exceção de um *negro*, reforça a hipótese de que eles identificaram o *branco* com as boas qualidades. Os 13 mais preferidos entrevistados eram tidos como bons alunos e filhos, e conviviam num ambiente familiar harmonioso, e foram citados como motivo de preferência a ausência de hostilidade nas atitudes e o fato de serem alunos adiantados. Quanto às atitudes dos pais em relação às pessoas *de cor*, desses mais preferidos, 10 manifestaram atitudes favoráveis e 3 desfavoráveis, mas sempre racionalizando seus sentimentos de hostilidade. Os escolares *brancos* mais rejeitados apresentaram sintomas de desajustamento psíquico e problemas de conduta na família: "viveram, desde a mais tenra idade, frustrações intensas, ocasionando-lhes sérios conflitos emocionais, que se expressavam nos sintomas de hostilidade exagerada contra o ambiente ou de retirada" (BICUDO, 1955, p. 289). Dessa forma, conflitos emocionais e desorganização da família eram características dos lares desses escolares. Somente três pais desse grupo de *brancos* mais rejeitados mostraram-se favoráveis aos *negros*. Os escolares *negros* mais rejeitados eram hostis ao ambiente e não cumpridores dos deveres escolares e viviam nos lares situações traumatizantes e desfavoráveis. As atitudes dos pais desses alunos *negros* mais rejeitados demonstraram hostilidade contra as pessoas *de cor*, portanto contra si próprios: "tendo reprimido a hostilidade contra o branco como defesa, deslocaram a agressividade para o negro, conservando o branco como o ideal desejado e amado, porém, também odiado e temido" (BICUDO, 1955, p. 191). Esses sentimentos (desprezo e ódio pelo *negro*) foram transmitidos para os filhos e originaram conflitos psíquicos e distúrbios de personalidade. A análise dos motivos de rejeição racial explícita revelou que a expressão *negro* não foi usada, mas *preto, de cor* e *moreno* foram as expressões empregadas, mesmo entre os adultos, o que demonstrou, segundo a autora, que houve uma censura à palavra *negro*, "geralmente usada como xingamento" (BICUDO, 1955, p. 292).

O estudo de todos esses casos, fez a autora concluir que "a criança é influenciada pelas atitudes dos pais com respeito às pessoas de cor, porém, que ela as reelabora, mantendo-as com maior ou menor tenacidade, segundo os afetos operantes nas relações com os pais" (BICUDO, 1955, p. 292). Os estudantes estavam, assim, refletindo ou reagindo às atitudes de seus pais.

Apesar de Bicudo (ib.) não apresentar os resultados por grupos de idade específicos, englobando crianças e adolescentes, ela revelou a existência de atitudes preconceituosas em relação a *negros* e *mulatos*, a introjeção de ideais do *branco* e a transformação da palavra *negro* em xingamento, como até hoje é observado entre as crianças por mim entrevistadas, como veremos. Além disso, o estudo identificou vários mecanismos psíquicos envolvidos na relação entre o grupo dominante e os grupos de minoria racial. A explicação dada pela autora para a aquisição de atitudes desfavoráveis foi fundamentada nas análises da personalidade e das relações familiares, o que, conforme discutido anteriormente, é apenas uma das abordagens possíveis no estudo da origem e desenvolvimento do preconceito racial. Essa abordagem, aliás, está requerendo estudos mais acurados para se chegar a uma teoria mais consistente, capaz de superar as discrepâncias dos resultados já alcançados.

O outro estudo patrocinado pela UNESCO foi o de Ginsberg (1955), que também pesquisou as atitudes de crianças de três grupos de estudantes de São Paulo que frequentavam os quatro primeiros anos escolares, compreendidas na faixa etária de 7 a 14 anos de idade. O primeiro grupo era constituído por alunos pobres que moravam num bairro com grande número de *negros*. O segundo grupo era de crianças cujos pais possuíam um nível econômico um pouco mais elevado e moravam num bairro onde os *negros* eram raros. O terceiro era constituído por crianças de uma escola particular, filhos de pais ricos, industriais, proprietários agrícolas ou profissionais liberais. Foram pesquisadas 208 crianças (80,3% *brancas*, 13,4% *mulatas* e 6,3% *pretas*) através de dois métodos: "um jogo com duas bonecas idênticas mas de cores diferentes, uma branca[35] e outra preta e interpretação de quadros representando cenas da vida de crianças brancas e pretas" (GINSBERG, 1955, p. 311). As respostas das crianças *brancas* foram agrupadas em quatro grupos de idade para efeito de comparação, mas não foi usado esse mesmo procedimento para as crianças *mulatas* e *pretas* devido ao seu número reduzido. A autora procurou observar se as atitudes variavam com a idade, o sexo, o meio social e a cor dos respondentes. Os resultados do jogo das bonecas[36] revelaram que as crianças *brancas*, *pretas* e *mulatas* mostraram preferência pela boneca *branca*, mas as atitudes em relação à boneca *preta* eram diferenciadas: "as crianças de cor [...] atribuem-lhe mais raramente papel inferior e dão às duas bonecas vestidos, casa e ocupação semelhantes" (BICUDO, 1955, p. 323). Os resultados das interpretações dos onze quadros[37] mostraram que as crianças *brancas*

---

[35] A boneca *branca* era loura de olhos azuis, diferindo não apenas na cor.

[36] A descrição desse jogo foi feita no capítulo I.

[37] Ginsberg (1955, p. 313) assim descreve os desenhos dos quadros: "(1) um grupo de crianças brincando com água. A única criança preta se mantém um pouco distante do grupo; (2) quatro meninos brancos jogam futebol e um negro os observa; (3) seis crianças das quais três brancas e três pretas estão sentadas juntas numa mesa de aniversário; (4) quatro meninos pretos jogam futebol e um branco os observa; (5) um menino preto e dois brancos jogam futebol sendo um dos brancos goleiros; (6) uma senhora branca fala a duas meninas, uma branca que está segurando uma flor e a outra preta que está um pouco atrás; (7) cinco crianças brancas e uma preta estão sentadas numa roda-gigante; um menino preto, de fora, os observa. Ao lado um menino branco vende bombons a uma menina preta; (8) mostra-se um quadro em que uma moça e um rapaz pretos param diante de uma casa com a inscrição 'Baile'; um homem branco os impede de entrar; (9) um menino preto joga uma pedra numa menina branca que foge, conduzindo um cachorro; (10) dois meninos, um mulato e um preto estão quase se batendo; (11) um homem branco vende balões a duas meninas brancas; um menino preto vai-se com um balão".

revelaram muito pouca hostilidade para com os *negros* e raramente interpretavam os conflitos entre as crianças como devidos a diferenças raciais, e um número reduzido interpretou espontaneamente os quadros no sentido da discriminação racial. No entanto, diz a autora, quando a separação era sugerida pelo desenho ou pelo experimentador, 40% das crianças deram explicações raciais ou de inferioridade social dos *negros*. Não se observaram diferenças significativas entre as respostas das crianças dos vários grupos de idade, e, segundo a autora, foi nula a correlação entre idade e grau de preconceito demonstrado. No entanto, observaram-se diferenças significativas entre crianças de diferentes meios sociais. Assim, diz a autora, alunos de escola particular e filhos de pais ricos tendiam a separar as crianças *pretas* das *brancas* mais acentuando o papel social ou economicamente inferior dos *negros* do que apresentando motivos puramente raciais. É também desse grupo que vieram os três casos de preconceito extremo e os de absoluta falta de preconceito. Os filhos de operários que moravam em bairro misto acentuaram a separação das crianças por causa de diferenças raciais e não tanto devido à inferioridade social. Os filhos de operários de um nível econômico um pouco mais elevado, que moravam em bairros onde havia poucos *negros*, mostraram um mínimo de discriminação racial, mostrando-se, em todas as interpretações, os menos conscientes do problema racial. De uma forma geral, conforme demonstrou a autora, "as crianças de meio burguês e os filhos de operários que moram em bairro misto têm uma atitude menos favorável com os negros que os filhos de operários que moram em bairro quase inteiramente branco" (GINSBERG, 1955, p. 340). Essa pesquisa revelou, então, uma característica que não foi explicada pela autora: as atitudes raciais das crianças *brancas* de mesmo nível socioeconômico (filhos de operários) variavam de mais favorável a menos favorável em função da menor ou maior presença de *negros* no local de moradia, respectivamente, ou seja, o contato racial na experiência da criança teve um efeito no desenvolvimento de atitudes raciais.

Os *mulatos* seguiram as respostas dos *brancos*, mas foram menos condescendentes com os *negros*, e as respostas de crianças *pretas* variaram, com algumas fugindo do problema das diferenças raciais e outras o exagerando, demonstrando, segundo a autora, falta de segurança. No entanto, Ginsberg (1955) ressalta a dificuldade de se tirar conclusões válidas a esse respeito porque esse grupo é pequeno.

Ainda dentro desse conjunto de estudos patrocinados pela UNESCO, o de Nogueira (1955) sobre relações raciais no município de Itapetininga, em São Paulo, revelou algumas características do preconceito racial na infância naquele momento.[38] Esse autor observou que, desde os primeiros anos de vida, todas as crianças aprendiam a "valorizar a cor clara e os demais traços 'caucasoides' e a menosprezar a cor escura e os demais traços 'negroides'" (NOGUEIRA, 1955, p. 506) e internalizavam atitudes desfavoráveis em relação aos traços *negroides,* através de brincadeiras tradicionais, provérbios e ditos populares, elogios e sátiras. No entanto, de acordo com Nogueira (1955, p. 511), fazia parte da socialização da criança *branca* a utilização de eufemismos ou o silêncio em relação às características *negroides* do interlocutor: "a etiqueta de relações entre brancos e não brancos, que se lhe incute, dá ênfase ao dever de se proteger a susceptibilidade destes últimos". De acordo com o autor, os dois períodos da vida em que a probabilidade de experiências humilhantes se intensificava eram a entrada no sistema escolar e a fase que se estendia da adolescência ao casamento. A convivência inter-racial era tolerada pelos casais *brancos* no período pré-escolar, sendo, após este, considerada inapropriada e na escola, as crianças *de cor* frequentemente recebiam um apelido ou ouviam "brincadeiras" das outras crianças referentes à sua aparência racial.

Para Nogueira (1955), o preconceito racial é parte integrante do sistema ideológico do grupo *branco* e atua em dois níveis: sobre o conceito e a atitude dos *brancos* em relação aos *negros* e sobre a autoconcepção e o nível de aspiração dos *negros*. Assim, a ameaça de humilhação e uma tendência de autoinibição e de moderação do nível de aspiração estavam associadas. Esse efeito é, aliás, uma das razões

---

[38] De acordo com exposição do próprio autor, o estudo é constituído de duas partes: "uma destinada à análise da composição da sociedade local no tempo da escravidão e dos padrões de relações inter-raciais aí vigentes, e, outra, à da situação atual, com atenção especial ao problema do preconceito racial" (NOGUEIRA, 1955, p. 367).

explicativas, fornecidas por alguns estudiosos, para a menor realização educacional de *negros* identificada nos estudos quantitativos sobre desigualdade educacional no Brasil.[39] Hasenbalg (1979), por exemplo, considerou as experiências humilhantes, a ação de expectativas familiares ou dos níveis de aspirações culturalmente determinadas (levando a um processo de autoexclusão), além das práticas discriminatórias durante o processo de socialização escolar, responsáveis pelo maior fracasso escolar dos *negros* em relação aos *brancos*.

A escola vista como reprodutora da desigualdade social e racial é tema do estudo de Dias (1979) sobre quatro escolas da rede oficial do Rio de Janeiro. A autora identificou mecanismos de diferenciação social no processo de seleção dos alunos à rede oficial, através da constituição do que ela chama de *clientelas socialmente homogêneas*, que faz com que existam escolas públicas típicas de *classes populares* e escolas públicas típicas de *classes não-populares*, além da geração de padrões particulares de desempenho por tipo de escola. Segundo a autora, o estigma associado a cada grupo social é um mecanismo de reforço das desigualdades sociais, pois orienta a ação pedagógica e o que é esperado de cada clientela: sucesso ou fracasso. O "otimismo" parecia reinar em escolas de *classes não-populares* enquanto nas escolas de *classes populares* parecia dominar a "ideologia da impotência" (DIAS, 1979, p. 90). Para a autora, a posição social e econômica do indivíduo explica as chances diferenciais de êxito, mas a "raça, no interior de cada grupo de origem socioeconômica, garante e introduz novos padrões de desigualdade" (DIAS, 1979, p. 55). No momento da seleção, por exemplo, mostra a autora, *brancos* e *não-brancos* de mesma origem social eram diferencialmente distribuídos pelos diferentes tipos de escola.

A pesquisa de Barbosa (1983) sobre o processo de socialização familiar de crianças da *elite negra* identificou a escola como o "palco

---

[39] Para uma discussão sobre desigualdades raciais na educação, ver Rosemberg (1998, p. 73-91; 1991, p. 25-34; 1987, p. 19-23), Hasenbalg/Valle Silva (1990a, p. 73-91; 1990b, p. 5-12), Pinto (1992, p. 41-50), Barcelos (1993, p. 15-24). Todos esses estudos mostram que os índices educacionais obtidos por *pretos* e *pardos* são inferiores aos de outros grupos raciais.

das primeiras e decisivas tensões inter-raciais sofridas pelas crianças negras" (Idem, ib., p. 98), portanto é uma experiência traumatizante para elas, especialmente por causa da ausência de mecanismos socializadores especiais que as preparassem para resolver questões raciais, uma vez que as famílias tentavam proteger suas crianças o máximo de tempo possível.[40]

O tema do preconceito racial na infância tem produzido também vários outros estudos que se dedicam a desvendar os mecanismos internos da discriminação racial na escola. Seguindo esse objetivo, Gonçalves (1985) estudou nove escolas públicas de Governador Valadares, em Minas Gerais, três delas de periferia, três de áreas centrais e três de zonas rurais. O autor caracterizou o que foi denominado por ele de "ritual pedagógico a favor da discriminação racial", que se manifesta através do silêncio e do ocultamento das práticas discriminatórias efetivamente vivenciadas dentro das escolas. Além desses rituais, duas outras formas pelas quais a discriminação racial se manifesta na escola foram indicadas pelo autor: no material pedagógico[41] e nas informações repassadas pelas professoras. O autor analisou o conteúdo da disciplina Integração Social, em especial o tema da formação do povo brasileiro, visto que através desse tema transmitem-se às crianças ideias sobre a ordem racial e pesquisou a representação mental das professoras em relação a esse tema: 74% das professoras entrevistadas afirmaram que o Brasil foi formado por três raças (*brancos, negros e índios*),[42] que deram contribuições igual-

---

[40] Twine (1996, p. 44-45) num estudo em que discute o papel dos gêneros nos enfrentamentos com o racismo entre *negros(as)* socialmente ascendentes de Vasália, cidade do interior do estado do Rio de Janeiro, afirma que "os entrevistados declaravam não se lembrar de experiências de racismo e geralmente evitavam discussões sobre racismo com amigos, familiares ou colegas. Tanto os homens quanto as mulheres disseram que racismo era assunto que não discutiam com ninguém. Tanto eles quanto elas disseram que a desigualdade racial nunca era discutida em família e que nunca conversavam a respeito de enfrentamentos pessoais com racismo". A indecisão dos pais diante das discriminações raciais ocorridas na escola e denunciadas a eles pelas crianças foi também identificada por Cunha (1987, p. 51-53).

[41] Para uma revisão dos estudos sobre preconceito racial veiculado através de livros didáticos e da literatura infantojuvenil ver Negrão/Pinto (1990) e Pinto (1992).

[42] Tentando compreender o racismo brasileiro, DaMatta (1987) se propôs a uma análise crítica

mente importantes, e 19% ressaltaram a convivência harmoniosa dos três grupos. O autor interpreta essa forma de organizar o entendimento das relações entre raças no Brasil como o esboço do discurso denominado "mito da democracia racial", e esse é "um dos mecanismos pelos quais a discriminação racial manifesta-se no interior da escola" (GONÇALVES, 1985, p. 127). A análise das respostas das professoras sobre a contribuições dos grupos *étnico-culturais negros* revelou que elas transmitem uma visão estereotipada do *negro*, como a ideia de que o *negro* veio (e não: foi trazido) para o Brasil e se adaptou ao trabalho da lavoura, enquanto o *índios* eram rebeldes e rejeitavam esse trabalho braçal por estarem acostumados à liberdade. Para o autor, essas ideias têm um impacto sobre crianças pertencentes a grupos *étnicos-raciais* discriminados e, articuladas com outras ideias, produzem a imagem do *negro* "bruto, braçal, do adaptável e do servil" (idem, ibidem, p. 132) ou a imagem de "bonzinho, humilde e passivo" (idem, ibidem, p. 152). Para o autor, os conteúdos repassados dentro da escola minimizam a presença de *grupos étnicos raciais negros*, inferiorizam-nos esses grupos e "tentam esconder a história de rebeldia do negro" (idem, ibidem, p. 171). Uma das consequências dessas ideias para a formação das crianças *não-brancas* é, segundo a autor, a transmissão de um "conteúdo excessivamente negativo quanto à sua origem e a seu Ideal de Ego" (idem, ibidem, p. 141), e a escola, com seu discurso universalizante, nega a particularidade das crianças *negras* e dificulta-lhes "a formação de um Ideal de Ego Negro" (idem ibidem, p. 162).[43] Assim, concluiu o autor, a contribuição da escola para a mudança do padrão de relações raciais no Brasil "está em transmitir o conteúdo do patrimônio histórico cultural dos grupos étnicos-raciais negros" (idem, ibidem, p. 325).[44]

---

da ideia, considerada por ele como fábula, de que o Brasil teria sido formado por três raças: o *negro*, o *índio* e o *branco*. Para esse autor o *"triângulo de raças"* é um dado fundamental na compreensão do Brasil e se tornou uma ideologia dominante e abrangente. Esse triângulo estabelece hierarquias assegurando a superioridade do *branco* como grupo dominante e criando gradações entre os diversos tipos raciais.

[43] Para uma discussão sobre identidade e socialização da criança *negra*, ver Pinto (1992; 1993a e 1993b), Gusmão (1993) e Caderno de Pesquisa n.63/ 38-61 (1987).

[44] Para uma discussão sobre currículos escolares e diversidade étnico-cultural, ver Silva (1993).

O estudo de Figueira (1990) tenta demonstrar a existência do preconceito racial na escola correlacionado-o, também, com o livro didático e o professor. A pesquisa foi realizada em 1988, em escolas públicas do município do Rio de Janeiro que atendiam a uma clientela de baixa renda. Inicialmente, a autora verificou a intensidade da ocorrência do preconceito racial junto a 442 alunos numa faixa etária que variava de 7 a 18 anos de idade, dos quais 238 eram *brancos*, 121 *pardos* e 83 *negros* (a classificação foi feita pela autora a partir da aparência visual). Pedia-se a cada entrevistado que escolhesse, em um conjunto de fotografias de rostos de pessoas *brancas* e *negras*, a que fosse amiga, a mais simpática, a estudiosa, a inteligente, a bonita, a rica ou a burra, a feia, a porca, o grande ladrão e o pequeno ladrão. Os resultados do experimento revelaram que as qualidades socialmente positivas foram atribuídas aos *brancos,* e as negativas, aos *negros* numa porcentagem bastante alta, indicando, segundo a autora, a existência de "uma opinião generalizada sobre a 'inferioridade' do negro e a 'superioridade' do branco" (FIGUEIRA, 1990, p. 64).

Quando ao entrevistado era solicitado selecionar a fotografia de uma pessoa que ocuparia uma das quatro profissões (engenheiro, médica, faxineiro e cozinheira) numa fábrica em que supostamente ele seria o dono, o padrão de respostas encontrado foi a atribuição predominante de profissões de *status* ocupacional alto para *brancos* e de profissões de *status* ocupacional baixo para *negros*. Com esses resultados, a autora concluiu que a intensidade do preconceito racial era alta. Objetivando investigar também a consistência do preconceito, Figueira (1990) analisou a totalidade das respostas relativas às categorias negativas de cada entrevistado, verificando, assim, quantas vezes o mesmo aluno incluiu o *negro* nessas categorias. Os resultados indicaram que 26% associaram o *negro* a cinco categorias negativas, 33,8% a seis categorias e 23% a sete categorias (ou seja, a todas as categorias negativas), e o somatório dessas pessoas foi correspondente a 82,8%, permitindo que a autora concluísse que o preconceito racial era ideologicamente consistente e não ocorreu ao acaso. A tendência de, simultaneamente, atribuir características positivas ao *branco* e negativas ao *negro* foi também observada e denominada pela autora de coerência do preconceito racial. Embora não tendo estratificado as respostas por idade e cor, a autora ressaltou que, mesmo em faixas etárias mais baixas, a consistência e a coerência do preconceito se apresentaram semelhantes, tornando "patente que, desde muito cedo, o preconceito é incutido nas crianças" (idem, ibidem, p. 67), e que *brancos, pardos* e *pretos* tenderam a um mesmo padrão de "negação e discriminação do negro" (idem, ibidem, p. 67).

Para a autora, a escola, através de seus professores e livros didáticos, é transmissora e reprodutora do preconceito racial entre os alunos. Omissão, declarações racistas ou desconsideração da questão, tratando-a como um problema menor ou inexistente, são práticas encontradas entre os professores. Os livros didáticos transmitem estereótipos e interpretações preconceituosas, como o processo de "animalização do negro" (FIGUEIRA, 1990, p. 69) ou a ênfase em sua localização num "papel subalterno na hierarquia social" (idem, ibidem, p. 69), além da transmissão da ideia de que *negros* não mais existem ou constituem uma minoria, pois eles são citados em tempos passados e quase não aparecem nas ilustrações. Para a autora, o livro didático "funciona como um agente de destruição da identidade do sujeito negro, do mesmo modo que confirma no branco o sentimento da supremacia de sua raça" (FIGUEIRA, 1990, p. 70), provocando a assimilação de um "ideal de ego branco" (idem, ibidem, p. 70), que repercute, inclusive, no desejo de embranquecimento, seja por artifícios (alisar cabelo, por exemplo) ou pelo casamento ou uniões sexuais com o *branco*.

Esses dois últimos trabalhos consideram, pois, que o currículo, os livros didáticos, as relações entre professores e alunos e os conteúdos repassados dentro da escola são agentes transmissores do preconceito racial que impedem a constituição de uma identidade *negra*. Esses autores, no entanto, não discutem como os alunos são influenciados por esses agentes, supondo um processo de absorção e uma aprendizagem direta.

O estudo de Silva (1995, p. 21) pretendeu também desvendar os mecanismos discriminatórios atuantes na escola que "penalizam os alunos negros" e suas consequências sobre a construção de identidade. A investigação foi feita numa escola da rede pública da cidade de Belo Horizonte, e foram entrevistados 20 alunos na faixa etária de 8 a 16 anos, frequentadores do Ciclo Básico de Alfabetização, das terceiras e quartas séries. A renda familiar desses alunos variava de um a três salários mínimos e, de acordo com a autora, todos eles eram *negros*. A análise foi organizada em torno dos apelidos que os entrevistados revelaram receber e suas consequências sobre a construção de identidade. No entanto, a autora não distingue os apelidos motivados racialmente (*negra, nega, urubu, filha do Mussum, neguinha, pretinha, negrinha, maxi-mula, maxi-bombril, beiçudo, macaco, preta, xuxa preta* e *carvão*) de outros, como *baleia, excesso de fofura, magrela seca*, etc., interpretando essa situação como reprodução, na escola, da "discriminação racial existente na sociedade" (SILVA, 1995, p. 65) e afirmando que os apelidos "confirmam estereótipos veiculados pela ideologia dominante sobre o grupo étnico não-branco" (idem, ibidem, p. 69). Apesar de conter várias generalizações interpretativas, conclusões e inferências não sustentáveis pelos dados apresentados, esse trabalho ressalta um aspecto importante das relações raciais na infância: o fato de crianças receberem apelidos motivados racialmente, fato esse que merecerá um aprofundamento no próximo capítulo.

Cavalleiro (1998) observou durante oito meses crianças de 4 a 6 anos de idade de uma escola de Educação Infantil da rede pública municipal da cidade de São Paulo, que atendia a uma população de baixa renda, a relação entre professor/aluno e a relação entre aluno/professor. Estava interessada em analisar o processo de socialização familiar e escolar e, para tanto, além da observação feita na escola, entrevistou nove familiares, seis professoras, a diretora, a vice-diretora, a coordenadora pedagógica e duas auxiliares de serviços gerais da escola, totalizando onze entrevistas e nove crianças, sendo quatro *brancas*, quatro *negras* e uma *nipo-brasileira*, sobre suas representações a respeito da "formação multiétnica da sociedade brasileira" (CAVALLEIRO, 1998, p. viii). Apesar de identificar relações preconceituosas entre as crianças,[45] seu foco de análise se deslocou para atuação despreparada ou preconceituosa das professoras no interior da escola em relação à

---

[45] Na revisão que a autora fez dos estudos sobre a questão étnica no contexto da educação infantil é afirmado que essas pesquisas "não evidenciam a existência de discriminação entre as crianças" (CAVALLEIRO, 1998, p. 49), resultado colocado em xeque pela autora.

diversidade étnica e racial (como, por exemplo, a distribuição desigual de afetos) e para características da socialização familiar, fazendo com que aspectos importantes da socialização entre pares, em especial, o processo de construção social do preconceito racial, fossem superficialmente analisados. A escola, mais uma vez, foi alvo de crítica e responsabilizada pela transmissão e manutenção do preconceito racial, ensinando a todas as crianças a "falsa superioridade branca" e impedindo que crianças *negras* se reconheçam "positivamente no cotidiano escolar" (CAVALLEIRO, 1998, p. 190). A autora concluiu que, devido ao silêncio que predomina na escola e na família, é possível "supor que a criança negra, desde a educação infantil, está sendo socializada para o silêncio e para a submissão" (idem, ibidem, p. viii) e que o resultado desse processo é a formação de uma identidade negativa e uma baixa autoestima. Assim, no espaço escolar são oferecidas possibilidades de "interiorização de comportamentos e atitudes preconceituosos e discriminatórios contra os negros" e na socialização familiar, o "caráter multiétnico da população, o pertencimento a um grupo específico e o racismo secular" (idem, ibidem, p. 182) estão sendo desconsiderados.

Os incidentes raciais entre as crianças, presenciados pela autora no parque da escola, se relacionavam com "falas preconceituosas ouvidas nos momentos em que algo era disputado: poder, espaço físico ou companhia" (CAVALLEIRO, 1998, p. 97). Assim, crianças *negras* foram xingadas de *fedorenta, neguinha, preta fedida, carvão* e algumas delas expressaram não gostar de boneca *preta*. De acordo com relato de Cavalleiro (1998), após uma ofensa, as "crianças negras, quase sempre, permanecem absolutamente caladas [...] dirigem-se a outro grupo, ou então principiam a brincar sozinhas [...] como se nada lhes tivesse acontecido" (idem, ibidem, p. 99). Em momentos de convivência pacífica, no entanto, a autora reconhece que as crianças se permitiam contato físico e trocavam carinho entre si, mesmo já tendo interiorizado sentimento preconceituoso, o que, segundo ela, é um indicador de que suas atitudes ainda não eram rígidas. Não fica clara, no entanto, a frequência e a intensidade em que uma ou outra situação ocorria.

Do que foi dito, é possível perceber que não existem grandes polêmicas nos estudos sobre preconceito racial na infância no Brasil.

No entanto, muitas questões permanecem inexploradas, como, por exemplo, os mecanismos de transmissão do preconceito racial, seu processo de desenvolvimento, a qualidade e a influência do contato inter-racial (Seria possível falar em escola integrada ou segregada no Brasil?). Mesmo os temas abordados precisam ser aprofundados e analisados sob outras perspectivas, como a questão da identidade e da autoestima, por exemplo. Os estudos não distinguem processos de identidade individual de processos de identidade de grupo, que envolvem mecanismos distintos e não realizaram estudos mais sistemáticos e desenvolvimentais sobre autoestima de crianças de grupos de minoria. Pouco se sabe também da influência da classe social na aquisição e no desenvolvimento do preconceito racial. A questão fundamental da classificação racial é, em geral, tratada muito sumariamente nesses estudos.

Com a intenção de elucidar semelhanças e diferenças na manifestação de preconceito racial entre crianças de dois grupos socioeconômicos diferentes, bem como de discutir a importância da socialização entre pares na fixação de atitudes e comportamento preconceituosos, realizei uma observação sociológica em duas escolas públicas em Belo Horizonte. Esse tipo de pesquisa aproximou-me do estudo feito por Holmes (1995) que analisou as percepções de raça e etnicidade de crianças, em seus próprios termos, e a influência desses conceitos em seus comportamentos. Segundo a autora, ela pretendeu olhar o mundo através dos olhos das crianças. Da mesma forma, pretendi reconstituir a experiência racial das crianças a partir da consideração de seus pensamentos e processos de raciocínio sobre suas relações raciais e a partir da observação do comportamento cotidiano na escola. Enfoco a seguir minha própria pesquisa.

Estereótipos raciais e comportamento cotidiano preconceituoso

O tema central deste capítulo é o preconceito racial na infância, tal como construído e vivenciado pelas crianças observadas em duas escolas de Belo Horizonte. Como definido no primeiro capítulo, preconceito se manifesta tanto em atitudes (estereótipos, sentimentos e preferências) quanto em comportamentos (agressão verbal, rejeição, impedimento de participação em alguma atividade, etc.). Dada a ênfase na socialização entre pares, objetivei reconstituir teoricamente e fundamentada nos dados empíricos, o processo social de construção de uma realidade racialmente preconceituosa em dois grupos multirraciais de crianças. Como também explicitado anteriormente, no capítulo II, não analiso sistematicamente a influência da idade, do gênero e da cor no processo de definição social dessa realidade, o que exigiria, entre outros procedimentos, a observação cuidadosa de dois ou mais grupos de idade e de cor e/ou observação e experimentos direcionados para meninas e para meninos separadamente. O meu esforço nesta pesquisa foi o de construir um *tipo ideal* de criança preconceituosa, salientando a natureza dos estereótipos constituintes das relações inter-raciais e caracterizando o comportamento, que, do ponto de vista de um sociólogo, pudesse ser identificado como preconceituoso. Não é preciso que as crianças observadas conheçam e saibam abstratamente definir o conceito de preconceito racial para que essa realidade seja por elas produzida, pois, seguindo Hirschfeld (1996, p. 53), preconceito racial está associado a uma das características da teoria popular de raça, que se relaciona às crenças nas qualidades físicas e nas interiores. E, como foi ressaltado por Katz (1982), a aquisição do conceito de raça implica também a aquisição de componentes avaliativos que indicam *status* racial diferencial. Assim, atribuir características negativas a algum grupo racial ou agir, mesmo que impensadamente, no sentido de inferiorizá-lo, são expressões de preconceito racial.

Este capítulo é composto de duas partes: na primeira analiso o conteúdo dos estereótipos que circulam nos grupos por mim observados; na segunda, enfatizo a construção do preconceito racial a partir das relações cotidianas vivenciadas pelas crianças, destacando, ao mesmo tempo, sua dimensão comportamental.

A natureza dos estereótipos: atitudes negativas em relação à categoria preto-negro

Os estereótipos aqui discutidos (*preto é feio, preto parece diabo, ladrão é preto*) foram espontaneamente expressos, conforme relatado no capítulo I, nas conversas realizadas com as crianças, com exceção do último, que foi revelado a partir de um experimento em que bonecos(as) foram utilizados(as). Uma vez expressos esses estereótipos, tentei saturar os seus conteúdos significativos, provocando a fala das crianças sobre cada um deles. Apresento, a seguir, os resultados dessa investigação.

"Preto é feio"

Todos os relatos abaixo são do grupo de crianças pobres:

Rute, 9 anos, *clara*, disse que ser *branco* é melhor que ser *negro/preto* justificando, assim, esta afirmação: *"ah, preto, é, não gosto de preto não. Preto é feio, eu não gosto, não... a cor é feia"* e *"nem para colorir eu não gosto de preto"*.

Aloísio, 10 anos, *branco/moreno*, afirmou que não gostaria de ser *preto "porque eu não gosto muito de preto não... porque a pele deles é diferente"*.

Geraldo, 10 anos, *moreno*, não considera uma colega de sala bonita *"porque ela é preta demais"*. E disse que todo *preto* é feio.

Ismael, *moreno*, ao ser perguntado se considerava *preto* bonito respondeu: "eu acho todas as cores porque Deus escolheu foi isso". Disse, no entanto, que se ele pudesse escolher, escolheria ser *moreno* "porque preto... é porque quando a gente é... quando a gente arruma namorada, namorada nem quer saber da gente, a namorada acha a gente tão feio!".

Helena, 8 anos, *morena*, disse que não escolheria ser *preta* porque "...preto a gente fica sem jeito... é porque quando a gente fica preta a gente sente um negócio... sente a nossa cor, a nossa pele feia".

Rosa, 9 anos, *morena-escura*, disse que prefere *branco* "porque é mais bonito" e acha *branco* mais bonito porque "minha mãe é branca, meu irmão é branco. O resto é que é preto".

Renata, 10 anos, *branca*, quando perguntada se achava a *raça negra* bonita, respondeu, com reservas, "mais ou menos" e quanto à *raça branca* disse prontamente: "raça branca, eu acho", acrescentando logo a seguir: "mas não tão branca, mais ou menos clara", revelando a tendência já observada de rejeição da categoria *negra* e uma certa reserva em relação aos "muito brancos", chamados também, pejorativamente, de "branquelos".

Inês, 10 anos, *loura*, disse que não queria ser *preta* porque "é muito feio". E *branquinho*, você acha feio? "Não, bonitinho". Mais adiante, num diálogo com um colega de 10 anos, que se considerou *marrom*, Inês afirmou: "você é feio", em resposta à agressividade dele em relação a ela. E ele retrucou: "você que é". E ela respondeu: "você que é, porque você é preto". E ele continuou dizendo alguma coisa do cabelo dela. A generalização da resposta de Inês, "você que é porque você é preto", revela uma rigidez de percepção e de preferência, pois, independentemente de qualquer outra característica, "preto é feio". Esse estereótipo pode ser entendido, devido ao seu processo de naturalização, como uma das crenças, relacionadas à aparência externa, da teoria popular de raça.

As respostas "eu não queria ser preto porque é feio" e "porque é uma cor feia", foram dadas por 26 crianças em 40 que responderam diretamente à questão "você gostaria (ou escolheria) de ser preta?" do grupo de crianças pobres.

No diálogo abaixo, realizado ao mesmo tempo com duas crianças de 9 anos, *morenas*, que folheavam a revista *Raça* n.1, Maria revela sua expectativa de que *preto* é feio, ao dizer-me que seria verdadeira em sua opinião sobre uma fotografia de uma pessoa *preta* ("se for feio eu não vou falar que é bonito, não"):

P: E vocês acham que gente preta é bonito?

Maria: Ah! Tem uns que é, né? Aqui, oh! (mostrando algum retrato da revista) é bonito. Esse aqui é bonito. Mas ele é moreno!

P: Esse menino é moreno? Cadê preto aqui? Quem é preto aqui nesta revista?

Maria: Se for feio eu não...

P: Se for o quê?

Maria: Feio eu não vou falar que é bonito não. Ah! Esse daqui, oia! Tá feio demais!

P: Que tem ele?

Maria: Feio.

P: Ele é feio? E que cor que ele é aqui?

Maria: Preto.

P: Preto?

Maria: Preto e muito preto. Ele é negro, muito negro.

Nesse mesmo grupo de crianças pobres, a professora do pré-escolar contou-me que sua turma (crianças de 5-6 anos) quis saber se ela era casada e se seu marido era bonito. Um dos alunos, então, comentou que, se o marido dela fosse *preto,* ele não seria bonito. E uma menina dessa turma, na hora do recreio, cantou para mim uma música que falava de um ET. Ao ser perguntada o que era o ET ela respondeu, associando feio com *preto:* "é um bicho feio, da cor preta".

O que é realmente considerado feio por essas crianças pobres? Foram dadas duas respostas: a cor e o cabelo. Em relação à cor, elas ressaltaram a *"cara toda preta",* chegando a afirmar, por exemplo, que "tem alguns pretos que é preto, preto mesmo, só fica aparecendo os olhos de branco. Aí é feio demais, parece Saci". Uma criança, ao ser perguntada onde ela aprendeu que ser *preto* é feio, como ela tinha afirmado, respondeu que aprendeu sozinha e ao ser indagada como, ela disse que "quando a gente vê eles, encara neles e quando vai ver eles é preto", revelando que a associação entre *preto* e feiúra é para ela autoevidente, dispensando qualquer outra explicação ou consideração.

A ênfase dada pelas crianças ao aspecto estético, distinguindo entre o que é feio e o que é bonito, sugere o desenvolvimento do preconceito racial visual, provavelmente através de pistas verbais, quando da aquisição de padrões de beleza. Desde muito cedo a criança aprende, por exemplo, que cabelo liso é que é cabelo bonito, e esse padrão é reforçado, uma vez que parecem ser raros, senão inexistentes, elogios ao cabelo crespo durante a infância. Fernanda, de 9 anos, *morena,* respondeu à pergunta "alguém já te falou que o seu cabelo é bonito?" da seguinte forma: "não, ninguém fala. O Nenem (um colega de outra turma que tem o cabelo liso) fala que o nosso cabelo é duro". E, quando comentei que gostava do cabelo dela, me disse: "não acredito". A intenção de alisar o cabelo é ainda muito forte entre as crianças observadas. Mesmo as que disseram gostar da própria cor afirmaram não gostar do cabelo. A expressão *"nega do cabelo duro"* ainda é utilizada como uma forma de inferiorização, como foi revelado por Sofia, entrevistada junto com Fernanda:

> [...] os menino lá da rua fica, quando eles vê a Fernanda, eles falam um negócio do cabelo dela e aí quando vê eu eles falam a mesma coisa. Igual um dia que o menino falou que o cabelo dela é duro. Eles ficam cantando: nega do cabelo duro que não gosta de pentear, quando passa na boca do túnel o negão começa a gritar.

Ao ser perguntada sobre o que era feio no cabelo dos *negros*, Maria, *morena,* respondeu que "eles não pintiam o cabelo" e que ela gostava de cabelo penteado, liso e comprido. Esse padrão de beleza, liso e comprido, é quase unanimidade entre as crianças. Uma menina de 9 anos, *morena,* comentando sobre seu cabelo disse: *"ele não é liso, mas a minha mãe vai comprar aquilo de lisar"* e Marta, de 9 anos, *morena*, relatou que respondeu a uma vizinha que a chamou de *leite azedo* da seguinte forma: "leite azedo é você porque você é uma loura de cabelo sapecado", desqualificando uma possível qualidade da colega (ser *loura*) em função do tipo de cabelo.

O nível de generalização do estereótipo *"preto é feio"* pode, no entanto, ser relativizado quando se trata de um amigo ou parente, como pode ser observado nos relatos abaixo:

Amanda, 9 anos, *branca* e Vanderlei, 9 anos, *moreno*, disseram que *branco* era mais bonito que *moreno* e moreno é mais bonito que *preto* e que *"preto é muito feio"* porque *"a cara dele é muito preta"*. Quando perguntei: "mas vocês não gostam de preto, não?", Amanda respondeu que não, e Vanderlei *"eu gosto de alguns"*. "De quem?", perguntei, e Vanderlei respondeu: *"de um amigo"*. "E você acha esse seu amigo feio também?", continuei. E ele: *"ele é mais bonito do que os mais preto"*.

Geraldo, 10 anos, *moreno*, disse que não gostava de *pretos* e perguntei-lhe "mas você não têm irmãos pretos?" e ele respondeu: "eu tenho mas... mas... mas irmão, né?", abrindo, assim, uma exceção quando se trata de parente próximo.

No grupo de crianças de classe média, das 35 perguntadas diretamente, 19 disseram que *preto é feio*, e essa, era uma opinião também generalizada no grupo. Uma menina admitiu não achar *preto* feio, mas se ela fosse escolher, ela preferiria ser *branca* mesmo "porque as pessoas ficam gozando da gente, ficam falando que é feio", se excluindo do tipo de pessoa que faz essa avaliação negativa. Aline, *morena*, disse que considerava alguns *pretos* bonitos e, perguntada se ela conhecia algum *preto* ela respondeu que só conhecia um menino do prédio da tia e que não o achava bonito porque "ah, cabelo ruim, sabe? E boca também" (falou rindo), explicitando, portanto, um estereótipo associado a cabelo crespo considerado *cabelo ruim*.

Maria, de 9 anos, *morena*, identificada como *preta* por vários colegas de sua sala de aula, respondeu *"mais ou menos"* à pergunta "você acha preto bonito?", acrescentando que:

> [...] aquela pessoa que é muito preto e nem a sobrancelha dele a gente vê direito. Você foi no show do É o Tchan? O Jacaré, o dançarino, ele é tão preto que a sobrancelha dele não aparece, então é vermelho aqui, assim nele. Então eu acho muito esquisito...meio esquisito, mas eu não tenho preconceito, não.

Ao ser perguntada se gostava de seu cabelo, essa menina chamou a atenção para a necessidade de tratamento: "Eu acho assim, Rita, que se a gente cuidar do nosso cabelo assim ele vai ficar igual ao de qualquer um". A expressão *"ficar igual ao de qualquer um"* denuncia a tentativa de igualar o cabelo crespo ao cabelo liso, constituindo este último tipo de cabelo um modelo natural a ser seguido.

Ser muito *preto* foi considerado esquisito por essa criança que, quando indagada se existia *branco* feio, foi surpreendida e respondeu "hã?", como se não tivesse ouvido a pergunta, e a sua resposta não fez nenhuma consideração racial ou física, como no caso da explicação da "esquisitice" do dançarino do *É o Tchan*: "pode falar a verdade? Branco feio que você fala (ficou pensando um tempo e continuou) pra mim só Carla Peres...a antipatia dela faz ela ficar feia."

O caso de Maria é revelador, pois, apesar de se considerar *morena* e achar "preto mais ou menos feio", ela vive uma tensão racial em suas relações cotidianas como pode ser observado na reação ao comentário feito por Augusta (que disse, durante uma entrevista, que Maria era a sua melhor amiga) a respeito de uma briga ocorrida durante o recreio com um grupo de crianças de outra turma: "só tem menina feia lá, só uma que é bonita. Tem uma negona lá, e uma que é isso" (mostrou o dedo mindinho querendo dizer que a menina era muito magra). Ao ouvir esse comentário pejorativo, Maria se afastou um pouco do grupo sem dizer nada, voltando logo a seguir. Para compensar o que percebe, talvez inconscientemente, como uma desvantagem por poder ser identificada como *preta/negra*, Maria fornece sempre sinais de sua situação socioeconômica, como, por exemplo, quando ela me contou que iria de avião para Natal passar férias junto com sua família e que o valor do pacote era de R$ 1.200,00 por pessoa. Nas nossas conversas, ela pediu para falar de sua casa e da profissão de seus pais. Na entrevista coletiva realizada com Beatriz, Viviane e Tatiane, foi revelado que "Maria era quase rica; ela falou que tinha doze, treze cômodos na casa dela, e eu acho que é verdade porque ela nunca mentiu para gente". Uma outra colega disse que a acha *metida* porque "todos os trabalhos dela ela faz tudo no computador, só porque o pai dela tem secretária, mexe com empresa, sabe?". Quando introduzi as bonecas na conversa, Maria me perguntou se o meu objetivo era discutir o preconceito racial, demonstrando atenção a essa questão. Quis saber se duas colegas entrevistadas anteriormente por mim (Regina e Eliane) eram preconceituosas. Ao devolver a pergunta para Maria, ouvi: "pelo jeito dela (está se referindo à Regina), deve ser. Ela é muito chata, ela é muito ignorante, tudo que eu vou perguntar pra ela, ela responde com estupidez". Ao interpretar a atitude da colega como preconceito, Maria revela estar consciente da possibilidade de ser alvo de preconceito por não ser *branca*. Por sua vez, Regina considera Maria "Muito metida; ela fica juntando um monte de colega só para atirar as minhas colegas contra mim". A busca de prestígio social, identificada no conflito entre essas duas colegas de turma, continua quando Maria se mostra uma criança extrovertida, sempre participativa na sala de aula, fazendo perguntas, abraçando a professora e a convidando para ser sua madrinha de crisma, por exemplo. Ou sendo eleita a representante da turma. A colocação em evidência da posição socioeconômica para enfrentar a possível inibição social causada pelo preconceito racial é um recurso que não está disponível no grupo de crianças pobres.

A consideração de que *"preto é feio"* foi também espontaneamente feita, sem que se tenha colocado esse assunto em discussão. Uma menina de 8 anos, depois de admitir, durante uma conversa no recreio, que não gostaria de ter uma boneca *preta* porque achava feio, lembrou um episódio que acontecera no seio de suas relações familiares da seguinte forma: "Minha irmã já tirou uma foto com uma boneca preta. Mas, só que não era nossa. Essa boneca preta, todo mundo achou horrível essa boneca preta lá com ela...Minha mãe, minha irmã e meu irmão". Assim, através de um comentário familiar aparentemente inofensivo sobre uma fotografia, uma avaliação negativa a respeito de uma característica exterior (cor da pele) pode ter sido transmitida à criança, que, quando perguntada sobre o motivo de todos terem achado horrível a fotografia da irmã com uma boneca *preta*, respondeu: "ah!, sei lá, aquela boneca lá, sei lá", não conseguindo explicar racionalmente o motivo.

Outra forma de manifestação espontânea dessa avaliação estética (*preto é feio*), no grupo de classe média, foi o comentário de várias crianças diante dos bonecos apresentados a elas: "Eu falei que tinha uma neguinha lá feia! É essa aqui ó!", "tem um feiinho negro", "eu quero uma branquinha...eu peguei os que eu achei mais bonitinho".

A leitura do livro infantil *A menina bonita do laço de fita*, sugerida pela professora, durante a aula de biblioteca de duas salas do terceiro ano do primeiro ciclo, também foi utilizada como uma das formas de introduzir a discussão racial nas conversas com algumas crianças. Na descrição feita pelas crianças da "menina bonita do laço de fita" sempre aparece a caracterização racial, através das expressões: "ela era negrinha", "ela era preta", "ela era neguinha", talvez induzido pela própria leitura, pois a pergunta básica da história, segundo relato delas, era: "menina bonita do laço de fita, qual é o seu segredo para ser tão pretinha?". Uma outra versão dessa pergunta foi elaborada por Miguel: "Menina de fita, como uma pessoa preta pode ficar tão neguinho assim?", invertendo um pouco a problemática da história colocada por um coelho *branco* que queria se tornar *preto*. Miguel não concordou com a afirmação de que a menina era bonita porque "ela tinha o cabelo todo feio". Algumas outras avaliações do desenho da suposta *menina bonita* feitas pelas crianças que aparece no livro foram:

> Ela era um pouquinho feia, porque ela tava com um sorrisão grandão... porque o desenho tava feio. (José).
>
> O laço dela era vermelho, o olho era preto, o cabelo era preto e arrepiado...Todo espetado....Ela era preta...Ela não era bonita não, ela era feia". (Ricardo).
>
> Todo mundo achou ela feia; todo mundo achou ela feia porque ela era preeeta, é, e tinha um cabelo todo assim, uma parte assim grossa, todo mundo achou ela feia. (Júlio).
>
> Ela era horrorosa. Sabe o que eu mais a (uma colega) inventamos? Menina horrorosa do laço de rosa. Porque ela é a menina mais feia que eu já vi... Porque ela é feia, o carão dela é desse tamanho!. (Beth).
>
> E ela também é negra. (Augusta fez esse comentário imediatamente após ao de Beth).

Mesmo que alguns desses comentários possam ser questionados por não falarem diretamente que a "menina" era feia porque era *negra* ou *preta* e, nesse caso, a avaliação estética negativa poderia estar sendo feita ao desenho, eles podem ser entendidos como uma forma de expressão do estereótipo "preto é feio", pois a identificação racial da "menina" é feita durante todo o texto. Pelo relato da criança que falou em nome da turma ("todo mundo achou ela feia"), a professora não discutiu essas avaliações feitas: "a professora não falou nada, falou que ela era desse jeito, daquele jeito mesmo e que não tinha jeito de mudar", não discutindo a questão racial sugerida pela leitura.

A solução encontrada pelo coelho da história foi casar-se com uma coelha *negra* e ter filhotes *negros*, fato lembrado em dois depoimentos.

A história da *menina bonita do laço de fita* revela, pois, a mesma lógica da denominada *ideologia do branqueamento*, que é a possibilidade de mudar a cor dos descendentes, uma vez que a própria cor não é possível mudar, só que nesse caso, essa ideologia aparece de forma invertida, já que é um coelho *branco* que quer se tornar *negro/preto*, por considerar mais bonito, e como isso é impossível, o casamento surge como solução. A intenção desse texto pode ser entendida como uma tentativa de produzir uma atitude mais positiva diante de características raciais exteriores, como a cor da pele, por exemplo, associando, repetidas vezes, "menina bonita" e "menina preta". Mas, pela reação das crianças diante da história e das ilustrações, percebemos o quão arraigada está a *representação social de que* "preto é feio", e não é fácil removê-la.

"Preto parece diabo"

Numa conversa com uma turma de alunos de 10 a 14 anos, da escola situada na favela, surgiu a expressão *nega da* macumba. A tentativa de explorar o significado dessa expressão provocou o relato de vários casos de macumba, e a associação de macumba com capeta/demônio foi imediatamente feita. Macumba se associa a "coisa do capeta" e, portanto é considerada "coisa ruim". Resolvi sondar a imagem de capeta, e uma menina de 12 anos, *morena-escura*, disse que ele era *preto*. A partir disso, nas entrevistas semiestruturadas realizadas, foram incluídas perguntas sobre a igreja frequentada pelas crianças e sobre a representação de Deus, do Diabo e dos anjos. Das 38 crianças sondadas a esse respeito, 18 disseram que o *diabo é preto,* e 20 deram outras respostas como as que *ele é vermelho, é misturado, não sabe* ou *não acredita.* A representação do diabo como um ser *preto* é, portanto, significativa nesse grupo de crianças pobres. Uma delas, por exemplo, explicou o fato de não querer ser *preta* afirmando que "a gente ia parecer o diabo de tão preto". Ou seja, ser *preto* não é bom porque o diabo é *preto*. Posteriormente, essa criança explicou que o capeta "deve ser preto" porque "ele é feio, né?". E uma outra menina afirmou que "ele é pretão" e que "tudo que é preto é do capeta", generalizando, assim, a representação de que o *diabo é preto* para outras situações, expressando o estereótipo *preto é capeta*. Mercedes, 9 anos, *morena,* escolheu um boneco *não-branco* para representar o demônio numa brincadeira, dizendo ao escolher: "tem que ser o mais feio... tinha que ter o cabelo arrupiado... tem que ser escuro e com cara brava". Uma menina de 7 anos disse que ela e sua mãe viram o capeta e que ele era "todo preto, de rabo e chifre". Anita, 10 anos, *morena,* disse que ficava chamando o diabo, e ele apareceu para ela no banheiro. Descreveu-o dizendo: "ele era preto, todo preto". Afonso, 9 anos, *preto*, disse que não saberia desenhar Deus e em relação ao capeta comentou: "ele é mais fácil de desenhar, porque ele é preto". Revelou que na *"missa eles fala"* que o capeta é *preto*. Num grupo de crianças de 7 anos, uma delas falou que o capeta era *vermelho* e *preto* e uma outra contestou: "mentira, tudo dele é preto. Eu já assisti num filme". E uma outra confirmou: "eu também já". Diana, 10 anos, *preta,* imagina que o diabo seja *preto* porque o viu "no livro da macaca Sofia". Gerson, 10 anos, *marrom,* disse que achava que o capeta "é qualquer coisa que ele quiser, que ele quiser aparecer, ele aparece de qualquer cor". Uma outra criança completou:

> [...] ele aparece até pintado de anjo para enganar as pessoas. Quando as pessoas é mau, ele veste de anjo, as pessoas pode ser mau, que ele veste de anjo e vai lá tentar as pessoa, fala que é anjo de Deus e leva pro mau caminho. Quando chega no mau caminho ele transforma e vira capeta de verdade.

Perguntei, então, como era o capeta de verdade e obtive a seguinte resposta: "não sei... acho que tem dois chifres, preto, o rabo dele, a ponta é vermelha e ele é todo preto". Logo em seguida essa criança falou que aprendeu "tudo isso" sobre o capeta na Igreja *Deus é Amor.* Marília, 9 anos, *preta*, disse que desenharia o capeta "todo sujo, preto" e Deus com "uma cor assim... uma cor bem moreninha, mais ou menos branquinho. Limpo". Nessa frase já existe uma associação entre *capeta-preto-sujo* e *deus-branco-limpo* que pode vir a se fixar no pensamento dessa criança, podendo criar uma predisposição para a assimilação do estereótipo "preto é sujo" ou "preto é fedorento". Outra criança explicou que achava que o capeta era *preto* porque o viu na televisão: "eu lembro que ele era preto, ele era cheio de ouro assim dentro de uma caixetinha". Aqui ela sugere que o capeta é rico, mas essa característica não aparece na sua descrição do capeta que poderia possibilitar a frase "preto é rico".

A depreciação da macumba e a necessidade de se manter afastado do diabo são noções, senão aprendidas, ao menos reforçadas, através de cultos religiosos, especialmente, os evangélicos, nos quais existem rituais de expulsão de demônio. A grande maioria das crianças pobres entrevistadas disse frequentar, com graus diversos de assiduidade, alguma dessas igrejas: Assembleia de Deus, Deus é Amor, Igreja Cristã do Brasil, Igreja Salvador, Igreja Quadrangular, Igreja Pentecostal de Oração, Igreja Batista, Igreja Metodista, Igreja Presbiteriana, além da Igreja Católica, em menor número. No trecho de uma conversa entre mim e três meninos, um deles apoia a sua afirmação de que o capeta é *preto* revelando a fonte religiosa dessa aprendizagem, como também ocorreu em alguns depoimentos acima reproduzidos:

P: Quem é preto?

Elias: Eu sei, eu sei, é o capeta.

Ronaldo: É o Saci.

Elias: É o capetão.

P: Quem falou que capeta é preto?

Elias: Eu que falei.

P: Mas, quem te falou isso?

Elias: O pastor.

Ronaldo: O pastor deve ser maluco, ué. O pastor deve ser maluco. O Saci que é preto.

Ronaldo, que contestou a representação "o capeta é preto" reagiu, logo depois do diálogo acima, à sua classificação como "preto-escuro" feita por um colega, dizendo "mentira, eu não sou preto escuro não, viu? Seu cachorro".

Quanto às representações de Deus, a grande maioria disse ser ele *branco*. Mercedes, 9 anos, *morena*, escolheu um boneco para fazer o papel de Deus e justificou: "tem que ser uma cara bem alegre. Tem que ser branco... porque Jesus é branco. Tá no livro". Um menino de 8 anos afirmou que Deus era *branco* porque viu na televisão e uma menina de 9 anos porque viu num livro. Carolina, 11 anos, *morena-escura*, afirmou que o demônio era *vermelho* e, ao contar um caso de exorcismo ocorrido na Igreja Assembleia de Deus, revelou que o homem que estava com Satanás disse que "no céu é muito bom, que tinha um tantão de anjo, os anjo tudo branco, tudo branco, a coroa na cabeça, que era tudo legal lá". Perguntei-lhe, então, se não existiria nenhum anjo *preto,* e ela respondeu: "bom, essas pessoas preta que morre, eu acho que as almas delas que ficam brancas. As almas ficam brancas e quando chega lá no céu, coloca, eles ficam com aro e com uma coroa". Assim como essa criança, muitas outras também não admitiram a existência de anjos *pretos.* Rute, 9 anos, *clara,* disse que quando era pequena viu um anjinho: "ele é branquinho, com as asinha, tudo branquinho, peludinho". Perguntei-lhe se não existiria anjo *preto* e ela respondeu: "não sei, eu nunca vi não. Só vi branquinho... e Deus é meio branquinho". Para Inês, 10 anos, *loura,* anjo "é branquinho... parece igualzinho leite". Afonso, 9 anos, *preto,* também não admitiu a existência de anjos *pretos* dizendo que eles eram "meio branco". No entanto, algumas crianças representaram os anjos como a realidade racial vivenciada por elas, dizendo que anjos podem ser *brancos, pretos, morenos e marrom.* Diana, por exemplo, falou que os anjos podem ser "de qualquer cor" e Aloísio que "os anjos são brancos, são pretos, tem de qualquer cor". Geraldo, 10 anos, *moreno,* afirmou que existem anjos "brancos" e "café com leite", negando a existência de anjos *pretos* "porque eu não gosto de preto não". Sara, 9 anos, *morena-clara,* admitiu a existência de anjos *pretos* dizendo, porém, que "preto é só do mal", e outra menina afirmou que, além dos anjos *brancos,* "tem anjo do diabo que são vermelho igual o diabo". Essas representações, portanto, reforçam a associação de que o bem (Deus) é *branco,* e o mal (capeta) é *preto.*

No grupo de crianças de classe média, as representações religiosas de capeta associadas a *negro* ou *preto* se mostraram menos consistentes do que entre as crianças pobres, sendo até admitida a existência de diabo *branco* por um menino de 8 anos. A representação de que o capeta é *preto* foi feita apenas por duas crianças: por Maria, considerada *negra* por várias colegas da sala, que disse que o diabo "é um bicho preto, chifrudo, e tudo que está acontecendo é por causa de Adão e Eva, mas o mais culpado é o diabo", e por um menino que ao ver um boneco *não-branco* disse: "eu sou o capetinha, eu sou o capetinha". A intolerância aos cultos afro, no entanto, foi também demonstrada através da denominação genérica de macumba dada a eles e da caracterização de macumba como "coisa ruim". Várias crianças disseram que não vão à igreja, e a presença de evangélicos nesse grupo é mínima. Duas delas disseram ter dúvida a respeito da existência de Deus e várias admitiram não acreditar em capeta. A associação de Deus com *branco* foi mais frequente, mas houve crianças que afirmaram que "Deus é moreno" como também entre as crianças pobres.

Como vimos, a representação de que o *diabo é preto* é mais frequente entre crianças pobres, em sua maioria *não-brancas* e evangélicas, do que entre as de classe média, em sua maioria *brancas* e católicas, que o representam *vermelho*. Seria essa diferença significativa na compreensão da gênese do preconceito racial entre as crianças pobres? Por que o simbolismo comum de maldade, inferno ou trevas, por exemplo, mobilizado pela figura do diabo, estaria produzindo a representação que o *diabo é preto* predominantemente entre as crianças pobres? Seria esse fato consequência da dinâmica do preconceito racial, que englobaria na categoria *preto/negro* tudo o que é considerado negativo? Nesse caso, por que as crianças de classe média não fizeram o mesmo? Nessa hipótese teríamos que admitir que o preconceito de crianças *não-brancas* estaria se estruturando de uma forma mais consistente do que o das crianças *brancas*, que em suas representações religiosas não estariam dicotomizando o mundo entre *bom/branco* e *ruim/preto*. Seria esse fato consequência da formação religiosa? O fato da expansão dos cultos evangélicos, com seus rituais constantes de expulsão do demônio e de condenação explícita da macumba, ser maior entre as crianças pobres poderia estar expondo e tornando essas crianças mais sensíveis à figura do Exu, divindade *negra* das religiões afro, sincretizada com o demônio católico. Ou seja, a iconografia tradicional católica estaria fornecendo pistas de que o diabo é *vermelho,* e os cultos evangélicos, de que o diabo é *preto*. Os cultos evangélicos estariam, assim, talvez involuntariamente e de forma não intencionada, contribuindo para o processo de estigmatização da categoria *preta/negra*.

A representação simbólica do diabo como um ser *preto/negro*, presente, principalmente, entre as crianças pobres, mesmo que não seja uma expressão direta do preconceito racial, pode constituir mais uma base para o seu desenvolvimento, no sentido de ser mais uma associação cultural negativa, principalmente com a representação oposta de que Deus é *branco*. Como vimos, Carolina, *morena-escura*, teve que construir uma explicação para o fato de os anjos serem *brancos*, revelado durante um culto evangélico, dizendo que as almas das pessoas *pretas* que morrem "ficam brancas"; uma outra justificou o fato de não querer ser *preta* porque "a gente ia parecer o diabo de tão preto", e Sara chegou a afirmar que "anjo preto é só do mal".

Essa parte foi intitulada *"preto parece diabo"* porque esse estereótipo foi verbalmente expresso por uma criança que, conforme já reproduzido, disse que não queria ser *preta* "por causa que a gente ia parecer o diabo de tão preto" e por outra que disse "que tudo que é preto é do diabo". Esta última criança também afirmou que, se fosse *preta*, se pintaria de *branca*. Mas, a conversa com as outras crianças me fez chegar ao final dessa discussão dizendo o *"diabo é preto"* porque essas crianças não chegaram a usar, durante a entrevista, a expressão inversa *"preto parece diabo"*, que seria, então, transformada em estereótipo.

"Ladrão é preto"

A exploração da representação *ladrão é preto* iniciou com um desenho de Lúcia, 9 anos, *branca*, do grupo de crianças pobres, sobre a cidade real e a cidade ideal feito a pedido da professora. No desenho sobre a cidade real, aparece um ladrão colorido de preto assaltando alguém colorido de amarelo (a criança escreve assalto e indica com uma seta). No desenho da cidade ideal, apesar de no texto elaborado pela criança constar que ali "não tem ladra e nem ladrão", também aparece um ladrão colorido de preto. Durante a entrevista com essa menina, perguntei sobre o desenho, e ela o explicou da seguinte forma: "Esse desenho é assim, da cidade. Aqui é um homem assaltando um velho. Aqui, esse aqui pedindo esmola. Aqui é o lugar de jogar lixo. Aqui é a casa com a família". "E por que você coloriu esse moço todo de preto?", perguntei, e ela respondeu: "Porque... eu colori ele todo de preto porque aqui é a máscara, aí só dá pra ver o olho dele, a boca não, só o olho. E aqui ele estava vestido de preto pra não ver que roupa que ele tá". Apesar dessa menina não falar explicitamente que ela coloriu o ladrão de preto porque "ladrão é preto", ela revelou, inconscientemente, através de seu desenho, a associação *ladrão-preto*.

A partir dessa conversa, resolvi incluir nas entrevistas o experimento denominado *"brincadeira do assalto"*, no qual dizia que duas bonecas, uma *branca* e outra *não-branca*, voltando para casa seriam assaltadas. Mostrava, então, dois bonecos, um *branco* e outro *não-branco* do mesmo tamanho, com o mesmo tipo de roupa e sapato, com o mesmo modelo de chapéu e pedia para a criança escolher qual deles representaria o ladrão na brincadeira.

No grupo de crianças pobres, 20 de 24 escolheram o boneco *não--branco* para ser o ladrão. Esse experimento foi feito depois de um diálogo sobre as cores dos colegas de sala, dos bonecos, das brincadeiras preferidas, etc., de modo que a percepção de que os bonecos eram de cores diferentes fosse garantida. As explicações para a escolha também foram solicitadas. Rosa, 9 anos, *morena-escura*, justificou a escolha do boneco *marrom*, segundo ela, para ser o ladrão "porque ele tava igualzinho... o sapato... o boné". Inês, 10 anos, *loura*, escolheu o boneco *marrom* para ser o ladrão dizendo que "a cara era esquisita e as roupas". Geraldo, 10 anos, *moreno,* justificou sua escolha dizendo: "porque aquele lá tá com roupa mais clara, esse aqui tá com mais escura, então esse parece com ladrão e aquele lá parece com polícia". Eduardo, 9 anos, *branco*, escolheu o boneco *não-branco* para ser o ladrão explicando: "Esse aqui porque tem chapéu de roubador". Indaguei-lhe, então, se o chapéu do outro boneco não era igual ao que ele escolheu e obtive a resposta: "É, mas o daqui tem cara mais treinado para pegar o dinheiro".

Todas essas justificativas para a escolha do boneco *não-branco* para representar o ladrão chamaram a atenção para aspectos não consistentes, como boné, sapato, roupa. Isso pode ser interpretado de duas maneiras: ou a criança não quis falar explicitamente que *ladrão é preto* e, nesse caso, já se evidencia uma autocensura em suas considerações raciais, ou a associação *ladrão-preto*, estando em nível inconsciente, foi projetada nessa brincadeira e, daí, a dificuldade da criança em explicar a escolha. De todo jeito, no segundo e no último depoimentos acima transcritos foram feitas referências às *caras* dos bonecos, que, sendo iguais, podem estar querendo se referir à cor da *cara*. Uma menina de 9 anos, *morena,* justificou sua escolha dizendo, justamente, "por causa da cara preta". Uma outra menina de 9 anos, *morena,* escolheu o boneco para ser o ladrão falando: "não, esse não. Esse preto". Nessa mesma entrevista, mais adiante, as duas crianças que estavam conversando comigo formaram duas famílias racialmente homogêneas. Perguntei qual família era mais rica, e uma delas respondeu: "Dos branco que não é ladrão". Imediatamente a outra menina retrucou: "Como é que meu primo é preto que nem carvão, né? E não é ladrão?", provocando a seguinte resposta: "ele é rico, é?". A conclusão lógica desse diálogo é que *preto rico é ladrão*. Marília, 9 anos, *preta,* disse explicitamente que escolheu o boneco *não--branco* para ser ladrão "porque ele é moreninho". Logo em seguida, parece que quis mudar de opinião e afirmou que o boneco *branco* era "muito estranho" e que ele era "bandido, ladrão". Questionei-a, dizendo que, quando perguntei quem seria o ladrão entre um boneco e outro, ela tinha escolhido o *não-branco*. Marília tentou reconstruir sua coerência dizendo: "Porque ele tem cara muito de ladrão, ele vai lá e pegou e roubou. Acho que foi um dos dois que mandou ele roubar". A associação imediata feita por Marília foi *ladrão é preto*. Depois que foi questionada, quis que o boneco *branco* fosse também ladrão ou o que "mandou roubar". Perguntei a uma menina de 9 anos, *morena,* se ladrão era sempre *preto* e, apesar de admitir a existência de ladrão *branco e moreno*, ela complementou dizendo: "Tem vez que pega uns negócio, põe na cara, um negócio preto, põe na cara pra, a máscara dele, põe na cara pra ninguém descobrir quem é ele. Uma roupa preta também, igual um ladrão". Por essa última afirmação percebe-se que, para ser ladrão, tem que ser *preto* ou fantasiado de *preto*. Áurea justificou sua escolha dizendo: "porque passou na televisão ladrão negro". Renata, 10 anos, *branca,* uma das poucas que escolheu o boneco *branco* para representar o ladrão, explicou o motivo de sua escolha dizendo "porque ele está de sapato preto" e "porque ele é bonitinho", dando a entender que queria brincar com o boneco *branco* sem considerar a negatividade do papel de ladrão.

No grupo de crianças de classe média, a associação *ladrão-preto* foi feita também na brincadeira com os bonecos em que era solicitada a escolha de quem seria o assaltante numa encenação de assalto. Das 22 crianças que participaram da brincadeira, 14 escolheram o boneco *não--branco* para ladrão. As respostas dadas como justificativa da escolha foram: "O neguim porque ele é mais chique", "Este, ele tá parecendo mais...é porque o chapeuzinho dele aqui e a roupinha dele, muito chique", "Eu acho porque, esse aqui, não é por causa da cor não, mas também por causa da roupa dele, do jeito dele se vestir, o jeito dele, a cara dele, porque é o jeito dele". Nenhuma dessas respostas explica o motivo da escolha pois a roupa dos dois bonecos tinha o mesmo padrão, só variando a cor e a última criança, ao afirmar que "Não é por causa da cor, não", tentou demonstrar que não era preconceituosa, mas as razões dadas a seguir para justificar a escolha do boneco "mais escurinho", segundo ela, parecem não convencer nem a ela própria que repetiu três vezes "é o jeito dele". Duas outras crianças disseram: "É, não sei, ele tem a cara de ladrão" e "Porque ele tá com um chapéu de ladrão. Ele é negro", explicitando, diretamente, a percepção social que ladrão é *preto*. Na entrevista feita conjuntamente com Juarez e Tadeu, houve uma disputa sobre qual boneco seria o ladrão. Tadeu escolheu o *branco* e Juarez o *não-branco*. Quando informei que haveria também um policial, Tadeu concordou em representar o policial, então. Depois de brincarem, perguntei a Juarez sobre a cor do ladrão e ele respondeu: "Ele era preto". Juarez justificou sua escolha dizendo: "Ah, porque esse aqui tem mais cara de ladrão, ué?".

Pedro escolheu para ladrão o boneco *preto* e justificou, quando solicitado: "Porque... ah, a maioria é assim". Ricardo, que estava sendo entrevistado junto com ele, optou pelo boneco *branco* e discordou da explicação dada por Pedro, surgindo o seguinte diálogo:

Ricardo: Né não. Acho que a maioria é os brancos. Acontece maior assalto com os brancos.

Pedro: Lá no centro da cidade, a maioria é os pretos. Tem alguns brancos. Minha mãe me falou que já viu... um menino do meu tamanho cheirando cola, o menino roubando lá.

Ricardo: É, os pretos fazem mais isso. Mas os brancos é os que roubam mais.

P: Que tipo de roubo que os brancos fazem?

Ricardo: Ah, assalto, rouba banco, casas.

P: E como é que você sabe que são os brancos que fazem mais isso?

Ricardo: Ah, aparece na televisão. Eles com blusa na cara, com um negócio.

Pedro: Máscara, apareceu só o olho e um buraquinho pra respirar.

Ricardo está aqui tentando relativizar o estereótipo *ladrão é preto*, mas seus argumentos não são muito convincentes, o que nos permite interpretar que sua intenção nesse diálogo é não ser identificado por mim como preconceituoso. Por outro lado, é possível também admitir, que talvez Ricardo não tenha desenvolvido um sentimento hostil em direção a *negros/pretos*. Com os dados que temos sobre essa criança, é difícil decidir se, nesse caso, estaria atuando o chamado *racismo velado* ou uma tentativa de relativização do preconceito racial.

A brincadeira do assalto, realizada simultaneamente com Telma e Nilza, sofreu uma modificação. Aproveitei a descrição feita por Telma sobre uma brincadeira em que ela é a mocinha e é amarrada a uma pilastra com uma corda ("só dá um nozinho") por um ladrão e é salva por um policial, sugerindo que ela escolhesse, entre os bonecos, qual seria a mocinha, o ladrão e o policial. Telma decidiu-se pelo boneco *negro* para ser o ladrão e, quando solicitada a justificar, disse rindo: "Ah, porque ele tem uma carinha". Nilza ficou em dúvida e, finalmente, escolheu o boneco *branco*. Explicou sua indecisão falando que quase escolheu o boneco *não-branco* "Porque ele tava com um roupa, pelo menos a calça e o sapato já tava mais escuro. Mas, também, de todo jeito, ele era moreno e tava com uma roupa escura e uma blusa escura". A indecisão de Nilza pode estar expressando o conflito entre assumir explicitamente um estereótipo já adquirido ou não.

Maria se negou a escolher o ladrão, querendo que os dois bonecos desempenhassem esse papel na brincadeira, e Isabela não conseguiu articular uma explicação para a sua escolha de um boneco *branco* para ladrão, dizendo apenas "ah, nada". Nestor justificou sua escolha por um boneco *branco* revelando seu conhecimento da existência do estereótipo: "Ah! Não sei. Tem gente que acha que ladrão só pode ser preto. Mas não. Ladrão branco também. Esse aqui tem cara de safado".

Junto à elaboração de atitudes raciais, a percepção da estrutura ocupacional da sociedade também vai sendo elaborada pela criança. Porter (1973), conforme já dito, apontou a necessidade de estudos sobre a relação dessa percepção com o desenvolvimento de atitudes raciais. Apesar de não ter sido organizada uma observação sistemática dessa questão neste trabalho, é possível adiantar alguns comentários baseados na fala das crianças. Na brincadeira do assalto, o papel social reservado ao boneco *não-branco* foi o de ladrão. Além disso, algumas falas ressaltaram a ideia de que *preto é pobre*, e *branco é rico*. Lúcia, do grupo de crianças pobres, 9 anos, *branca*, justificou a sua afirmação de que *branco* era mais rico que *preto* lembrando que "Xuxa é branca, Angélica é branca, Domingão do Faustão é branco, Sílvio Santos é branco" e Anita concluiu: "Tudo lá na televisão é branco". Outra indicação da associação do *não-branco* com posições sociais inferiores foi dada pela reação de duas outras crianças do grupo pobre quando solicitadas a indicar um dos bonecos que se parecia com médico(a): "Essa, porque ela é branca" e "Esse aqui não; médico preto é feio demais! E ainda com roupa branca!" E uma outra criança, ao perceber que escolheu uma boneca *não-branca* para ser faxineira, acrescentou: "Não importa a cor, não importa a cor", querendo, dessa forma, dissociar cor e posição social. Uma menina de 9 anos disse que "preto, tão preto assim" era feio e "branco não, sabe por quê? Porque os branco parece rico e os preto parece pobre". Imediatamente, uma colega que estava no grupo contestou: "mas, tem preto rico... Como que o Grupo do Molejo é moreno e eles é rico?" (percebe-se aqui a intercambialidade entre as categorias *preto* e *moreno*). E a primeira criança tentou manter a sua posição afirmando que "é porque eles canta, né? Eles era pobre". Aqui já se observa uma tentativa de relativização da representação *preto é pobre* através da seleção de um outro dado da realidade, que funciona como um contraexemplo surgido do movimento musical, no qual vários *não-brancos* têm se destacado. Rosa, 9 anos, *morena-escura,* brincando com os bonecos, inventou uma história de um casal *não-branco*, cujo marido era vigia noturno de uma "casa de família". Para representar o patrão, Rosa escolheu um boneco *branco*. Um dia o neném do casal *não-branco* adoeceu e o casal teve que levá-lo à médica. Rosa escolheu uma boneca *branca* para ser a médica e disse que ela era casada com o patrão do pai do neném. Numa conversa com três crianças de 9 anos, Mercedes (*morena),* Ana (*branca)* e Paula (*preta)*, surgiu uma rivalidade entre Mercedes e Ana. Apesar de Mercedes ter afirmado que considerava *preto* feio, reagiu quando Ana emitiu a mesma opinião, dizendo: "por isso você acha a Paula feia, né?". Mais adiante, pedi às crianças que escolhessem uma boneca que faria o papel de médica.

Ana escolheu uma boneca *branca,* e Mercedes fez uma interpretação racial dessa escolha dizendo que *"ela escolheu a branca porque o preto ela acha feio... ela acha que é só branco que é médica ".* Ana negou ser esse o motivo de sua escolha, e Paula entrou na disputa dizendo que "tem preto também médico, mas só que ela escolheu branco que é mais bonito". E Ana tornou a negar falando "não é não. É porque eu quis ".

Entre as crianças de classe média, Mércia escolheu imediatamente uma boneca *não-branca*, numa brincadeira, para ser a faxineira de uma fábrica dizendo que "ela tem rostinho de faxineira ", mas os rostos das duas bonecas eram iguais, com exceção da cor. Um outro grupo de crianças (Beatriz, Tatiane e Viviane) admitiu nunca ter conhecido um *negro* rico, considerando essa possibilidade muito difícil e um outro (Eliane e Regina) escolheu um boneco *branco* para ser o padre: "o branco, o branco parece ser mais padre". Na segunda fase da pesquisa, Viviane expressou uma opinião que parece ser do senso comum: "E também tem pessoas, que quando elas olham uma pessoa, só porque ela é negra, pensa que é pivete". Nesse mesmo sentido, Luiz revelou sua opinião de que a maioria das pessoas não gostaria de ser *negra* "porque eu acho que as pessoas pensam que a maioria das pessoas negras são mais pobres...". E Otávio afirmou que não escolheria ser *preto* "porque parece pivete" e definiu pivete como "um menino que fica roubando, que ele é negro".

O tipo de ladrão proposto na *brincadeira do assalto* era o de rua. Diante disso, pode-se-ia objetar que a escolha do boneco *não-branco* pela criança nessa brincadeira e a atribuição de papéis sociais inferiores estariam refletindo uma leitura supostamente correta da estrutura social, a partir do que a criança vê, e não tanto uma expressão pura de preconceito racial. A associação de *preto* com pobre ou ladrão, nesse argumento, pode, então, ser explicada pela presença significativa de *não-brancos* em posições sociais inferiores e pela pouca visibilidade dos *não-brancos* ricos no Brasil.

Mesmo aceitando-se essa interpretação da escolha do boneco *não-branco*, pode-se afirmar que as características da estrutura racial pressionam no sentido da produção dos estereótipos *preto* é pobre e ladrão. Uma vez produzidos, eles passam a compor as definições de realidade das crianças, reforçando a representação negativa da categoria *preta-negra*. Além disso, o fato de as crianças estarem associando categorias raciais a ocupações pode possibilitar a naturalização da desigualdade racial, e além de mostrar que o conceito de raça, aprendido desde cedo na infância, como discutiu Hirschfeld (1996), é um conceito importante em sua teoria da sociedade e confirma, como afirmou Valle Silva (1994), que o dinheiro embranquece, e a pobreza escurece.

As considerações feitas pelas crianças neste estudo, nos possibilitam dizer que elas alcançaram o estágio de *desenvolvimento generalizado de atitudes raciais,* caracterizado por Porter (1973) como o momento de aquisição de atitudes no qual as crianças já possuem consciência das categorias raciais e de suas avaliações, rejeitam o *status* racial desfavorecido e isentam certos indivíduos dos estereótipos aplicados para o grupo racial como um todo. Mas, como essas atitudes ainda estão em processo de elaboração, elas podem se estabilizar na direção do preconceito adulto completamente desenvolvido ou não. Isso vai depender das experiências posteriores das crianças, especialmente na adolescência.

A prática cotidiana do preconceito racial: gozação e xingamentos

Numa entrevista com Lúcia, 9 anos, *branca*, do grupo de crianças pobres, perguntei se gostaria de ser *preta,* e ela respondeu que "não". Quis saber o motivo, e ela disse: "eu queria ser, mas preto não combina bem com branco, não. Que ele fica assim. O branco fica assim: ó macaco! macacão! macaca! macaquinho! Aí não dá". Numa outra entrevista, Fernanda de 8 anos, *morena*, respondeu à mesma pergunta da seguinte forma: "creio em Deus pai! Eu, não", negando enfaticamente essa possibilidade. Por quê?, perguntei. E Fernanda disse: "é chato porque a gente passa na rua... (foi, nesse ponto, interrompida pela explicação de Sofia que também estava sendo entrevistada ao mesmo tempo: "eu não queria ser preto porque é maconheiro")... a gente passa na rua, e os outros fica assim: ó macaco! ó macaca!". Duas semanas depois dessa conversa, Fernanda pediu-me para brincar com os bonecos, e fomos para a sala de artes, disponível naquele momento. Durante a brincadeira, Fernanda disse que gostaria de ser da *raça branca* e que "raça preta é ruim pra caralho". Perguntei-lhe, então: ruim em que sentido? E ela respondeu: "xinga a gente de palavrão". E você já foi xingada? perguntei, e Fernanda disse que sim, mas não quis revelar o xingamento. Logo em seguida admitiu considerar *preto feio*. Nesse diálogo, apesar de Fernanda se autoclassificar como *morena*, ela, provavelmente, está sendo identificada como *raça preta* ao admitir que é xingada: "Xinga a gente de palavrão".[46] Eduardo, 9 anos, *branco*, também disse que não gostaria de ser da "raça preta porque diz eles que gente preto, tem gente que zomba muito de gente preta". "E você já viu alguém zombando?", perguntei-lhe. E ele: "já, eles fala assim: nó, você é feio demais! Eles fala assim: você é feio demais, só podia ser preto". Nesse comentário percebe-se a força da naturalização: se é feio *só podia ser preto*, indicando uma relação necessária, inevitável. Mais adiante perguntei a Eduardo se ele achava que uma pessoa *preta* ao ser chamada de *preta* ficaria com raiva e ele indagou: "Xingar ela de preto?". Disse então: "Você acha que isso é xingamento?" e ele: "Eu acho que é, falando de um jeito". Neide, 10 anos, *preta*, ao responder à pergunta "É melhor ser branco do que ser preto?", também revelou que *branco* xinga *gente preto*:

> Ah! não! Eu prefiro ser preta, mas também os outros assim que, acha que é branca, assim, xinga a gente porque a gente é preto. Mas eu num... Mas, eu gosto da minha cor. Eu num, não é que eu não goste dos brancos, não. Eu também gosto do branco, mas, só que..., o branco vem xingando a gente, eu não tô nem aí.

Neide disse que era xingada por adultos e crianças e na escola. Perguntei, então, se a criança que a xingava na escola era *branca* ou *preta*, e ela respondeu: "ela é preta também, mas ela é mais clara que eu pouca coisa. Ela me xinga de nega preta, feiosa, chata". Apesar de Neide afirmar que "branco vem xingando a gente", a colega lembrada por ela não era *branca* e sim "preta mais clara". A gradação de cor, observada nesse comentário de Neide, permite entender sua primeira frase que afirma: "eu prefiro ser preta, mas também os outros assim que *acha que*

---

[46] Fernanda, conforme anteriormente registrado, não acreditou quando lhe disse que eu considerava seu cabelo bonito. E reagiu à pergunta se gostaria de ser *preta* da seguinte forma: "creio em Deus Pai! Eu não".

é branco, assim, xinga a gente...". Luzia, 8 anos, *morena*, afirmou que queria ser *branca*. Um ano depois dessa nossa conversa perguntei-lhe se ela lembrava o que tínhamos conversado no ano passado e ela confirmou falando que "eu falei assim que eu queria ser branca, e minha irmã queria ser morena", o que mostra que essa questão é significativa para ela. E por que você queria ser *branca?* perguntei, e ela respondeu: "eu queria porque os meninos fica me xingando na sala... de nêga preta". Afonso, 9 anos, *preto*, disse que queria ser *branco* e afirmou: "acho muito ruim ser preto" porque "eles fica chamando a gente de carvão". Quem? perguntei, e ele: "os menino da sala... o Geraldo e o Aloísio, me chama de preto, de carvão, quer dizer". Geraldo e Aloísio, quando entrevistados pela primeira vez, disseram que *preto* era xingado de "capeta, de negão, de tribufu e negão preto". Em sua segunda entrevista, Aloísio, 10 anos, *branco*, admitiu que não escolheria ser *preto*, se pudesse escolher, porque, disse, "eu não gosto muito de preto, não". Mais adiante citou dois colegas *pretos* de sua sala (Diana e Luciano) e disse que, "quando eles entrou", eles foram xingados de "preto, negão, tição, burro preto", se excluindo desse tipo de prática. Geraldo, 10 anos, *moreno*, comentou, em sua segunda entrevista, que "preto demais" ele não gostava "porque os outro fica chamando a gente de preto, de carvão". Disse que nunca foi assim chamado porque ele não é *preto*. Citou dois colegas *pretos* da sala e falou que não considerava Diana bonita por ela ser "preta demais". Mais adiante acrescentou que não queria ser preto "porque muito preto parece carvão... E a gente fica mais feio ainda"*,* assumindo os estereótipos *preto é feio* e *preto parece carvão,* independentemente do fato de ter dois irmãos *pretos*, conforme me disse. Revelou que os meninos da escola xingam "os meninos que tava preto" de carvão e se incluiu entre os que xingam. Perguntei o motivo desse tratamento, e ele respondeu: "É porque ele parece carvão". Diana, 10 anos, *preta*, revelou que um colega da sala a chamava de macaca e *nega preta*. Disse não ficar ofendida se alguém a chamar de *preta*, mas o tratamento de *negra* a ofendia. Soraia,[47] 10 anos, disse não gostar de ser chamada de *preta*. Por quê?, indaguei

---

[47] Soraia era uma aluna de outra escola que visitei no início da investigação. Ela foi designada pela diretora para me apresentar a escola.

e ela permaneceu em silêncio. Perguntei, então, se ela achava feio ou se ela considerava uma espécie de xingamento. E ela respondeu: "eu acho que é uma espécie de xingamento". Continuei perguntando: quem te xinga? Os colegas da escola? E ela: "não, são os colegas da rua". E qual é a cor dessas colegas? "Preta". Inês, 10 anos, moradora recente da favela, vinda de Paraopeba, cidade do interior de Minas Gerais, disse não estar gostando da escola:

> [...] não tem jeito de ficar aqui não, todo mundo fica mexendo comigo né?... Ficam chamando eu de dedinho, fica puxando meu cabelo, fazendo coisa, tudo isso. As meninas fica enchendo eu... Ficam falando que eu sou loura burra... E chama minha irmã também, que tem uma bruxa já e já vem outra irmã bruxa.

Continuou dizendo que Rosa (9 anos, *morena-escura/preta*) é a que mais a chama dessa forma: "ela é muito chata". Nesse relato, Inês, apesar de ser *branca/loura* com cabelos longos, padrão valorizado, está sendo alvo de agressividade racial, sendo também depreciada através da categoria *loura burra*. Mas, diferentemente das categorias depreciativas dirigidas a *pretos/negros*, a ofensa, nesse caso, não é sentida como racial, pois Inês afirmou que acha ruim as colegas a chamarem de burra e não de *loura*. Marília, 9 anos, *preta*, relatou que ouviu um menino chamar "um meninho pretinho" de macaco e considerou aquilo "muito feio porque eles fica xingando a gente de macaco, porque eles também é". Essa última frase "porque eles também é" provavelmente se refere aos considerados *morenos* que, pelo fato de não se reconhecerem *pretos*, utilizam o repertório verbal preconceituoso com desenvoltura. Marília revelou, ainda, que *gente branca* não é chamada de macaco mas de "macarrão sem corante". Fernanda, 8 anos, *morena*, depois de falar que *preto* é chamado de macaco, acrescentou: "mas também tem gente branco que cada um fala assim: ó leite azedo! Tá beleza?". Ester, 12 anos, *morena-escura*, ao explicar a atitude de um colega que a classificou de *preta* disse: "ele fica falando isso só porque ele é branco, macarrão da Santa Casa... ele queria ser branco, ééé, moreno também e foi ser, ele foi branco, ele fica com inveja". Geraldo, 9 anos, *moreno*, identificou um colega *branco* da seguinte forma: "e quem é branco? O Sebastião é branquinho, parece leite azedo" e foi complementado por Aloísio, seu parceiro na entrevista: "branquelo". Marta, 9 anos, *morena*, concordando com a afirmação *"eu prefiro ser moreno do que ser branco"* feita por Celina, 9 anos, *morena*, durante a entrevista, acrescentou: "é mesmo, porque tem gente que é moreno que fala pra gente assim, fala assim: ó leite azedo! Chama a gente de leite azedo por causa que a gente é branco. Gente branco eles chamam de leite azedo". Apesar de esse depoimento conter uma certa contradição, pois Marta se autoclassificou como *morena* e em sua fala se considerou *branca*, ao revelar que já tinha sido chamada de *leite azedo* por uma vizinha *"loura de cabelo sapecado"* e depois também admitiu ter sido chamada de *nega preta*: "porque tem gente loura que me xingou de nega preta" (o que a fez concluir que ser preto não era bom porque "quando a gente se vê no espelho, a gente se sente ridícula"), esse depoimento, dizia, sugere que a categoria racial *morena* não derivou de nenhuma categoria depreciativa ou de xingamento, como aconteceu com as categorias *branca* e *negra/preta*. Algumas crianças disseram que prefeririam ser *morenas* a *brancas* ou *pretas/negras*, como Ester, *morena-escura*, e chamada de *preta* por um colega *branco*, que respondeu à pergunta se existiria alguma cor de pessoa que ela não gostaria de ser da seguinte forma: "não gosto de ser branco e nem preto".

A interpretação produzida pelo grupo de crianças pobres acima apresentada da posição do *negro/preto* nas relações raciais pode ser sintetizada nas seguintes frases: "Xinga a gente de palavrão", "Tem gente que zomba de gente preta", "Xinga a gente porque a gente é preto" e "O branco vem xingando a gente". Gozação e xingamentos, portanto, são partes constituintes do conteúdo significativo daquelas relações. Esse clima de hostilidade direcionado aos *pretos/negros* foi também revelado por Sara, 9 anos, *morena-clara* que, a partir das palavras briga, menino *branco*, menino *preto* e macaco sugeridas por mim, inventou a seguinte história:

> Era uma vez um menino que era branco e tinha um macaco e o macaco era preto. Aí um dia o menino resolveu pintar o macaco de branco, só que ele começou a brigar... Aí o pai dele (do menino) era preto e a mãe era branca. Aí a mulher tava ganhando um nenê. Aí o menino foi lá vê. Aí na hora que viu, o menino era preto. Aí ele pegou a tinta e começou a pintar o rostinho do nenê. Só que o nenê tava quase que morreu. Era uma

menininha. Aí chegou correndo, tirou o menino de lá e jogou ele para lá. Aí ele resolveu pintar ele de preto. Aí ele foi pintando, pintou o rosto, pintou os oio. Aí todo mundo saiu correndo atrás dele, brigando com ele, dando chute nele, batendo... Aí a mãe bateu no menino e resolveu pôr o menino branco no orfanato. O menino branco implicou com todo menino preto de lá e começou a brigar e aí todo mundo saiu machucado. Aí no fim da história ficou todos os dois sendo felizes e ele falou assim com a menininha, que ser preto é bom e aí a menininha respondeu pra ele que ser branco é bom também.

Nessa história, o menino *branco* apanha quando se pinta de *preto* e quando é *branco* tenta mudar a cor do macaco, da irmã e briga com os meninos *pretos* do orfanato. E, no final, o menino *branco* conclui que "ser preto é bom", e a menina preta que "ser branco é bom também". Essa história revela, em seu enredo, a visão dessa criança do conflito entre *pretos* e *brancos* e a agressividade direcionada aos primeiros. Ela pode ser interpretada como uma analogia com a realidade cotidiana vivenciada pelas meninas e pelos meninos *pretas(os)/negras(os):* a possibilidade concreta de gozações e xingamentos. Além disso, ela revela um conflito de identidade racial, que é resolvida no final, com a conclusão de que "ser preto é bom" e "ser branco é bom também".

Algumas crianças não reconheceram verbalmente o *"sofrimento"* experimentado pelos considerados *negros/pretos*. Uma menina de 10 anos, *branca,* por exemplo, admitiu que uma pessoa da *raça negra* (conforme sua classificação) gosta de ser da *raça negra* "porque eles não sente nada". Sebastião, 9 anos, *moreno*, mas considerado *branquelo* por dois outros colegas, ao ser perguntado se chamar alguém de *preto* ou *negro* poderia ser considerado um xingamento ou uma ofensa respondeu: "Não. Depende da cor... porque se um for negro aí pode chamar. Agora se for branco, aí já é um apelido pra mim". Esse menino também afirmou nunca ter ouvido um *negro/preto* ser xingado ou gozado. Inês, 10 anos, disse nunca ter ouvido uma pessoa *preta* ser gozada ou ser chamada de macaca, ao mesmo tempo que reclamou do tratamento *loura burra*.

Assim, a linguagem preconceituosa utilizada pelas crianças do grupo pobre inclui categorias raciais depreciativas derivadas das categorias classificatórias, tais como *nega(o) preta(o), negão ou negona, neguinho(a), negra(o) e preta(o), branquelo*, além de outras categorias de xingamento como carvão ou *preto* de carvão, macaco(a), capeta, tição, burro *preto*, leite azedo, macarrão sem corante e macarrão da Santa Casa. Como pode ser observado, as categorias classificatórias *preta* ou *negra* se transformaram em categorias de xingamento, o que explica, em parte, a rejeição a essa classificação já aludida anteriormente. Um menino de 6 anos, por exemplo, utilizou gratuitamente a categoria *preta* tentando provavelmente atingir a posição de destaque assumida por uma colega de sala, que se colocou ao lado da professora, que estava lendo um livro, para acompanhar melhor a leitura e os desenhos. No momento em que foi chamada de *preta* pelo colega, no meio da leitura, essa criança saiu de perto da professora, foi ao quadro, deu uma voltinha e se instalou de novo ao lado da professora, sem nada dizer. Catarina, 11 anos, respondeu a uma pergunta feita pela professora ("Então você nunca pensou assim: puxa vida!, ser negro é feio?") da seguinte forma: "Eu, não; os outros me chamam de negra e eu não importo", revelando com essa resposta que a categoria *negra* é também uma categoria de xingamento, uma forma de agressão. Esse seria o sentido oculto da expressão "mas eu não importo".

Durante as entrevistas, a criança era solicitada a classificar os colegas de sua sala de aula de acordo com suas próprias categorias que eram verbalizadas na resposta dada à pergunta "quais cores de pessoas existem?". Esse recurso permitiu-me perceber que os considerados *preto/negro* eram os de tonalidade mais escura da pele, identificados, muitas vezes, com a expressão "preto igual carvão". Numa conversa sobre o livro *Negrinho do Pastoreio* com um grupo de crianças de 8 anos, perguntei qual era o nome do menino do livro, e uma criança respondeu: "Neguinho do pastorinho. Neguinho porque ele era pretiiinho, igual carvão". Numa entrevista com duas meninas, uma de 8 e outra de 9 anos, perguntei se havia alguém *preto* na sala, e uma delas disse: "O Luciano; ele é preto igual carvão". E, Geraldo e Aloísio, ambos com 9 anos, disseram rindo que "o Luciano é carvão". Geraldo, inclusive, afirmou que não gostaria de ser *preto* porque "preto parece carvão". Numa conversa sobre as cores dos colegas de sala, Silvana de 8 anos, *marrom-claro,* disse que Luciano e Afonso eram *morenos-escuros* e, imediatamente, Margarida, *marrom-claro,* também de 8 anos, retrucou: "mas os dois é preto! Preto igual carvão". Ismael, *moreno,* contou que já ouviu um colega ser chamado de carvão "porque ele é muito preto". Ser chamado de carvão é, de uma maneira geral, ser considerado *muito preto*, o que explica a inclusão dessa categoria na resposta de Ronaldo, 8 anos, ao fato de ter sido chamado de *preto-escuro* por um colega: "mentira, eu não sou preto-escuro não, viu, seu cachorro? Eu não sou preto. Eu não sou carvão também".

A categoria *nego preto* foi diversas vezes utilizada ou citada pelas crianças. Um dia, durante o recreio, duas meninas estavam folheando o número 1 da Revista *Raça* quando se aproximou um menino *preto* que, ao se deparar com uma fotografia de um jamaicano na página 108 exclamou: "que nego preto! Ninguém gosta de nego preto!", e aquela afirmação foi admitida e confirmada por uma das crianças que disse: "nem eu". Logo a seguir perguntei ao grupo se eles achavam que era melhor ser *moreno* do que *ser preto,* e o menino acima respondeu: "eu acho que é melhor ser moreno. Ser preto parece que a gente é macaco. Eu parece que eu sou um macaco já". A espontaneidade com que essa criança comenta a sua própria posição negativamente privilegiada indica um processo de naturalização de sentimentos e ideias sociais a respeito de *nego preto* e um processo de assimilação da imagem produzida pelo estereótipo. Numa conversa, também na hora do recreio, surgiu o seguinte debate entre várias crianças de 8 e 9 anos e mim, no qual as crianças me contaram que uma colega era xingada de *negona, carvão e nega preta*:

P: O que você quer me falar?

Cri: Ela bate só nos homem, nas muiê não. Ela briga lá na sala, a Cristina. (nesse momento Cristina se retira para resolver alguma problema).

P: Alguém xinga ela de alguma coisa?

Cri: Xinga.

P: De quê?

Cri: De negona.

P: Por quê?

Cri: É porque ela é muito é preta.

P: Você a acha bonita?

Cri: Carvão (falou rindo).

Cri: Não.

Cri: Eu também não.

Cri: É nega preta.

P: Mas, por que você não acha ela bonita?

Cri: Preta eu não gosto, não.

P: Quantos anos você tem?

Cri: 9

P: Mas, por que você não gosta?

Cri: Eu também tenho 9.

Cri: Eu tenho 8.

Cri: Por causa é muito feio.

P: E você é de que cor?

Cri: Marrom.

Cri: A preta aí (anunciando a chegada de Cristina).

P: E você?

Cri: Marrom-claro.

Cri: Tá falando tudo docê aqui, você vai ver (uma menina contando para Cristina o que estava acontecendo).

E Carla, 10 anos, *misturada/ cor branca e negra um pouco/ morena-clara/ branca*, afirmou ter ouvido Cristina ser chamada de macaca por uma colega de turma durante uma briga ocorrida perto de casa. Numa conversa durante o recreio, perguntei a um grupo de crianças a cor de cada uma delas. Quando uma delas respondeu *morena* alguém contestou dizendo "mentira, é pretinha", o que provocou risadas das outras crianças. E, então, uma outra colega repetiu: "ela é preta. A gente chama ela de feijãozinho preto". Em uma outra ocasião, também durante o recreio, esse mesmo grupo de crianças de 7 anos, mais ampliado, sentou-se ao meu lado. Perguntei o nome de uma delas e, assim que ela me disse, (Vera) uma colega comentou: "A gente chama ela de feijãozinho preto". Por quê?, perguntei e rindo a colega respondeu: "porque ela é pretinha". Me dirigi, então, para Vera e perguntei: "Você gosta desse apelido?" E, antes dela responder, a colega adiantou: "Não, ela não gosta não". Perguntei novamente para Vera: "o que você faz com a meninas quando elas falam? O que você responde?" E Vera respondeu: "Eu bato". E sua colega confirmou: "ela corre atrás da gente; ela chuta a gente". Assim, mesmo sabendo do desgosto causado por esse tratamento, ele continua sendo usado. Mais adiante, uma outra colega revelou: "ela é burrinha, burrinha" e "eu tenho horror dela, do feijãozinho preto aqui... porque ela é nojenta... porque ela é muito chata e não sabe de nada, ela é burra". Não podemos afirmar inequivocamente que, no conflito entre Vera e suas colegas, é manifestado um ódio racial, pois o motivo do desencadeamento de sentimentos de antipatia e hostilidade pode ter outra natureza diferente da racial. A própria criança afirma ter *horror* de Vera por ela ser nojenta, chata e burra, não fazendo alusão às características raciais. Mas, o fato de esses sentimentos aparecerem motivam a criação e a utilização de um apelido ou xingamento racial que passam a contaminar toda a relação.

A hostilidade aos *pretos/negros*, especialmente aos considerados *"pretos que nem carvão"*, explicitada através da utilização de categorias de xingamento, foi espontaneamente expressa por um grupo de crianças de 8-9 anos durante o recreio diante do desenho da capa e de uma página interna do livro infantil *Negrinho do Pastoreio*, ocorrendo também nessa manifestação a associação de *negro/preto* com sujeira. De acordo com a interpretação dessas crianças "o homem branco estava brigando com o menino preto porque ele não gosta de preto, não. É por causa que ele é negão, tição, fedorento, cheio de caraca. Por isso que ele não gosta"; "ele não toma banho". Naquele momento uma outra criança atacou o homem *branco* que também estava desenhado na capa dizendo: "E ele é leite azedo. Esse aqui é leite azedo", sendo complementado por outra criança: "Ele não aceita preto". Mesmo com esses comentários a conversa não mudou de rumo: "Ele não toma banho"; "peraí, ele não limpa a bunda, não"; "Esse neguim aqui, esse neguim aí oh!". E em relação ao outro desenho: "Esses três aqui tá rindo dele por causa que ele é negro, por causa que ele mija na calça. Por isso"; "porque ele mija na cama". Perguntei nesse momento: "Por que vocês acham que ele mija na cama?", e as crianças responderam: "é porque ele é preto". "E preto mija na cama?", tornei a perguntar. E as crianças rindo: "mija"; "preto não mija não"; "mija na cama"; "porque ele é macaco"; "preto não mija na cama mas..., preto não mija na cama". O que poderia ser considerado uma crítica ao homem *branco* que "não aceita preto" é diluído no meio das críticas e das avaliações negativas feitas ao *menino preto*. E na entrevista com Francisco, 8 anos, *moreno*, feita posteriormente, ele revelou que, se fosse *preto,* ia sentir "sujeira, acho que é caraca, não sei".

Um outro incidente foi presenciado por mim numa turma de crianças de 8-9 anos quando Aloísio, 9 anos, chegou ameaçando Luciano que teria batido num amigo dele. Quando quis saber quem bateu, Aloísio disse: *"Aquele menino lá, aquele neguinho da frente, aquele negão",* num tom claramente agressivo. E, ao ser perguntado se ele também era *neguinho*, respondeu: *"Não, porque eu não sou, por causa que eu nasci branco. E eu era gordim e ele nasceu pretim e feim. E ele é folgado. Quando a gente vai brincar lá na merenda ele roba a merenda da gente".* Ao entrar na turma acelerada, de crianças entre 10 a 14 anos, ouvi um menino chamar Júlia de *negão,* e ela respondeu *"vai tomar no rabo".* Três meses depois desse conflito, numa conversa com uma outra aluna dessa turma, ela me explicou que o apelido de Júlia era *negão* e *Julião* "porque ela é preta; morena-escura, mas bem escura", omitindo a conotação masculina do xingamento. E numa outra ocasião, durante o recreio ouvi Júlia ser chamada por um outro menino, de forma agressiva, de *"neguinha da macumba",* pois ela foi empurrada da pia em que estava lavando as mãos. Ao ser indagada se gostava da escola, Júlia respondeu: *"não, que os meninos são muito atentados".*[48]

Carla relatou uma briga entre crianças de 10 anos presenciada por ela, na qual são acionados os xingamentos *carvão* e *urubu:*

---

[48] A diretora da escola disse-me que suspendeu Júlia por uma semana por ter levado um canivete para a sala e brigado com uma colega. Revelou também que no ano anterior foi professora de Júlia, que se destacava nas aulas por saber mais que os outros colegas, os ensinando, inclusive. Ao ser transferida para a turma atual, com alunos do mesmo nível que o dela, segundo ainda a diretora, ela tornou-se agressiva, e quando é solicitada a explicar um determinado conflito, ela se cala. Percebemos, por esse relato, que Júlia sofreu um deslocamento de *status* social: de uma situação na qual era valorizada passou a ser alvo de agressividade racial, o que, provavelmente, explica, em parte, o seu comportamento também agressivo, origem do apelido de Julião.

> Tem umas menina que eu vou brincar com elas todo dia de noite. Aí passou uma menina. Aí elas começou a xingar a menina, ela era preta. Elas começou a brigar, falou assim: ô seu urubu, sua filha de uma égua, sua mãe deve ser um carvão, né? Igual você. E a menina respondeu: eu prefiro ser dessa cor que leite azedo.

Em seguida, Carla relatou um conflito em que ela própria estava envolvida. Disse que estava brincando com um colega quando Luciano chegou e a empurrou. Ela, então, pediu-lhe para parar e ele a chamou de *macarrão da Santa Casa*. Em revide ela o xingou de *carvão*.

Algumas crianças assim explicaram o fato de *pretos/negros* serem xingados de *macaco*: "pessoa muita preta é que nem um macaco; macaco é preto", "preto parece macaco porque macaco é preto" e "*vê pela cor deles e fala*". Assim, é ressaltada uma característica da aparência externa, ou seja, a cor, como elemento de comparação. O fato de o macaco ser o animal mais próximo e parecido com o ser humano, indubitavelmente contribuiu para a sua seleção e transformação em uma categoria de xingamento. Essa identificação com *macaco* pode estar sugerindo que *pretos/negros* não alcançaram ainda a plena humanidade, sendo, portanto, inferiores. Nesse sentido, é significativo que várias crianças utilizem a expressão "preto também é gente" para condenar o tipo de tratamento recebido pelos *pretos/negros*. Essa tentativa de relativização será discutida no próximo capítulo.

Muitas crianças não conseguiram elaborar uma explicação para a associação *preto/macaco*, relatando, às vezes rindo, casos em que ouviram alguma criança ser chamada de *macaca*, seja na rua, seja na escola. Num grupo de crianças de 9 anos, perguntei se existia entre os bonecos algum que parecia com macaco e uma delas disse: "Eu acho, o nenezinho... ele é preti..., é marrom, é marrom-escuro e os macacos é marrom-escuro, tem uns que é marrom-claro". E uma menina continuou: "*esse aqui ó, esse aqui parece com macaco, o outro ali, esse, esse parece macaco e esse aqui parece leite azedo*", identificando, assim, *preto* com *macaco* e *branco* com *leite azedo*. Eduardo, 9 anos, *branco*, relatou uma briga entre dois meninos ocorrida na igreja frequentada por ele:

> Um menino (de 10 anos) é gordo demais. Foi ontem, foi ontem, ontem foi quarta, né? Não, ontem foi domingo. É, o menino é gordão mesmo. Aí, ele chegou lá... ele é preto né? Aí ele falou assim, o menino pequenininho

(branco, 6 anos) falou assim: ô seu macaco!... Aí a mãe do menino pequeno xingou ele todinho... ela falou que não é pra ficar xingando os outros, não".

Glaura, 9 anos, *clara*, explicou: "Se a pessoa não gosta da outra, e a pessoa é preta eles vai e fala assim: macaco. Xinga". Gerson, 10 anos, *marrom*, relatou uma briga entre meninos na rua por causa "da bola": "ah, os menino tava brigando lá na rua. Aí eu fui e falei assim: vou separar. Aí os menino foi, tinha um menino pretinho, ele é um pouquinho pretinho, aí ele foi e chamou o outro de macaco". Esse outro, conforme sondei, era o *pretinho*, e o que acionou o xingamento macaco era "branco uê". Essa resposta de Gerson "era branco uê" transmite a ideia de que o xingamento só podia partir de um *branco*. Uma menina de 9 anos explicou o xingamento de macaco da seguinte forma: "e é também pra zoar os menino lá, tá passando os menino na rua, bem escurinho assim, com a cara meio de macaco, aí eles falam ô macaco!". Essa criança não soube explicar como é ter cara *meio de macaco*.

Em todos esses depoimentos acima é sempre numa situação de briga que a categoria *macaco* emerge. Mas nas seis situações abaixo descritas ele é acionado gratuitamente. Fernanda, 8 anos, *morena*, relatou que um homem "crente" que foi à casa do avô dela era igual "gorila" porque ele era "pretão; aquela boca assim, oh!, tá vendo? Que nem uma lua" e que o irmão dela de 3 anos teria feito o seguinte comentário com o avô ("falou altão"): "Aquele homem é que nem um macaco!". Esse comentário foi aceito por Fernanda, pois, antes de contar o caso do irmão, afirmou ter visto um homem igual *gorila*. Segundo Fernanda, todos ouviram o que foi dito, e sua mãe deu um tapa na boca do irmão, transmitindo, assim, para a criança a inadequação daquele comentário.

Paula, 9 anos, *preta*, foi direta e pessoalmente apelidada de macaca por seu colega durante a entrevista:

P: Você tem apelido, Francisco?

Francisco: Tenho. Todo mundo me chama de esqueleto ou na capa. Só que eu não gosto, não.

P: E você tem algum apelido, Paula?

Paula: Não sei, não.

Francisco: Eu sei.

P: Qual?

Francisco: Macaca.

P: Você já ouviu alguém chamá-la de macaca?

Francisco: Não.

P: Então, como que você falou? Está inventando aí?

Francisco: Ah! A cara dela parece, porque a cara dela eu conheci.

Paula não reagiu explicitamente ao apelido de *macaca* e, anteriormente, já tinha dito que *branco* não parecia *macaco*, mas que *preto* sim *"porque macaco é preto"*, apesar de não ter dado esse motivo racial para justificar o fato de um menino chamar um outro de *macaco* na rua, presenciado por ela (*"porque ele era muito alto e muito magrinho"*).

O outro caso de identificação surgiu quando perguntei a Aloísio e Geraldo, ambos com 9 anos, se eles achavam que *macaco* parecia com alguém, com alguma coisa, e eles responderam, rindo, que "parece com o Luciano" (um colega de sala); "quando ele rapa o cabelo ele fica que nem um macaco, o macaco é preto, ele fica que nem ele". A resposta à pergunta "por que o Luciano parece macaco?" foi: "Porque ele é preto. Porque ele é preto, ele é preto. Quando ele corta o cabelo desse tamanzinho assim, ele parece chimpanzé, não parece Gê?". Esses dois meninos disseram que nunca chamaram diretamente esse colega de macaco, apesar de admitirem que o chamam de carvão, e é significativo que a resposta dada afirma três vezes seguidas que *"ele é preto"*, enfatizando, dessa forma, o estereótipo *"preto parece macaco"*. Na conversa abaixo com crianças de 6 e 7 anos durante o recreio, uma delas denuncia que a colega era chamada de macaca sem, no entanto, afirmar o motivo racial:

P: Alguém te xinga na rua ou aqui na escola?

Cri 1: Eles me xingam de magrela.

P: De magrela? Você gosta?

Cri 2: De macaca também.

P: Hein?

Cri 2: Eles xingam ela de macaca também.

P: Por quê?

Cri: 2: Não sei.

P: Por que será?

Cri: Não sei.

P: Você gosta desses xingamentos?

Cri 1: Eu não gosto, não.

P: E o que você fala quando alguém te xinga? O que você responde?

Cri: Eu falo: você não tem educação, não.

E, num outro grupo de crianças também de 6 e 7 anos, durante uma brincadeira de casinha na aula da Educação Física, uma criança revelou que Meire, considerada *preta* por elas, era chamada de macaca e explicou o motivo:

P: Por que a Meire gosta de ficar lá sozinha?

Cri: Não. Ela tava com uma menina que foi buscar água.

P: Vocês não brincam com ela, não? Com a Meire? Ou só hoje que não?

Cri: Não, por causa que ela não gosta da gente.

P: Ela não gosta de você? Ela não gosta de quem? Não gosta da Leila, não gosta mais de quem?

Cri: Da Norma, da Judith. Ela não gosta de ninguém da sala, não.

P: Por que será? Você sabe?

Cri: Não.

Outra cri: Por causa que os outros chama ela de macaca.

P: Chama? Você chama? Você chama? Você chama?

Crianças: Não.

P: Quem chama?

Cri: Os meninos lá na frente.

P: Quais meninos? Da sua turma?

Cri: É

P: Qual, por exemplo? Fala o nome.

Cri: Todos...?..., Jonas, Armando, Célio e Ciro, Emílio.

P: Vocês sabem por que eles chamam ela de macaca?

Cri: Lá na rua, lá na rua eles falam que vai bater nela e ela conta para a professora, a professora xinga eles, e eles vai e chamam ela de macaca.

Numa excursão ao zoológico organizada pelas professoras, acompanhei uma turma de crianças de 8 e 9 anos. O fato curioso é que todas elas estavam ansiosas para chegar ao local dos macacos e do chimpanzé. O macaco, de fato, atrai a *meninada*. Em frente aos chimpanzés, Sebastião, 9 anos, *moreno*, mas considerado *branco* por seus colegas, comentou rindo com Diana, 10 anos, *preta*, *"esses três aí podem ser seus irmãos"*, saindo de perto dela logo que uma outra colega de Diana respondeu: "e seu também". A professora quis saber o que estava acontecendo e Renata falou: *"ele disse que aqueles três chimpanzés podiam ser irmãos de Diana"*. E a professora reagiu fazendo o mesmo comentário da criança: "e pode ser o dele também, né?", o que provocou um risinho tímido de Diana. Em sua entrevista anterior, Sebastião disse que nunca tinha ouvido ninguém ser chamado de macaco e nem *negro* ser xingado. Escolheu o boneco *branco* para ser o ladrão na *brincadeira do assalto*. Ou ele tentou esconder seus sentimentos e pensamentos em relação aos *pretos/negros*, que em seu comentário no zoológico se revelaram, em parte, ou ele não distinguia os xingamentos raciais de outros tipos de xingamento que também são muito usados pelas crianças, o que o impedia de perceber a situação hostil vivenciada por *pretos/negros*.

A utilização de xingamentos raciais também ocorre no seio de famílias multirraciais. Assim, entre irmãos de *várias cores*, os *mais claros* aproveitam-se disso para, no momento de uma briga, por exemplo, atingirem moralmente os *mais escuros*, xingando-os de macacos ou de *pretos*. Vanderlei, 8 anos, *moreno*, disse que tem um irmão *branco* de 6 anos que o chama de *macaco* e que ele não gosta, mas não faz nada, e uma outra criança de 8 anos, *morena*, disse que, quando dois irmãos dela brigam, o de 10, que é *branco*, xinga o de 14, que é *moreno-escuro*, de *macaco*. Carla disse não conhecer o pai, mas falou que ele era *moreno-escuro*. Perguntei-lhe como soube daquilo, e ela relatou o comentário feito por sua mãe sobre o pai:

Carla: Ah, porque a minha mãe fala, uê! Quando ela começa a falar dele ela fala que ele é um urubu. Aí eu fico pensando né? Quando eu perguntei qual era a cor dele ela falou assim que ele era moreno.

P: E a sua mãe? Que cor que é?

Carla: A minha mãe? Ela é branca.

P: Por que a sua mãe falou isso?

Carla: Por causa que minha mãe quando fala dele ela fica com raiva.

O comentário da mãe relatado por Carla associa urubu com *moreno*, transformado pela criança em *moreno-escuro*, e revela que urubu é uma categoria de xingamento porque ele é acionado nos momentos de raiva. A entrevista de Carla nos faz perceber que a aprendizagem de um vocabulário preconceituoso nas relações familiares ou em outro contexto não transforma a criança, automaticamente, em um ser preconceituoso. Em sua fala, Carla admitiu ser *misturada*, disse que escolheria ser *preta*, se negou a escolher um ladrão para a brincadeira, dizendo que os dois bonecos eram ladrões, considerou tanto o boneco *branco* quanto o não--branco bonitos. Ou seja, não demonstrou claramente uma preferência pelo boneco *branco*. No entanto, quando foi xingada de *macarrão da Santa Casa*, Carla, em resposta, também acionou um outro xingamento racial, chamando o colega de *carvão*, conforme narrado anteriormente.

Geraldo, 10 anos, *moreno,* disse que seu pai "tem cor de café com leite" só que "mais preto um pouco que eu", que sua mãe era "mais preta" que o pai e que seus irmãos de 6 e de 7 anos eram *pretos*. Segundo Geraldo, esses dois irmãos não gostariam de ser *pretos* e, se pudessem, mudariam de cor. Perguntei-lhe se os seus irmãos já tinham falado isso com ele, e Geraldo disse que sim, lembrando de uma conversa ocorrida entre seu pai e o irmão de 7 anos:

Geraldo: Porque meu pai chamava eles de preto, que... que... que quando falou um negócio lá esquisito, que eu já até esqueci.

P: Quem falou, seu pai?

Geraldo: É.

P: Falou um negócio esquisito?

Geraldo: É. Quando ele casar o filho dele vai sair preto.

P: Falou com seu irmão?

Geraldo: É.

P: Uai! E aí seu irmão não gostou não?

Geraldo: Não.

P: E por que seu pai falou isso para ele?

Geraldo: Pra eles ficar com medo né? Daí meu pai falou assim: claro, vocês é preto porque ocês bebeu muito café, daí ocês é preto assim. Daí meu irmão falou assim: então compra leite pra mim beber.

P: E aí? Adianta tomar leite?

Geraldo: Daí o pai falou... falou assim: uê, ocê que tem que comprar uê. Aí falou: Compro.

P: Mas adianta tomar leite?

Geraldo: Não. Já nasceu preto.

De acordo com essa lembrança de Geraldo, a *coisa esquisita* que o pai teria dito para o seu irmão *preto* é que *"Quando ele casar, o filho dele vai sair preto"* e o objetivo dessa revelação, de acordo com a interpretação dessa criança, era o de provocar medo. Mas, medo de quê? Pela sequência da fala, medo de ter filho *preto,* o que teria gerado a vontade de mudar de cor.

A criança *preta/negra* é, então, alvo de comentários depreciativos, mesmo no interior de sua família, fazendo-nos supor que a convivência íntima entre pessoas de *várias cores* não é suficiente para impedir que estereótipos raciais e xingamentos sejam acionados. Em momentos conflituosos ou tensos a agressividade racial pode se manifestar e se voltar contra os *pretos/negros*. Neide, 10 anos, *preta,* por exemplo, revelou que seu tio a considera *mais preta* que seu primo e, segundo Neide, esse primo é *mais preto* que ela. Disse não gostar do tio e afirmou que ele a xingava de *"nega preta, essas coisas"*. Vê-se, dessa forma, que contato racial por si só não contribui para a superação do preconceito. Para tal, é necessário que as experiências de socialização inter-raciais sejam positivas.

Leite azedo, branquelo, macarrão da Santa Casa e macarrão sem corante se referem às pessoas consideradas *brancas.* A possibilidade de agressão racial a *brancos* não impede, no entanto, que diante da opção entre *ser branco* ou *ser preto/negro* a criança escolha ou considere melhor *ser branca*. Isso indica que as categorias *preto/negro* ocupam a posição mais desconfortável e vulnerável, e são alvo constante de hostilidades e rituais de inferiorização. Uma menina de 9 anos, *morena-clara*, mas considerada por muitas colegas como *branca*, expressou a posição mais confortável dos *brancos* dizendo: "se a gente é branco ninguém pode pôr apelido na gente, porque a gente é branco que Deus que fez a gente".

Os dois depoimentos abaixo revelam que os meninos, às vezes, utilizam apelidos ou xingamentos raciais para provocar a brincadeira de *correr atrás*. Durante uma festa na escola, três meninas de 9 anos pediram para brincar com meus bonecos. Fomos para uma sala e durante a brincadeira[49] Mercedes comentou: "Ah, têm umas que parece comigo: essa menina, essa, essa, essa". "Por quê?", perguntei-lhe e ela respondeu: "Porque são preto, uê!". E Ana comentou em seguida: "eu sou branca". Quis, então, saber como Mercedes se autoclassificaria e ela disse: "morena", da mesma forma que ela tinha dito antes. Perguntei a Paula como ela se classificava, e ela respondeu rindo e sem muita convicção: "Eu sou morena". Em entrevista anterior Paula tinha se autoclassificado como *preta*. Nesse momento, Ana discordou dizendo: "Eu acho que ela é preta", e Mercedes confirmou "eu acho que ela é morena". Percebendo um clima de disputa em torno da classificação racial, perguntei: "Mas o que tem ser preta?". Ninguém respondeu. Insisti, fazendo uma pergunta direta para Paula: "Você gosta que alguém te chame de preta?", e obtive a resposta: "Não... porque é muito chato". Nesse ponto do diálogo, Mercedes interferiu dizendo que "ficar pondo apelido na gente é muito chato mesmo". E qual apelido pode ser colocado?, perguntei. Mercedes lembrou de *nega preta* e Paula de *xuxa preta*. Em entrevista anterior, Mercedes tinha considerado *preto* ou *negro* categorias de xingamento e admitiu que ela "xinga os outros de negro e de nega preta" quando "eles mexe e fica me batendo". Quis saber de Paula se ela gostava do apelido *xuxa preta,* e ela não respondeu imediatamente possibilitando que Mercedes emitisse sua própria interpretação: "ela gosta porque ela ainda brinca com ele de xuxa preta". E Paula retrucou tentando mostrar que não gostava: *"*mas eu corro atrás dele".

---

[49] Parte desta entrevista já foi discutida anteriormente, no item *Ladrão é preto*.

Essa brincadeira de *xuxa preta* parece ser uma variação de uma outra comum entre as crianças, assim definida por uma menina: "Nós brinca de pegar, os meninos e os meninos de pegar nós".[50] Só que nesse caso percebe-se o caráter perverso dessa versão, pois, para provocar a resposta de *"correr atrás"*, os meninos acionam um apelido racial, no caso, *xuxa preta*, que pode atingir diretamente a autoestima da criança que se sente "gozada" de alguma forma. Ao responder à provocação, mesmo que seja para bater nos meninos, Paula, como bem percebeu Mercedes, acaba reforçando a possibilidade de ser novamente depreciada racialmente. Uma prática semelhante foi relatada por Rosa, 9 anos, *morena-escura*, que revelou que Diana é gozada pelos "meninos lá da sala, Gerson e Geraldo, por causa que ela é preta... Eles fica dando tapa pra ela correr atrás deles". E como você sabe que é porque ela é *preta*? – perguntei. E Rosa respondeu: "porque eles fica chamando ela de nega preta". Segundo Rosa, Diana não corre atrás dos meninos: *"ela não faz nada; tampa o ouvido"*. Essa atitude de não querer ouvir foi confirmada pela própria Diana quando me contou que um colega da turma anterior a chamava de macaca:

Diana: Tinha um menino muito chato da minha sala, quando era da Cristiane (professora). Ele chamava Isac, ficava chamando assim: ô macaca, ô macaca! Ficava só assim. Me dava uma raiva!

P: E você sabe por que ele te chamava de macaca?

Diana: Não sei. Ele era chato.

P: E você respondia alguma coisa?

Diana: Eu ficava com uma raiva!

P: E como é que você fica com raiva?

Diana: Ah! Eu não fico olhando pra cara da pessoa... Aí, eu fingia que nem escutava, aí ele parava. Aí, no outro dia começava de novo.

P: E você contou isso para a professora?

Diana: Contei.

P: E o que a professora fez com ele?

---

[50] Thorne (1995, p. 68) considera que "'*cross-gender chasing*' dramaticamente afirma limites entre meninos e meninas".

Diana: Ué, falou assim: xingou ele.

P: E ele parou?

Diana: Parou um tempo, depois começou de volta.

A mãe de Diana, segundo ela, a aconselhou a não dar confiança, e era isso mesmo que Diana fazia ao *"fingir que nem escutava"*, mas esse comportamento não impedia o sentimento de raiva nem fazia o colega, classificado como *moreno* por ela, parar de chamá-la de macaca. Diana revelou também que Isac a chamava de "nega preta". A reação dessa menina (sentir raiva, não olhar para o colega e fingir que não escuta) também não era eficiente, como não era a reação de *correr atrás,* descrita no depoimento de Paula. Parece que a criança *preta/negra* se encontra diante de uma sinuca: *"se correr, o bicho pega; se ficar, o bicho come".*

Outra forma possível de resposta ao xingamento racial é a revelada por Afonso, 9 anos. A nossa conversa iniciou-se com uma certa confusão de pensamento, por parte dele, que pouco a pouco vai se revelando ser uma confusão deliberada, como se fosse uma recusa, ou uma tentativa de obscurecer o seu reconhecimento como *preto*.[51] Depois de afirmar não saber o significado das palavras preconceito e racismo, definiu raça da seguinte forma: "Raça sei, é... eles é, se eles é índio ou humano... É, se eles é negro ou senão louro também". A partir dessa definição, me classificou como *loura* e a ele também dizendo: "eu também. Sou meio preto só". Insisti novamente e perguntei: "Você é meio preto? Então você é de qual raça?". E ele confirmou: "louro". Tentei compreender o seu pensamento e perguntei-lhe quem era da *raça negra* e ele respondeu lembrando da escravidão, só que invertendo os papéis dizendo que:

> Os negro, eles não gostava de trabaiá, vai, eles queria escravo. Aí eles foi buscar os índio só que os índio não queriam, eles foi e fugiu pra mata. Eles tentaram pegar eles, mas um bocado morreu. Aí foi, eles foram pegar os branco. Eles foi, pegaram os branco e fez eles de escravo.

---

[51] A primeira entrevista com Afonso foi feita junto com mais duas crianças: Glaura e Eduardo. Glaura se autoclassificou como *clara* e classificou Afonso como *marrom-escuro* e Eduardo como *claro*. Perguntei a Afonso qual cor era a dele, e ele respondeu: "preto... só que eu também tô ficando meio branco, no corpo, por isso que ela tá falando que sou marrom-escuro".

Afonso afirmou mais adiante: *"Os branco não gostava dos negro e os negro não gostava dos branco"* e "hoje, agora já é diferente. Existe preto e branco junto". Continuei tentando entender a lógica de pensamento de Afonso e fiz uma pergunta concreta, trazendo-o para a sua realidade escolar mais próxima: "Lá na sua sala, então, tem alguém que é *preto*?" E ele respondeu: "tem um bocado de gente". Quis saber os nomes dos colegas e ele: "A Diana, a... até que não é muito preto não. A Diana, Silvana... não sei muito não, por causa eu não olho direito". Essa resposta pode parecer que Afonso não está atento à classificação racial. Mas, o desenrolar da conversa mostra que este não é o caso, sendo, mais provável, que com esta resposta ele estivesse querendo evitar a percepção de sua própria situação. Para continuar a conversa perguntei-lhe diretamente: "Você é *preto*?" E, dessa vez ele respondeu afirmativamente. Perguntei-lhe, então: você gosta de ser *preto* ou você queria ser *branco*? E ele respondeu que queria ser *branco* e disse: "acho muito ruim ser preto". Quis, então, saber por que, e ele explicou: "Eles fica chamando a gente carvão". Esse "eles", conforme revelou Afonso, são os *"meninos da sala"*. Ao tentar explicar os motivos do comportamento dos colegas disse: *"É brincadeira que eles inventa lá"*. Definindo essa situação como brincadeira, mesmo não gostando de participar dela, e, ao mesmo tempo sendo incluído obrigatoriamente, essa criança se acha impotente para reverter as regras desse jogo social, que, aliás, é muito sério. Conforme revelou Afonso, ele já falou com os colegas que não gosta dessa brincadeira de ser chamado de *carvão*, mas *"não adianta, eles fica falando ainda"*. Numa entrevista anterior, Afonso tinha respondido à pergunta se ele gostava de ser *preto* da seguinte forma: "Não gosto muito, não". E "por quê?", perguntei, e ele disse não saber. Mais adiante, Afonso comentou: "Eu gosto de ter o cabelo que nem o Eduardo, eu não gosto de ter assim, não". O cabelo de Eduardo é liso.

A briga, a agressão física são, conforme relatado acima, uma das formas de reação ao xingamento ou gozação raciais.[52] Geraldo afirmou

---

[52] Numa discussão em nível macro, Blalock (1982, p. 105-106) enumera quatro alternativas que são abertas para uma minoria racial ou étnica (grupos em posição subordinada e, portanto, em fracas posições de poder) e seus membros individuais: (1) tentativa da minoria de desaparecer como um grupo distinto, "assumindo que seus membros possam 'pass' como membros da maioria ou que seu

não gostar de brincar com Luciano porque *"ele fica batendo nos outro"*. Tentei várias vezes conversar com Luciano e ele nunca quis, talvez percebendo o teor da conversa e querendo, por isso, evitá-la. Vera também reage ao xingamento de *feijãozinho preto* batendo em quem a chamava dessa forma. Vera admitiu que não gostava de ninguém da sala, *"só da professora"*. Ana, 9 anos, *morena-clara*, disse que um menino *branco,* perto da casa dela, chamou um outro ("ele é preto") de macaco e, logo em seguida, eles começaram a brigar ("tava tacando pedra"). Carolina, 10 anos, negou que o seu apelido era *nega*, conforme um colega sugeriu na conversa, dizendo: "Não liga pra ele, mas na hora que eu pegar ele, ele vai se arrepender do dia que nasceu", ameaçando bater no colega. Mas, quando é uma menina que reage de forma mais agressiva, ela pode adquirir o estigma de brigona. Como visto anteriormente, Júlia era chamada pelos meninos de *negão* e *Julião*, um xingamento racial com conotação sexual, provavelmente devido à sua reação aos desafetos, através de atitudes consideradas masculinas, como o uso de determinados palavrões. E, um colega de Cristina fez questão de chamar a atenção para o fato de ela brigar na sala e bater "só nos homens, nas muiê não", sendo revelado, logo a seguir, o tratamento racial depreciativo dispensado a ela pelos colegas, que a xingam de *negona, carvão, nega preta* e *macaca*, conforme vimos.

A rejeição à classificação como *preta/negra*, outra forma de reação, foi feita por várias crianças e, muitas vezes, essa rejeição vem acompanhada por uma troca de xingamentos. Esse foi o caso, já relatado, de Ester, que respondeu ao colega: "eu não sou preta não, viu João! E você é leite azedo" e de Ronaldo que também discordou de um colega, dizendo "mentira, eu não sou preto-escuro não, viu seu cachorro?...Eu não, eu não sou preto!". Inês, 10 anos, disse que, quando uma colega a chama de *loura burra,* ela responde: "vai tomar no seu cu menina, me

---

status de minoria pode perder seu caráter conspícuo ou relevante para membros do grupo dominante"; (2) tentativa da minoria de isolar-se da maior parte dos contatos com a maioria ou tentativa de seus membros individuais de "'escapar' de importantes encontros com a maioria"; (3) tentativa da minoria de encontrar sócios de coalização, "portanto, reunindo recursos para obter poder em relação à maioria"; e (4) tentativa da minoria "de engajar na luta pelo poder com o grupo dominante, sem benefício de sócios de coalização".

deixa em paz. Falo é assim, uê, tem que falar, senão ela não me deixa sossegada, não". Jeremias, 10 anos, *marrom*, mas considerado *preto* pelos colegas, disse que quando é chamado de *preto* fica chateado porque se sente xingado. Perguntei-lhe, então: "E se te chamassem de negro", e ele respondeu: "Eu falo com eles: se eu for, todo mundo é", também recusando essa identificação de *negro*, como que tentando devolver o que interpreta como agressividade por parte dos colegas, englobando todos na mesma categoria. Esse tipo de resposta, provavelmente, não produz o efeito esperado e pode até soar como falsa, porque a categoria *morena* possui um caráter de realidade objetiva nas relações das crianças entre si e de fato é considerada uma categoria diferente da categoria *preta/negra*. A classificação racial de Jeremias restringiu-se a duas categorias: *branco* e *marrom*; ele admitiu, explicitamente, não existir *preto*. Gerson, 10 anos, *marrom*, apesar de afirmar que *"a cor não tem nada a ver"*, disse que não escolheria ser *preto* porque: "eu não gosto muito da cor preta". Mais adiante, lembrou de Michael Jackson e interpretou sua ação de "querer ficar branco" dizendo: "Ah, porque ele pensava que eles, o povo, não ia gostar dele". E ao completar o seu pensamento ("tem muitos cantor que é preto, né? e não queria ficar branco"), demonstrou uma certa reprovação da atitude de Michael Jackson. Por outro lado, quando perguntei se Gerson gostaria de mudar de cor, se fosse fácil e sem problemas, ele disse que sim e, inicialmente, respondeu que queria ser *branco*, para logo em seguida acrescentar: "Branco assim, aí um dia eu ficava branco, no outro ficava marrom, num dia ficava branco, noutro marrom", oscilando, assim, entre o *branco* e o *marrom*, evitando a categoria *preta* (sua classificação racial é constituída das categorias *preta, marrom* e *branca*. Explicou que *marrom* é diferente de *preto*, pois *marrom "É mais clara, e preto é mais escuro"*. Quando sondado sobre o que aconteceria quando estivesse *branco*, Gerson disse que: "Ah, ia ficar a mesma coisa, cor não tem nada a ver. Cor não tem nada a ver".

Uma consequência mais radical da rejeição à categoria *preta/negra* é o desejo de mudar de cor manifestado por várias crianças e lembrado no depoimento de Gerson através do caso Michael Jackson. Paula, 9 anos, disse que não gostava de ser *preta* porque "a cor é feia" e afirmou que queria ser *branca*. Vanderlei, 8 anos, *moreno*, também disse que gostaria de ser *branco*. Uma menina de 10 anos afirmou que gostava de sua cor porque "Deus me deu assim, né?", demonstrando uma atitude conformista diante de um fato consumado. Quando perguntei qual de cor ela gostaria de ser se ela pudesse escolher respondeu: "Eu queria ser metade preta e metade branca, misturado", propondo, pois, diminuir a tonalidade escura de sua pele, em favor de um tom *moreno*. Luzia, 8 anos, também admitiu que queria ser *branca* alegando ser xingada de *nega preta*. Quando perguntada se ela também achava que ela era *nega preta* disse que "sim porque eles me chama", assumindo, assim, essa identidade como real. Manuel, 8 anos, disse que não sabia se gostava de *ser negro* e se ele fosse *branco* saberia. "O que você ia achar?", perguntei-lhe e ele respondeu: "bom" e "eu ia gostar". Não soube explicar por que considerava *branco* melhor que *negro*, se limitando a dizer "porque eu acho". Jandira, 9 anos, que justificou não gostar de *preto* dizendo que "preto é muito, preto é muito feio", respondeu prontamente à pergunta de uma colega, "e se você fosse preta? O que você faria?", da seguinte forma: "eu pintava eu de branca", provocando risadas das outras colegas. Geraldo, conforme já descrito anteriormente, lembrou de um diálogo familiar em que um irmão manifestara o desejo de mudar de cor pedindo para o pai comprar leite para ele beber, também rejeitando o fato de ser *preto*.

Gerson relatou uma briga entre meninos em que "um menino pretinho", segundo ele, foi chamado de *macaco*. Perguntei-lhe se esse menino reagiu e Gerson informou: "Não, ele falou assim: deixa pra lá Gerson, porque é... cor não tem nada a ver, não, porque não arranca pedaço de ninguém, cor... aí nós fez eles fazer as pazes, aí eles foi e fez, aí a gente começou a brincar de novo". Por esse relato percebe-se que a agressão verbal pode ser tolerada porque "não arranca pedaço de ninguém". Essa percepção é semelhante à de Lúcia, 8 anos, *branca*: no momento em que estava brincando com os bonecos durante a entrevista, sugeri que um boneco *não-branco* não queria voltar mais para a escola porque um outro colega teria batido nele. Lúcia, representando o pai disse: "Mas se ele bateu em você, eu vou lá e dou um jeito". E eu, representando o filho, continuei: "Mas, além de me bater, ele me xingou. Ele falou que sou muito feio, que sou *preto* e sou feio. O que eu faço?" E a resposta de Lúcia foi: "Xingar não faz problema, não. Agora bater arranca pedaço", também propondo uma tolerância ao xingamento porque não *arranca pedaço*. Anita, 10 anos, *morena*, também estava participando dessa entrevista. Pedi para as crianças escolherem o boneco que representaria o que bateu no colega e Anita escolheu um boneco *preto*. Lúcia, ao reparar na escolha comentou rindo: "ele também é preto!". E as meninas trocaram o boneco por um *branco*. Assim, nessa brincadeira, foi considerado que *preto* não xinga *preto*, situação muitas vezes não confirmada pelas crianças que são xingadas. Neide, 10 anos, *preta*, disse que *não liga* de ser xingada de *nega preta* (também está propondo tolerância ao xingamento) afirmando que: "não tem problema dela me xingar".

A expressão *"a cor não tem nada a ver"* equivale à expressão *"a cor não importa"*. Ester, *morena-escura*, três meses depois de ter recusado a classificação como *preta* disse que não ficava chateada se alguém a chamasse de *preta* porque *"a cor não importa"*. Com o relato dessas crianças, podemos inferir que as expressões *"a cor não tem nada a ver"* e *"a cor não importa"* estão expressando mais o desejo delas do que a realidade. Seria como se elas quisessem dizer que *a cor não deveria importar* e *não deveria ter nada a ver*, pois o que elas observam e relatam é o contrário disso.

Uma outra reação ao xingamento racial foi revelada por uma menina de 9 anos durante a conversa com um grupo de crianças sobre a história do *Negrinho do Pastoreio*. No meio da conversa desencadeada pela minha pergunta "Vocês gostam de *preto*?", aquela menina disse: "Eu gosto um pouco, mas eu tenho dó das pessoas pretas. Quando as pessoas fica chamando as pessoas de negãao (falou enfatizando e esticando a palavra), essas coisas assim, eu tenho dó".

Num debate promovido por uma professora sobre *"o papel do negro no Brasil e no mundo"* com um grupo de alunos de 11 a 14 anos (alunos da turma acelerada) foi perguntado a dois alunos se eles já tinham sido *"criticados pela cor, impedidos de fazer algum trabalho na escola pela cor, ou mesmo entre os amigos, de participar de alguma festinha"*. Dalton, 10 anos relatou o seguinte fato:

Dalton: Era um menino lá do São Gabriel, ele era da minha cor né? Era ele e eu. E era pouca gente que gostava de mim e dele lá. Porque tinha lá pouca gente que gostava da gente. A maioria...

Professora: Mas Dalton, eu vou te fazer mais uma pergunta. Dalton, você tem certeza? Será que você não fez alguma coisa que desagradasse a eles ou era pelo fato de ser da cor negra? O que te levou a concluir isso?

Dalton: Não. A gente nunca fez nada de errado porque toda vez que a gente passava perto deles, eles ficava mexendo com a gente, xingando a gente e não gostava, falava que não gostava da gente só por causa da nossa cor.

A primeira vez que perguntei a Dalton a sua cor ele me respondeu: "Eu tenho a minha cor. A minha é preta e branca. Alvo negra. Eu já sou preto e gosto da cor preta". Você gosta da cor *preta*?, perguntei. E uma criança, *branca*, que também estava participando da conversa, respondeu: "é porque ele é atleticano", como se não fosse possível gostar de ser *preto*. Em uma outra ocasião, numa conversa com um grupo de alunos da turma de Dalton, tornei a perguntar a cor de cada um deles e Dalton disse *carvão*. Achei curiosa aquela classificação pois *carvão* é considerado uma categoria de xingamento. Com aquela resposta, talvez Dalton estivesse querendo expressar uma agressividade gerada pela situação de ser alvo de comentários preconceituosos. Conforme sua lembrança, ele era xingado no bairro onde morava anteriormente.

Após o relato de Dalton, a professora comentou que "no Brasil não pode haver racismo" e recomendou que os alunos lutassem por seus direitos. Voltou-se para Carlos, 11 anos e perguntou se ele já tinha sido "maltratado". Carlos respondeu que sim e ficou em silêncio. Dalton disse, então: "Por que menino? Uma coisa que você já viu racista por causa de sua cor". E a professora completou: "que você foi discriminado". Surgiu o seguinte diálogo:

Carlos: Nós queria trabalhar.

Professora: Aonde, meu filho?

Carlos: De vigiar carro, e eles não deixaram porque nóis não era da cor deles.

Professora: Eles quem?

Carlos: Os brancos.

Professora: Eles eram brancos? Mas eles falaram com você assim: "ó Carlos, ó menino, você não pode porque você é negro? Falou de cara com você?

Carlos: Ele falou que ali só trabalha menino da raça dele.

Professora: E você ficou quieto, não falou com ninguém isso?

Carlos: Ah, eu fui embora procurar lá no... Contorno.

Professora: Isso foi há pouco tempo?

Carlos: Não, eu era pequenininho.

Dalton: Igual aquele negócio que aconteceu comigo, eu não contava pra ninguém, não. A gente não contava pra ninguém, não. A gente ficava no nosso canto quieto.

Professora: Você tinha medo deles?

Dalton: É porque tinha vez que quando eles fazia, falava, se a gente falasse que ia falar eles ameaçava nóis. Não contava nem pra minha mãe e meu pai, não.

Os dois casos de discriminação relatados nesse debate foram respondidos com o silêncio. Muitos desses casos vivenciados pelas crianças não chegam ao conhecimento dos adultos, não são registrados, a não ser por elas mesmas. Podem ser entendidos como embates que ocorrem nas relações das crianças entre si e que, muitas vezes, devem ser resolvidos por elas mesmas. Casos assim certamente constituem experiências marcantes na socialização das crianças e são particularmente realçados neste estudo.

Entre as crianças de classe média, as categorias raciais depreciativas e de xingamento também são conhecidas e/ou utilizadas. Como o grupo é constituído por uma minoria de *pretos/negros*, conforme a classificação das crianças, muitos relatos aqui apresentados e discutidos referem-se a relações raciais nas quais a criança entrevistada não é diretamente atingida; portanto, esses relatos são a verbalização de sua percepção da experiência de ser *negro/preto*. Alguns relatos são casos presenciados por ela, de forma semelhante, por exemplo, ao que ocorreu comigo um dia em que estava no centro de Belo Horizonte quando ouvi um rapaz gritar gratuitamente para um *não-branco*, que fazia propaganda para uma loja de calçados em cima de um caminhão ao som de música axé, as seguintes palavras: "Oh negão! Feio pra caralho! Capeta! Oh macaco!", não se importando em revelar-se uma pessoa preconceituosa. Assim, mesmo que a criança *branca* não tenha contatos frequentes ou relações de amizade com *negros-pretos*, ela sempre se depara com situações nas quais comentários preconceituosos são feitos. Mércia, 9 anos, *morena* ("eu nasci branca, branca, parecia transparente; mas assim, eu ia direto pra praia"), relatou ter visto "um cara de moto xingando um pessoa escura, falando que... racista, né? Aí o cara ficou quieto porque ele deve ter pensado assim que, se ele fosse pra cima do outro pra começar a brigar, não ia levar a nada e depois deu pra ver que ele tava bem triste". Eliane, 9 anos, *morena*, também ouviu na rua alguém falar com "um moço: ó seu neguinho feio!, só porque ele era negro". Nestor, 9 anos, *meio moreno e meio branco*, depois de contar uma piada em que um *negro* desejou ser *branco*, perguntei-lhe se na vida real os *negros* também gostariam de ser *brancos,* e Nestor opinou da seguinte forma: "Alguns não gosta da cor por causa de que... mas assim, eu não fico zoando, mas tem algumas pessoa que fica: ô macacão, ô criolo! Aí... Aí vai querer ser branco, né?". Revelou que riu quando ouviu um "moço de branco" xingar um "pretão" no meio da rua porque "é engraçado". Pedro, 9 anos, *branco*, lembrou que um dia estava na rua com seu pai e viu um menino *preto* não conseguir entrar numa brincadeira: "o menino era vizinho do que tava jogando bola. Aí, ele falou assim: 'não vai jogar'. Ele tinha..., ele não gostava do menino e o menino queria brincar com ele. Aí, ele falou: 'você não brinca não, ô macaco, fedorento'. Aí o menino foi embora, chorando". Também Nina, 9 anos, *morena*, afirmou: "ah, eu ouvi... acho que na escola nunca ouvi, não, mas na rua já ouvi. Ouvi: Ah, seu preto, você é muito feio".

Numa brincadeira com os bonecos, durante uma entrevista coletiva feita com Beth, 8 anos, *não sei/branca*, Augusta, 8 anos, *morena*, e Luíza, 8 anos, *morena/mais ou menos branca*, sugeri que dois bonecos estavam brigando. Beth e Augusta começaram a representar a briga e construíram o seguinte diálogo que revela a troca de xingamentos através da utilização de categorias raciais depreciativas:

P: Por que eles estão brigando?

Cri: Por causa da cor.

P: Por causa da cor? Por quê?

Cri: Por causa que esse é racista.

P: E de que ele chamou esse daqui na hora da briga?

Cri: Chamou ele de pretão, pretão.

Cri: E de feio, negro.

P: E mais o quê?

Cri: Ah! Muita coisa. Muita coisa que eu não posso falar.

P: Bom, e mais o quê? O que ele respondeu? Faz de conta que você é ele.

Cri: Eu não!

P: E o que ele respondeu?

Cri: Seu racista, chato, feio.

Cri: Não me chama de racista não, hein?

Cri: Seu pretão.

Cri: Seu bobão.

Cri: Você é branquelo.

Cri: Isso é problema meu.

Cri: Eu posso ser preto demais, agora que ser branquelo demais também é..

Cri: Você é muito preto.

Antes disso, Beth tinha interpretado o fato de um primo ("da raça neguinha, porque ele é moreno") a chamar de *branquela azeda* dizendo que "ele tem ciúme porque eu sou branca e ele é da raça negra", expressando, com isso, consciência da vantagem em ser *branca*.

Quando perguntada por que preferiria ser *morena*, Regina, 9 anos, *branca*, justificou: "Porque ser branca elas fica me chamando de branquela, fica me chamando de leite". E continuou lembrando um colega da escola: "Eu tenho um colega meu que ele é tão negro que ele é chamado de choquito. Antes era chocolate. Ele é da sala 16. Vander", tornando evidente que tanto a *brancos* quanto a *negros/pretos* podem ser imputadas categorias raciais depreciativas. Nesse caso, no entanto, a categoria *chocolate* não foi assim considerada pela criança, pois a origem desse tratamento foi explicado na sequência da conversa como uma substituição de uma categoria racial depreciativa: "...Aí a gente falou: oh neguinho! E ele falou assim: eu não sou mais neguinho não, eu sou chocolate". Num momento anterior dessa entrevista, Regina também revelou que, quando uma colega do bairro a chama de *branquela,* ela retruca dizendo *nega*. E por que você a chama de *nega?*, perguntei e Regina respondeu: "É porque ela fica me xingando, e ela pensa que manda em tudo". Nina, 9 anos, *morena*, considerou "ruim" tanto ser "muito branco" quanto ser "preta":

P: Você ia gostar de ser branca?

Nina: Não.

P: Por que não?

Nina: Ah, não, muito branca é muito ruim.

P: Por quê?

Nina: A minha colega do ano passado, ela era muito branca. Eu não achava ela muito bonita, não.

P: E preta, você ia gostar de ser?

Nina: Não.

P: Por quê?

Nina: Porque também acho muito feio. (riu).

P: E você acha que as pessoas que são pretas, elas gostariam de mudar de cor? Se elas pudessem, né?

Nina: Se elas pudessem, eu acho que elas gostariam.

P: Por quê?

Nina: Ah, eu não sei quem me disse, mas eu sei que o preto gosta mais de branco.

O fato de existirem categorias de xingamento derivadas tanto da categoria *branca* quanto da categoria *negro/preto* não significa que elas tenham a mesma carga negativa e ofensiva nem que atinjam de forma semelhante a autoestima das crianças. Conforme o entendimento de

Nina, ser "muito branco" que é "ruim" e "preto gosta mais de branco". Gisele, 9 anos, *branca/loura*, depois de uma discussão sobre classificação racial, disse que "ah, eu acho que não é bom isso, né? Porque se a gente fosse negra eles iam chamar... falar da gente também. Se um dia a gente ficar negro, como seria então, né?", respondendo à pergunta se ela considerava uma ofensa chamar alguém de preto ou de negro. No entanto, Gisele não vê nenhum problema em chamar alguém de *branco*, *moreno* ou *louro*. Sandra, 10 anos, *morena*, iniciou espontaneamente uma conversa comigo no pátio da escola, enquanto esperava seu pai para ir para casa, sobre uma colega *preta* que "muita gente discrimina" e que no início do ano era xingada pelos meninos e algumas meninas de "nega do cabelo duro" que ficavam cantando "nega do cabelo duro, qual é o pente que te penteia". Depois de conversarmos sobre o significado das palavras discriminação e racismo e sobre classificação racial, perguntei se pessoas *negras* ou *pretas* ficariam chateadas quando chamadas de *pretas,* e Sandra respondeu: "Acho que ficam. Algumas não, porque já acostumaram. Porque elas não gostam disso, porque ficam falando, elas pode ficar muito triste". E quando um *branco* é chamado de *branco*, ele fica triste também?, continuei, e Sandra disse "não". Juarez, 9 anos, *branco*, numa discussão sobre as categorias *preto* e *negro*, disse que se pode usar uma ou outra, ressaltando, no entanto, que "mas para a gente não agredir os outros, tem que ser assim: moreno. Aliás, negro né?... Porque preto, porque preto é uma ofensa, né?". Alípio, 10 anos, *branco*, também considera que chamar alguém de *preto* é uma ofensa "por causa que a pessoa fizesse com você também você não ia gostar", mas, ao ser perguntado se ficaria chateado se alguém o chamasse de *branco* respondeu que não. Todas essas observações revelam o conhecimento das crianças do *status* social privilegiado dos que são socialmente definidos como *brancos*.

Todos os depoimentos abaixo são respostas à pergunta "Você gostaria de ser *preta/negra?*":

P: Luíza, você gostaria de ser da *raça negra*? De ser *preta*?

Luíza: Não (respondeu rindo).

P: Você gostaria, Beth?

Beth: Não.

P: E você Augusta?

Augusta: Não.

P: Por quê?

Augusta: Que tem pessoa que é racista, não gosta da gente só por causa da cor da gente.

P: E você, Beth?

Beth: Porque tem pessoa que é raça e fica gozando da cor da gente.

P: E você, Luíza?

Luíza: A mesma coisa que Augusta disse... igual a Beth, eles ficam gozando a gente, muitas pessoas racistas. Um dia eu até vi lá na cidade que um homem, um homem negro, né? tava passando pedindo esmola, e aí um camelô falou assim: não dá esmola pra ele não que ele é safado.

P: Alípio, você acha que é melhor ser *preto* ou ser *branco*?

Alípio: Branco.

P: Por que você acha isso?

Alípio: Porque todo mundo fica gozando. Eu tenho um colega que todo mundo fica gozando ele só porque ele é preto.

P: E você sabe que tipo de gozação eles fazem?

Alípio: Falam assim: alá o neguinho! Fica falando isso.

P: E quem fala?

Alípio: Colega dele e meu.

P: E ele responde alguma coisa?

Alípio: Não. Ele é caladinho... Ele tem 10 anos.

P: E você ia querer ser preto?

Alípio: Não.

P: Por quê?

Alípio: É ruim.

P: E você sabe me explicar por que será que é ruim?

Alípio: Eu não gosto muito, não.

...

P: E você acha que preto queria ser branco?

Alípio: Acho que sim.

P: Viviane, você gostaria de ser preta?

Viviane: Hum, hum (querendo dizer não).

P: E você gostaria Beatriz?

Beatriz: Eu não gostaria, sabe por quê? Porque também eu não gostaria, sabe por quê? Porque preto, eu não gosto de ser preta, porque tem muita gente que fica rindo, gozando do preto e eu não ia gostar disso.

P: E que gozação que você já ouviu?

Beatriz: Já ouvi chamando, dando um nome para eles: ó pretona! Neguinha!

P: Você já ouviu aqui no colégio ou na rua?

Beatriz: Na rua. No meu prédio já teve muita briga.

...

P: E você, Tatiane, ia querer ser preta?

Tatiane: Não.

P: Por que não?

Tatiane: É como a Beatriz falou, é muita gozação. Também eu vi uma novela, carrossel, que tinha um menino preto e gostava de uma menina lourinha, e a menina desprezava ele só porque ele era preto.

P: Você ia querer ser preta?

Ângela: Não.

P: Por quê?

Ângela: Não sei.

P: Você ia querer ser preta?

Marineide: Tanto faz pra mim.

P: Se você pudesse escolher, alguém perguntasse: você quer ser branca ou ser preta? O que você ia escolher?

Marineide: Branca.

P: E por que você não ia querer ser preta?

Marineide: Não sei. Porque as pessoas ficam gozando da gente.

P: Você já viu? Que tipo de gozação?

Marineide: Já. Ficam falando que é feio.

P: Você ouviu falar isso aqui na escola ou fora da escola?

Marineide: Acho que foi aqui na escola.

P: Emília, se você pudesse escolher, você gostaria de ser preta?

Emília: Não.

P: E você Luíza? (esta entrevista foi feita 7 meses depois da primeira entrevista com Luíza, transcrita no primeiro depoimento dessa sequência).

Luíza: Também não.

P: Me fala por que vocês não gostariam.

Emília: Ah, porque eu gosto de ser branca, eu acho a cor branca bonita. A cor preta eu acho muito forte. Aí...

P: E aí então...

Emília: Aí não dá.

P: E você, porque não gostaria de ser preta?

Luíza: Porque vem muito gozamento, briga.

P: Ah, é? Tem muito gozamento? Que tipo de gozamento que vem?

Luíza: Ah, nego preto (risos).

P: Nego preto? Você já ouviu? Você ouviu onde, aqui na escola?

Luíza: É porque eles tava arrumando a energia, aí falou assim: eh, nego preto, você apagou a energia nossa. (riu).

P: Você apagou...

Luíza: A energia da nossa sala.

P: Quem falou isso? Foi um colega?

Luíza: A Augusta.

P: Falou com quem?

Luíza: Com o que tava arrumando a energia.

P: E esse que tava arrumando a energia era preto?

Luíza: Era.

P: E qual gozamento que você já ouviu? Gozamento ou gozação, né?

Emília: É. Sabe por quê? Porque sempre quando... por exemplo, quando uma colega Aninha, minha vizinha, ela chama... Ai, meu Deus, eu sempre esqueço o nome dela. Ah, não lembro. Ah, todo mundo chama ela de Aninha, mas ela chama acho que Ana Maria, entendeu? Aí, quando foi uma menina negra lá em casa, ela não gostou dela. Assim, porque a mão, eu acho assim que a mão de negra é muito suada, não é?

...

P: E você já ouviu gozando aí na rua?

Emília: Já.

P: Qual gozação você ouviu?

Emília: Por exemplo, é que nem a Luíza falou, né? Como que você falou, Luíza, ô nego preto, onde cê vai? Aí, né, ficam gozando assim. Eu acho que isso não é certo.

P: Você acha que não é não?

Emília: Porque é a mesma coisa, já pensou se você gostaria de ser gozada, entendeu? Aí, eu não gosto disso.

P: Você falou: eu acho que não é certo porque é a mesma coisa...

Emília: É quase a mesma coisa. A mesma coisa de você ser chamada assim, por exemplo... (crianças rindo).

P: Pode falar, não tem problema. Como é que fala, se fosse me chamar?

Emília: É, branca, branquela.

Luíza: Branquela (rindo).

Emília: Você não é branquela, não.

P: Qual outra gozação que você conhece, além de nego preto, que você já ouviu por aí?

Luíza: Pretão.

Em todos esses diálogos, a possibilidade de um *negro/preto* ser gozado "só porque é preto/negro" foi ressaltada. A resposta "porque é feio" dada à pergunta geradora dos relatos acima ("você gostaria de ser *preta/negra?*") foi discutida anteriormente. A gozação, enquanto uma prática social recorrente e característica da socialização entre pares, considerada *coisa de criança* pelos adultos e que, por isso, muitas vezes não é levada a sério, torna-se um eficiente mecanismo social de aquisição, consolidação e objetivação de uma ordem social preconceituosa.

Outra possibilidade de sondar essa prática social de gozação foi feita através da discussão em torno da categoria macaco e em torno das piadas conhecidas pelas crianças.

Numa conversa com várias crianças de 8 anos na hora do recreio, uma delas pediu para falar sobre o que ela gostava de fazer e disse que gostava de "estudar, brincar e assistir televisão". A partir disso, as crianças comentaram as brincadeiras e os programas de televisão preferidos, quando uma delas se interessou em saber por que eu estava gravando a conversa. Respondi que eu iria escrever um livro sobre as crianças e, diante da pergunta "E você vai escrever tudo o que eu falei?", esclareci que não revelaria o nome de ninguém. Imediatamente, todas pediram para que eu colocasse o nome delas no livro e começaram a me falar seus nomes completos e continuamos a conversa sobre as brincadeiras. Nesse momento, Caroline começou a reclamar de Rosa, uma colega não presente, porque ela "roba tudo na queimada", e outras crianças fizeram comentários sobre outras(os) colegas, até que uma delas disse: "E a Neise, o apelido dela é macaca Chita". Seguiu-se o diálogo abaixo:

P: Por quê?

Cri 1: É por causa que ela é muito chata.

Cri 2: Por causa que ela é moreninha também, né? Gordinha, baixinha, cabelo pretinho até aqui, sabe? Muito, tem, a boca dela não é bonita, é muito grande, sabe?

Crianças riram.

Cri 3: Ela é dentuça. Você vai escrever isso tudo no livro, né?

P: Quase tudo, não tudo, depende.

Cri 3: Você vai escrever o nosso nome?

P: Isso eu já falei. Geralmente eu não escrevo o nome, não.

Cri 3: Mas, eu queria que você escrevesse.

...

P: Você também não gosta da Neise, não?

Cri 4: Não. Nem da Rosa. Nenhumas meninas gosta da Rosa e da Neise.

Cri: Só o Pedro que gosta da Rosa e a Neise gosta do Pedro.

P: A Neise gosta do Pedro...

Cri: E o Pedro não gosta dela.

...

P: Eu não entendi, sabe o quê? O apelido da Neise. Por que macaca?

Cri: Ah! Porque ela é pretinha, então ela é gorducha, aí todo mundo, aí o Pedro, ele falou assim: ó gente! Ela não chama Neise não, ela chama macaca por causa que ela tem dentão, ela é gorduchinha e ela é bem pretinha.

...

Cri: A Maristela é muito gente boa, sabe? Só que quando ela junta com a Rosa e com a Neise ela fica um saco. Pra você saber como é que a Rosa e a Neise é.

Nesse depoimento, a criança não demonstrou nenhum constrangimento em revelar que ela e outros colegas chamavam a Neise de *macaca Chita*, pois insistiu que eu colocasse no livro que escreveria o seu nome completo. A associação com macaco foi feita tendo por base características físicas, principalmente: cor da pele (primeiro disseram *moreninha* e depois *bem pretinha*), tamanho da boca, tipo de dentição (dentuça) e obesidade (gorduchinha). No entanto, o conhecimento de que macaco é um apelido/xingamento apropriado para *não-brancos* é explicitado no relato de Aline, 8 anos, *morena*, sobre o fato de Antônio ter sido chamado de macaco por "um menino da primeira série":

> Ah! Eu não entendi por que, não. Ele tava na janela do dentista, e aí eu fui falar com a Augusta que o Antônio é bobo demais, deixa o menininho chamar ele de tudo quanto é coisa e não faz nada. E aí ela me perguntou de que ele chamou ele, e aí eu, como acho ele branco, eu falei com ela macaquinho branco. Aí ele começou a falar que vai contar pra professora. E aí depois ele foi lá e contou, e aí eu expliquei pra ele: Antônio, eu falei brincando, acrescentei que você é branco. E aí ele falou que vai contar tudo pra..?.. Eu não posso fazer nada, porque ele quer contar pra ela, eu, pelo menos falei brincando.

A explicação dada por Aline a Antônio é típica nessa prática social de gozação racial: quando se pergunta para a criança por que ela ou ele xingou ou gozou um colega, ela ou ele afirmam ser apenas uma brincadeira.[53] Além disso, ao justificar-se, dizendo que estava brincando, Aline complementou: "Acrescentei que você é branco", como se esse acréscimo atenuasse a gravidade da expressão macaco, mais suscetível de ser imputada a *pretos/negros*.

Na segunda fase da pesquisa, feita alguns meses depois, quando apliquei o jogo dos cartões, Pedro, autor do apelido de *macaca Chita* para Neise,[54] foi entrevistado e revelou que brincava com Maristela da seguinte forma:

Pedro: Na minha... na 1a série assim, na 2a, a Maristela, ela... ela... eu era amigo de um menino (Vander) e ficava brincando com ela: é seu namorado, hein Maristela? Porque ela odiava ele, e ele amava ela. Aí ela ficava batendo ni mim assim, né?, aí eu falei assim: vai lá beijar seu namorado, Maristela. Aí ela gostava de mim, na 1a e na 2a série. Aí ela falou assim: eu não, aquele menino é um macaco.

P: Por quê?

Pedro: Não sei.

P: E como que é esse colega, esse menino aí?

Pedro: Ele era legal com a gente.

...

P: E esse menino da sua sala, ele era branco?

Pedro: Não, era preto.

Quando entrevistei Maristela, 9 anos, *morena,* na segunda fase, ela classificou seus atuais colegas de turma como *branco, marrom-escuro*

---

[53] Analisando o significado da definição de uma situação como "*play*", Thorne (1995, p. 79) afirma ser essa definição muito frágil: "participantes têm que continuamente assinalar o limite que distingue play de not-play, e play e humor facilmente deslizam para outros significados mais 'sérios'. Essa ambiguidade cria tensão, uma vez que alguém nunca está certo em qual direção ela tenderá; [...] a ambiguidade diminui riscos potenciais e deixa espaço para negação".

[54] Luiz, 10 anos, *moreno-claro*, também afirmou que Pedro e outros meninos gozavam Neise chamando-a de macaca Chita. Por quê?, perguntei, e ele respondeu "porque ela era negra. Aí...". Disse que "a professora chamava atenção, mas eles continuava".

e *moreno* e, quando perguntada se em sua turma anterior existia colega *marrom-escuro*, ela lembrou de Vander. Um pouco mais na frente, perguntei-lhe se ela tinha ouvido alguém ser chamado de macaco e, novamente, Pedro foi citado: "ele chamava minha outra colega de Chita, macaca. A Neise".

As informações cruzadas obtidas dos relatos de Pedro e Maristela indicam que duas crianças *não-brancas* (Neise e Vander) foram punidas e chamadas de macacas, por demonstrar interesse romântico. As que rejeitaram esse interesse, no entanto, Pedro e Maristela, disseram ser colegas, respectivamente, de Vander e Neise, demonstrando, dessa forma, sentimentos ambivalentes em direção a *negros/pretos*. Pedro, no entanto, foi chamado de racista por Ricardo, 8 anos, *branco,* seu colega de entrevista. Segundo Luíza, depois da entrevista, Ricardo chegou à sala gritando para todos que Pedro era racista e que Pedro teria respondido "Não fala isso, não". Revelou também que "a maioria riu". Na hora de saída da escola, encontrei-me com Ricardo e perguntei-lhe: "Por que você chamou Pedro de racista?" E, Ricardo respondeu: "Porque ele não gosta de preto". "Como você sabe disso?", continuei. E ele: "Ele falou, você não lembra, não?". Na entrevista, o único momento em que Pedro falou explicitamente "Eu não gosto", foi quando explicou porque não gostaria de ser *preto*, se pudesse escolher: "Porque eu não gosto... Eu gosto da minha cor. Eu não gosto da outra". O que você acha dessa outra cor?, perguntei, e ele: "Ah, é muito escuro". A acusação feita por Ricardo revelou que ele interpretou as respostas dadas por Pedro durante a conversa, demonstrando uma agudeza de percepção social, assimilando, talvez, as minhas intenções durante a conversa. As suas respostas eram sempre cautelosas, evitando assumir preferências explícitas pelo *branco*, no jogo dos cartões, por exemplo. Mesmo na primeira entrevista, Ricardo não fez nenhuma afirmação que poderíamos considerar racista e revelou também não ter nenhum colega *preto/negro*, a não ser Tadeu, que ele nem sabia que era até a palestra do "cara das maquetes".

Mércia, 8 anos, *morena,* também descreveu o processo de imputação do rótulo macaco de maneira semelhante ao que aconteceu com Neise, ou seja, um colega avisa para um outro que determinada criança, a partir daquele momento, deve ser chamada de macaca:

P: Vocês já ouviram na rua ou aqui alguém ser chamado de macaco?

Mércia: Já. Na minha sala tem um menino escurinho, não é preto, não, mas aí eles ficam brincando com ele, eles ficam fazendo gozação, aí a professora disse, a gente tava lá curtindo né?; a professora deixa a gente conversar baixinho, aí o Leandro chegou e falou assim: Carlota, sabe aquele menino ali? É o macaco Rogério, chamando o Rogério de macaco.

P: E o que o Rogério fez?

Mércia: Ele ficou quieto.

Assim, quando um rótulo negativo (p.e. macaco) é imputado por uma criança e, a partir disso, outras começam a utilizá-lo, inicia-se o processo de estigmatização. A criança estigmatizada passa a ser depreciada pelo grupo e vista como diferente. No caso do preconceito racial, o grupo de pessoas com tonalidade escura da pele, mais vulnerável, é tratado como o outro diferente, que não se enquadra no que é considerado o padrão normal e aceitável.

A circulação de piadas racistas pode ser entendida como um outro meio de transmissão de preconceito racial para crianças. O objetivo de toda piada é provocar gargalhadas e, assim, mesmo que não consigam entender o sentido da piada por lhes faltar o *background* social necessário para esse entendimento, as crianças aprendem que *negros/pretos* podem ser gozados. No meio de uma conversa com um grupo de crianças de 8 anos, na hora do recreio, uma delas pediu-me para contar uma piada. Enquanto eu pensava sobre qual piada contaria, uma menina tomou a iniciativa e perguntou se eu conhecia a da mulher que morreu de vinho branco. Disse-lhe que não. E ela: "A mulher foi atravessar a rua, e vinha o carro vermelho, ela desviou, e vinha o branco". Uma colega ironizou: "Ah, morri de rir!" e ouviu: "Então conta uma melhor, conta". Imediatamente, um menino começou a contar várias do Joãozinho e, finalmente, uma menina entrou na conversa: "Eu sei contar uma piada". Então conta, solicitei. E a criança começou:

> Era uma vez três neguim que estavam numa espécie de corrida. Eles queriam, o pai, queriam discutir qual filho era mais preto. Aí o primeiro falou: o meu é mais preto. Aí os dois falaram: por quê? Porque ele fez uma cirurgia lá. Ele foi abrir um braço, sei lá. Aí ele abriu, o médico, e era puro

preto. Aí o segundo falou: o meu é mais preto. O meu caiu no chão, e ele foi fazer uma terapia. Aí, quando foi abrir, era puro carvão. Aí o terceiro falou: o meu é mais preto. Preto, preto, preto. Aí os dois falaram: por quê? Porque o meu soltou um pum, e aí três dias ficamos sem luz.

Todas as crianças que estavam em volta de mim ouvindo a piada riram, mesmo que não tenha ficado claro qual era a graça daquela piada. Na entrevista feita com Miguel e Mércia, Miguel também lembrou de uma piada contada por um vizinho:

Miguel: É assim: tinha uma kombi. Aí tinha dois negros, um dirigindo e um de passageiro na frente. Aí o carro tava subindo uma montanha, aí o carro caiu e derrapou, e eles morreram. Sabe qual foi o desperdício dessa história? Que só tinha dois negros, cabia mais, cabia 12, cabia mais 10 negros.

...

P: E quando ele te contou, você achou graça?

Miguel: Eu não, eu ri um pouquinho, mas depois eu não achei muita graça, não. Porque do jeito, ele faz umas caras engraçadas.

Nestor, 9 anos, *meio moreno e meio branco,* lembrou da seguinte piada contada por um tio:

Nestor: É assim: tinha um negro, né? Achou uma lâmpada mágica. Aí, ele esfregou, esfregou assim. Aí vem um gênio, né? Aí o gênio falou assim: escolhe 3 desejos. Aí falou assim: eu quero ser branco, ficar na praia, eu quero ser branco, ver muita água e ver também muita bunda. Aí, o gênio transformou ele numa privada.

P: O gênio transformou ele numa privada?

Nestor: É que a privada é branca, tem água, e a pessoa senta, e ele vê cheio de bunda.

...

P: E você achou graça?

Nestor: Achei.

P: E qual é a graça que você achou?

Nestor: Ah, você vira uma privada, é, fica gente preto mesmo, virar uma privada!

P: O que você achou desse gênio?

Nestor: Acho ele bom. Porque o... pediu um pedido igualzinho: queria ser branco, ver muita água e muita bunda. E deu certo. Privada, água e bunda. Que mordomia, hein?

Beatriz lembrou de duas piadas que uma colega, que mora no mesmo prédio que ela, contou:

Beatriz: Era assim: era um menino, que ele era pequeno também. Aí, ele tinha uma mãe e um pai. E o pai e a mãe eram negros. Aí, né?, o pai dele morreu. Aí, quando ele morreu, tava lá no caixão, aí todo mundo rezando. Aí um urubu pousou no caixão. Aí, o menino falou assim: olha, mãe, papai já virou anjo.

P: E você entendeu essa piada?

Beatriz: Entendi.

P: Então me explica. O que você entendeu?

Beatriz: Eu acho assim: porque o urubu não é negro? Aí, eles pensaram que era um anjo negro, aí eles falaram.

P: Mas você riu? Você achou graça?

Beatriz: Eu achei.

P: E você já tinha ouvido essa piada?

Viviane: Não. Eu nunca ouvi uma piada de negro.

P: E você achou graça?

Viviane: Achei.

Beatriz: Também tem outra.

P: Mais isso é bom ou ruim para negro? Ficar fazendo piada?

Viviane: Ruim. Porque... anjo urubu?

P: Tem outra? Você conhece outra?

Beatriz: Tem. Era assim, era um negro e um branco. Aí o branco pegou carona com o negro. E o negro era rico. Aí, né?, o negro tava dirigindo, né?, aí o negro falou assim... Aí um cara lá da rua falou assim: ê negro, virou motorista, hein? Aí, ele parou num posto. Ele não gostou porque ele falou que ele virou motorista. De carro. Aí, ele parou num posto de gasolina. Aí ele falou assim: ô branco, ocê tem carteira aí pra dirigir? Ele: tenho. Aí, pronto, aí ele foi e dirigiu. Aí começou a dirigir. Aí o homem falou de novo: ê negro, pegando carona, hein? E o carro era do negro.

P: Isso significa o quê pra você?

Beatriz: Ah, não sei.

P: Você não entendeu essa piada não?

Viviane: Eu não entendi não.

P: Você não entendeu também, não? Uai, então a gente não pode rir quando não entende, né?

Beatriz: Mas é engraçada. Engraçada pegando carona.

P: Ah. Você achou engraçado ele pegando carona...

Beatriz: É, porque era outra pessoa que tinha pegado.

Viviane: De qualquer jeito o cara ainda gozou ele. De qualquer jeito, ele mudou pra ser pegado carona com o branco, fingindo, mesmo assim ele foi lá e gozou ele. Ah, pegando carona, hein?

E Maria, considerada *preta* por vários colegas, também lembrou de uma piada contada pelo pai:

> Um homem de cor, moreno... Pra lua. Um branco e um ruivo. Aí eles foram lá. Aí, um tinha que pular porque senão a nave ia explodir. Aí ia... aí tinha que pular. Aí o general né, falou assim, tava lá em outro... tava na Terra, falou assim: vou fazer uma pergunta para cada um, quem errar pula no espaço e fica aí pra sempre. Aí fez a pergunta pro primeiro. Quem foi D.Pedro... em que ano aconteceu a explosão da Terra? Que ano acontecerá a explosão na Terra? Daqui a 30 anos, respondeu o branco. Aí daqui a pouco o coisa falou... o general perguntou pro ruivo: quantos anos tem que o navio Titanic afundou? Oitenta e dois anos. Respondeu certo. Certa a resposta. Aí perguntou pro moreno: me dá o nome, CPF e identidade de todos os que estavam no Titanic na noite que o barco afundou. Aí ele pulou.

Maria admitiu ter achado graça dessa piada e quando pedi-lhe que me explicasse o que tinha entendido comentou: "eu acho que ele (o general) era racista". Apesar desse comentário, Maria, em nenhuma de nossas conversas, incluiu essa prática de contar piadas de cunho racial como um comportamento preconceituoso ou racista.

Desse grupo de crianças de classe média entrevistadas, apenas três se autoclassificaram como *pretas* ou *negras*: Júlio, José e Aparecida.

Na primeira entrevista feita com Júlio, 8 anos, ele se autoclassificou como *marrom*, se excluindo da categoria *preto* e dizendo que não existia nenhuma criança *preta* em sua turma, "só marrom e branco", e a maior parte era *branca*. Quando lhe perguntei se gostaria de ser *preto* respondeu: "eu prefiro ser marrom, ser da minha cor". Afirmou também nunca ter ouvido um *preto* ser chamado de macaco. Logo em seguida conversei com José e Júlio. José classificou os bonecos usando as categorias *branco* e *negro* e, ao se autoclassificar, disse *preto* e depois *negro*. Perguntei, então, a Júlio que cor que ele achava que José era, e Júlio respondeu: "Ah, marrom também". Logo em seguida, José afirmou que: "Foi as menina que começou a falar isso"... "acho que foi numa palestra, não sei; cidade dos brancos e cidade dos pretos"... "ele falou assim: quem que é dos pretos? E aí as meninas começaram a falar esse, esse, esse". Até então, José disse que achava que era "mais ou menos". Na segunda entrevista, feita 6 meses depois, Júlio disse não saber o significado da palavra preconceito e nunca ter ouvido a palavra racismo. "E raça, você sabe o que significa?", perguntei, e ele respondeu: "Raça é pra fazer a diferença das pessoas". "Quais diferenças?", continuei, e ele: "Ah... entre problemas, entre cores, entre... um tanto de coisa". Diante da pergunta, "Quais são as raças que existem?", Júlio disse "É... é a negra e a branca" e quando pedi para indicar quem era da *raça negra* em sua turma citou Maria e Tadeu. Antônio, que estava sendo entrevistado juntamente com Júlio disse: "Ah, tem ocê, tem ocê também da raça negra aí". Júlio não disse nada e continuou enumerando seus colegas da *raça branca*, conforme minha solicitação. Resolvi pergunta-lhe diretamente sobre sua *raça* e ele afirmou: "Eu sou negro". Depois classificou sua mãe como da *raça branca* e seu pai como da *raça negra*. Percebe-se, pois, uma mudança na autorrepresentação racial de Júlio e em seu sistema de classificação, que passa de múltiplo para bipolar. Continuou dizendo que nunca viu um *branco* gozar ou xingar um *negro*.

Aparecida, 11 anos, *negra*, afirmou não gostar de Glauber, um colega de sala, porque "ele é muito enjoado... fica me chamando assim de baleia, de negona, de pretona". A reação de Aparecida diante disso é: "Eu finjo que não escuto". Mais adiante, disse também não gostar de Fabrício pelo mesmo motivo. Os dois colegas, de acordo com Aparecida, eram *brancos*. Apesar de ser gozada e xingada racialmente, quando solicitada a explicar o significado das palavras preconceito e racismo, afirmou não saber. A conversa prosseguiu sobre assuntos variados, quando quis saber se existiam outros colegas *negros* ou *negras* na sala: "tem mais um". A explicação dada para o fato de esse colega não ser gozado, conforme afirmou Aparecida, foi: "porque ele é..., ele é um pouquinho mais branco", revelando, com essa resposta, interpretar a sua posição desvantajosa nas relações sociais em função da tonalidade mais escura de sua pele, apesar de não possuir os recursos conceituais necessários para se defender, como, por exemplo, a definição de racismo. Ao final da entrevista, permaneci mais um tempo na sala, guardando o meu material, e quando saí, Aparecida veio ao meu encontro dizendo que gostaria de conversar novamente comigo e, em seguida, me mostrou o colega que a xingava, Fabrício, que, espontaneamente, chegou perto de mim e se explicou: "Não, ela me enche o saco, e eu fico brincando com ela". Perguntei, então, do que ele a chamou, e Fabrício respondeu "Monstrinha", se afastando antes que eu pudesse continuar a conversa. Mais uma vez, conforme já dito, a agressão é transformada em brincadeira, no discurso de quem agride, como se, a partir disso, tudo já estivesse resolvido e explicado.

Na entrevista feita conjuntamente com Juarez, 9 anos, *branco* e Tadeu, 9 anos, *moreno*, percebe-se que a relação é perpassada por um conflito latente de representações positivas e negativas sobre *negros*. Inicialmente, houve discordância quanto à classificação do boneco não--branco, com Tadeu dizendo que era *marrom*, e Juarez, que era *preto*. Depois, Tadeu revelou que o seu primo "fala que quem é preto é racista" e explicou essa fala da seguinte forma: "Vamos ver. Bom, quando eu raspei meu cabelo, né?, ele falou que eu era o..., aquele negócio de pivete, esqueci o nome. É... curumim... Que todo mundo tem cabelo raspado. Aí ele fala que sou curumim". E *branco* é racista também?, perguntei, e Tadeu respondeu que não. Juarez discordou dizendo: "Não, branco é mais ou menos. É racista também. Alguns né?" e definiu racista: "Uma pessoa que não gosta da outra. Por exemplo, uma pessoa é branca, né? E a outra preta. E uma não gosta da outra. Isso é racismo". Quando Tadeu se autoclassificou como *moreno*, Juarez riu e disse: "Moreno. Ele é um moreno-escuro", escurecendo, mais uma vez, a categoria utilizada por Tadeu. Mais adiante sondei sobre a categoria macaco, e Tadeu revelou que é assim chamado pelo primo de 16 anos e complementou, rindo, que o primo também fala: "que eu sou do zoológico". Por quê?, perguntei, e Tadeu respondeu: "Ah, sei lá, porque eu sou moreno assim... Ele também é preto". Aproveitei essa fala e indaguei se *preto* era diferente de *moreno*, e as crianças disseram que sim, e Juarez completou: "O preto é mais escuro, e moreno é mais claro um pouco". Tadeu considerou que ser *moreno* era melhor que ser *preto*. Continuei a conversa perguntando se *preto* e *negro* eram a mesma coisa, ou se existia alguma diferença entre essas duas categorias, e Tadeu lembrou novamente do primo: "Meu primo fala.... Eu sou moreno, né?, ele fala que eu sou macaco, preto. Racista". A entrevista prosseguiu com as crianças representando uma cena de assalto e, quando perguntei qual era a cor do ladrão, Juarez disse que ele era *preto,* e Tadeu completou: "Racista". Quis, então, saber por que o ladrão era racista, e Tadeu explicou: "Ué, porque ele era negro demais, ué". Naquele momento percebi que Tadeu interpretava o fato de o primo o chamar de racista por *"ser moreno"* e não, talvez, por não querer assumir que era *negro,* conforme o primo deveria considerar. Tadeu não assimilou o novo sentido da palavra racismo, mesmo depois da definição dada por Juarez. Mais adiante, Juarez também afirmou que aprendeu que chamar alguém de *preto* é uma ofensa "Na vida mesmo, a gente vai crescendo e a gente vai aprendendo" e revelou que "No Jornal Nacional passa, carinha que é racista e vai pra cadeia. Essas coisas assim".

Apesar de Juarez revelar conhecer o significado da palavra racismo, sabendo até que a prisão de um racista é possível, durante a entrevista, ele demonstrou preferências pelo *branco* que Tadeu tentava contrabalançar. Juarez admitiu que já havia sido chamado várias vezes de *leite azedo* e de *leite em pó* e que Tadeu, de vez em quando, o chama de *leite azedo,* e ele não fica com raiva porque "é uma brincadeira mesmo". Depois Tadeu revelou que já havia sido chamado de *negão,* e Juarez confirmou que "de vez em quando eu brinco assim com ele". Tadeu disse que também não ficou com raiva. Perguntei sobre o motivo desse tratamento, e Juarez explicou: "Ah, brincadeira, ué" que foi, imediatamente, seguida da avaliação "de mau gosto" feita por Tadeu, revelando, assim, não gostar dessa brincadeira. Quando pedi às crianças que encenassem um assalto com os bonecos, houve uma disputa entre eles sobre quem seria o ladrão: Juarez escolheu o boneco *não-branco,* e Tadeu, o *branco*.[55] Terminada a brincadeira do assalto, introduzi o tema do livro *A menina bonita do laço de fita,* lido no semestre anterior. As crianças foram contando a história, e Tadeu lembrou que "tinha um cachorro que queria ser preto igual ela, bonito assim". "E vocês acharam estranho esse cachorro querer ser preto?", indaguei, e Juarez respondeu: "Eu achei. Eu achei porque quase ninguém não gosta de ser preto. Eu gosto de ser loiro, né?... Todo mundo acha o preto feio. E os brancos bonitos". "Você também acha?", continuei, e Juarez: "hã, não, mais ou menos". No jogo dos cartões, Tadeu caracterizou negativamente o boneco *branco* e *não-branco,* enquanto Juarez considerou o *branco* rico e escolheu atributos negativos para o boneco *não-branco,* mantendo a tendência de valorização da categoria *branca.*

Assim, sabendo-se que as brincadeiras e as brigas são fenômenos particularmente importantes da socialização das crianças, deve-se acrescentar que a possibilidade de gozação e de utilização de xingamentos raciais torna esse tempo-espaço da socialização entre pares um campo propício e básico para a formação e o desenvolvimento de preconceitos raciais. Vários motivos podem desencadear brigas e desentendimentos entre as crianças. Brigar um dia não implica inimizade permanente, pois, como disse uma menina, *"A gente fica de mal um dia e amanhã já tá de bem".* O que é significativo, nesses momentos, é a mobilização de xingamentos e agressões raciais, mesmo que o motivo da briga seja de outra natureza, que não o racial. Dessa forma, através dessa prática comum e frequente entre as crianças de brigar entre si e considerar algumas colegas chatas, o preconceito racial vai sendo elaborado e se tornando real. O fato de essa prática se intensificar na escola, devido à concentração de grande número de crianças durante várias horas do dia, pode comprometer o desenvolvimento do chamado "sentimento de indústria" e favorecer o sentimento de inadequação e inferioridade. Esses dois sentimentos são característicos da quarta etapa de

---

[55] Essa disputa já foi comentada, anteriormente, no item *Ladrão é preto.*

desenvolvimento da identidade psicossocial[56] denominada por Erikson (1987) de *Idade Escolar e Identificação de Tarefa*. O "sentimento de indústria" diz respeito à tentativa da criança de ser reconhecida pela produção de coisas, enquanto o sentimento de inferioridade (o sentimento de que "nunca prestarei para nada") ao "desenvolvimento de uma alienação de si mesma e das suas tarefas" (ERIKSON, 1987, p. 124). Nessa etapa, as crianças de todas as culturas recebem algum tipo de instrução sistemática e, segundo o autor,

> É neste ponto que a sociedade maior torna-se significativa para a criança, ao admiti-la em papéis preparatórios para a realidade da tecnologia e da economia. Entretanto, quando ela descobre imediatamente que a cor de sua pele ou os antecedentes de família, mais do que o seu desejo e vontade de aprender, são os fatores que decidem o seu valor como aluno ou aprendiz, a propensão humana para sentir-se imprestável pode ser fatalmente agravada como determinante do desenvolvimento do caráter" (ERIKSON, 1987, p.125).

A prática de xingamento e as gozações raciais tornam frágeis e instáveis os momentos de integração e de convivência relativamente harmoniosos, pairando sempre uma ameaça sobre aqueles que são vulneráveis ao rótulo *preto-negro*. Isso não quer dizer, no entanto, que, depois de desencadeada a agressão racial, não seja possível a restauração da situação anterior. Assim, mais do que um paradoxo entre atitude e comportamento (atitude preconceituosa e comportamento não preconceituoso), identificado nos estudos americanos realizados com crianças menores, parece existir, no mundo infantil aqui observado, uma permanente oscilação entre uma situação integradora e outra preconceituosa. Nos momentos de ruptura da relação podem ser acionados os recursos sociais agressivos disponíveis, possibilitando a realização de um ritual de demarcação de *status* racial.

Em sua análise do significado de gênero nas relações entre meninos e meninas, Thorne (1995) utiliza o conceito de *borderwork*. Segundo informa a autora, esse termo vem da análise de Barth (1969) "das

---

[56] Segundo Erikson (1976, 1987), são oito as etapas de desenvolvimento da identidade psicossocial. Cada etapa é marcada por uma crise específica: (1). Confiança x desconfiança básica; (2). Autonomia x vergonha e dúvida; (3). Iniciativa x culpa; (4). Indústria x inferioridade; (5). Identidade x confusão de identidade; (6). Intimidade x isolamento; (7). Generatividade x estagnação; e (8). Integridade x desesperança.

relações sociais que são mantidas através de fronteiras étnicas sem diminuir o sentido de diferença cultural e de *status* étnico dicotomizado dos participantes" (idem, ibidem, p. 64). Para Thorne (idem), o sentido ativo de diferença pode ser reduzido através do contato, mas a interação dos grupos pode também ser feita de modo a fortalecer suas fronteiras.

Quando fronteiras de gênero são evocadas por meio de vários tipos de *borderwork* (a autora descreve e analisa "disputa", "correr atrás", "*cooties* e outros rituais de poluição" e "invasões"), Thorne (1995, p. 66) afirma que:

> [...] eles são acompanhados por formas de ação estilizadas, um sentido de performance, significados misturados e ambíguos (as situações frequentemente oscilam entre play e agressão, e significados heterossexuais deslizam para outras definições), e por uma exibição de emoções intensas- excitamento, alegria brincalhona, raiva, desejo, vergonha e medo. (THORNE, 1995, p. 66)

Assim como fronteiras de gênero são evocadas por meio de vários tipos de *borderwork*, fronteiras raciais estão sendo evocadas através da prática cotidiana de gozações e brincadeiras.

Pode-se também perceber, nos depoimentos aqui transcritos, que os conceitos de racismo e de preconceito são mais conhecidos e difundidos entre as crianças de classe média, e são usados, inclusive, como categoria de xingamento. São poucas as do grupo pobre que conseguiram definir esses conceitos, apesar de essas crianças serem mais suscetíveis de sofrer o preconceito racial e ter revelada, nas relações entre si, uma agressividade mais intensa e frequente, provocada, em parte, pela disputa mais acirrada em torno da classificação racial.[57]

No próximo capítulo exploro o significado das noções de racismo e preconceito dadas pelas crianças e discuto as características de um discurso condenatório do preconceito e/ou racismo em elaboração nos dois grupos.

---

[57] A agressividade racial mais intensa pode também estar relacionada aos valores característicos do processo de socialização do grupo de crianças pobres em relação ao grupo de crianças de classe média. Essas últimas podem estar sendo educadas num ambiente social e cultural de maior assepsia vocabular, com restrições morais mais fortes, o que poderia estar produzindo crianças mais contidas e com um maior autocontrole. Essa hipótese, no entanto, não foi sistematicamente considerada neste trabalho.

O DISCURSO RELATIVIZADOR DO PRECONCEITO RACIAL

Entre as crianças do grupo pobre, 29 (82,7%) disseram nunca ter ouvido as palavras racismo e preconceito ou admitiram não saber o que elas significam. Apenas 6 (17,1%) conseguiram dar algum significado a uma dessas duas noções. João, 11 anos, *branco*, durante o debate sobre pa*pel do negro no Brasil e no mundo,* promovido pela professora da turma acelerada, fez o seguinte comentário, e foi o primeiro a usar a palavra "racista" nesse debate: "Tem uns que é racista, falam que os negros têm mais força que o branco, eu não acredito nada disso. Eu acho que o branco tem a mesma, igual". João considera racismo falar que negro é mais forte que branco, querendo, com isso, dissociar essa representação social positiva entre os meninos (ser forte) de seu conteúdo racial para, assim, igualar *negros* e *brancos* nesse aspecto particular. Essa questão não foi encaminhada para debate pela professora, que passou a interrogar outro aluno, mas aparece, novamente, no final, quando um aluno *não-branco* perguntou "por que que o negro é mais forte?". Diante da resposta "Não sei", dada por mim, Dalton lembrou que "A maioria do boxe, a maioria é só negro, do boxe. Igual Mike Tyson, aquele cara...", para confirmar a crença de que negro é mais forte. Naquele momento, João não entrou no debate. Essa representação já havia aparecido antes, quando conversei com Neide, 10 anos, *preta*, no pátio da escola. Ela tentou explicar a diferença entre *branco* e *preto* dizendo: "Minha avó falou que o preto tem mais, é, é mais forte do que o branco". Diana, 10 anos, *preta*, que revelou ser chamada de macaca e *nega preta* por um colega, disse não saber o que era preconceito e definiu racismo da seguinte forma: "É quando as pessoas, acho, que tá xingando a outra" e racista é "as pessoas que chama de nego preto, essas coisas". Silvana, 9 anos, *morena*, mas que depois acrescentou *morena clara*, admitiu não saber o que era racismo e definiu preconceito como segue: "Os brancos, eles não gostam dos negros... da cor". Gerson, 10 anos, *marrom*, disse, inicialmente, não saber o que era racismo nem preconceito e, quando começamos a falar sobre os xingamentos, lembrou de uma briga, na qual o xingamento macaco circulou, e interpretou esse comportamento como racismo, dizendo: "Agora eu lembrei. Racismo é... por causa da cor dos outros, eu não gosto de xingar, não". "E qual a sua opinião sobre os que xingam?", voltei a perguntar. E ele: "Que eles é muito racismo, e é muito chato assim, ficar chamando os outro de preto, de leite azedo". Carla, 10 anos, *misturada,* no diálogo abaixo começou dizendo que, atualmente, no Brasil, *"todo mundo aceita os pretos"*, para logo em seguida lembrar de um caso definido por ela como preconceito:

P: você conhece a palavra preconceito?

Carla: É... eu acho que é... quando existiu os portugueses eles tinham preconceito dos preto, aí eles fez os preto de escravo.

P: É? E hoje em dia tem preconceito no Brasil também? Como é que é hoje no Brasil?

Carla: Ah, no Brasil todo mundo aceita mas nos outros lugares eu não sei.

P: Aceita o quê?

Carla: É, aceita os pretos.

P: Nos outros lugares você não sabe. Você acha que aqui todo mundo aceita os pretos?

Carla: Passou na televisão um dia, porque a mulher foi na igreja, e o padre foi e começou a bater nela.

P: Ué, é? Por quê?

Carla: Não sei.

P: O padre?

Carla: É, ele era branco, e a mulher era negra.

P: E ele bateu nela?

Carla: É, e começou a expulsar ela da igreja.

P: E o que você acha disso?

Carla: Acho errado.

P: Por quê?

Carla: Porque ela também é gente.

P: Você acha então que o padre achou que ela não era gente?

Carla: Porque... é preconceito da cor dele e a cor dela.

P: E a palavra racismo, você já ouviu?

Carla: Já ouvi, só que eu não sei o que que é não.

P: Sabe não? E sobre movimento negro, você já ouviu falar disso?

Carla: Não.

Numa outra conversa com Carla, perguntei-lhe se ela lembrava o que tínhamos conversado, e ela respondeu: "A gente tava falando sobre os portugueses, sobre os brancos e os pretos". "E você explicou-me o que era racismo também?" E ela respondeu: "Não, eu não sei. Eu só falei sobre, ai, esqueci". "Sobre preconceito, você falou?", perguntei. E Carla: "É; eu falei assim que os brancos fica com preconceito pelos negros por causa da cor". "Por causa da cor, como assim? O que os brancos acham disso?" "Pra mim eles achavam que eles era bicho, mas eles achavam é por causa da cor...Porque não era da mesma cor".

De acordo com as definições de preconceito e racismo dadas por essas crianças, essa prática envolve considerar os *pretos* mais fortes; os xingamentos por *causa da cor*; não gostar da cor dos *negros/pretos*; fazer os *pretos* de escravos; não aceitar os *pretos* e não considerar *preto* como gente. Para essas crianças, então, os *não-brancos* é que são alvo do preconceito. Somente Gerson fez também referência à categoria de xingamento *leite azedo*, que é dirigida aos *brancos*, em sua definição de racismo.

Mesmo que a maioria das crianças do grupo pobre sondadas não tenha ainda assimilado os conceitos de preconceito ou racismo que permitiria a elas nomear ou definir situações sociais/raciais concretas através daqueles conceitos, elas já estão elaborando um discurso de reprovação, portanto relativizador, das diversas formas de agressão sofridas pelos *pretos/negros*. Carla, em seu depoimento, considerou errada a atitude de um padre *branco* que tentou expulsar uma mulher *negra* da igreja, argumentando que "ela também é gente". Esse argumento foi também utilizado por Geraldo, que considerou errado *branco* não gostar de *preto* "porque todos é gente" e por Silvana, que respondeu à pergunta "E o que você acha disso?" (dos *brancos* não gostarem dos *negros*) da seguinte forma: "Errado, porque os negros e os brancos também é...os negros também é gente".

No debate abaixo, entre crianças de 8 e 9 anos, pode-se perceber alguns outros argumentos envolvidos no debate da questão racial entre elas, uma vez que ocorreu uma disputa de como essa questão deve ser entendida. Glaura, inclusive, questiona o estereótipo *preto é feio* manifestado por Jandira e a desafia:

P: Vocês gostam de preto?

Glaura: Eu gosto.

Jandira: Não, não, preto é muito, preto é muito feio.

Glaura: Deus deu a vida dele é pra dar, não é pra ficar feio, não.

Jandira: É pra ficar feio, sim.

Sônia: Eu gosto de preto porque preto também é filho de Deus.

Glaura: E se você fosse preta, o que você faria? O que você faria, Jandira?

Jandira: Eu pintava eu de branca. (Várias crianças riram.)

criança 1: Olha aqui: se os pretos é preto, Deus que deu, Deus que mandou.

Jandira: E, se a gente é branco, ninguém pode pôr apelido na gente porque a gente é branco que Deus que fez a gente.

P: E preto põe apelido?

criança 2: Pode pôr, mas só que isso é muito feio.

P: E qual apelido vocês conhecem?

criança 2: Negão.

criança 3: Também chamam algumas crianças de negão, pretão.

P: Quem que chama?

Criança 3: Algumas crianças aqui na escola.

Jandira: Agora, Glaura, eu vou ter que perguntar o que você faz se você fosse preeeta? (falou preta com ênfase).

Crianças: Outras falas.

Jandira: Deixa eu perguntar a Glaura um negócio...

Criança: Espera aí.

Jandira: O, Glaura, por que, o que você faria se você fosse preta?

Glaura olhou para Ester, de outra turma, que acabara de chegar e não respondeu nada. (Ester foi chamada de *preta* por um colega conforme já vimos)

Jandira: Hem? Fala. Responde. Agora eu quero resposta, eu respondi a minha.

Glaura: Eu não faria nada.

Jandira: Sei lá, sei lá.

Glaura: Eu não faria nada porque a cor é bonita, não é feia.

A resposta de Glaura ao desafio ("a cor é bonita, não é feia") não foi por ela confirmada em uma outra conversa, 10 meses após esse debate. Nessa última ocasião, Glaura afirmou que não gostaria de ser da cor *negra* porque "eles é muito feio". Áurea, 9 anos, *morena*, que estava também sendo entrevistada, imediatamente discordou dizendo: "o, Glaura, mas eu já vi uma menina negra, ela é linda. Quando eu tava vindo pra escola, eu vi ela, achei ela até bonita". Mesmo depois desse comentário relativizador, Mírian, 9 anos, *morena*, também presente, afirmou que não gostaria de ser *negra* porque acha "eles muito feio".

A outra forma usada para relativizar o preconceito racial expresso através da consideração de que *"preto é feio"* e do conhecimento do uso de xingamentos raciais foi *"preto é filho de Deus também"*. Esse argumento foi também utilizado em outras ocasiões, como numa conversa entre dois irmãos – Anita, 10 anos, *morena*, e André – ocorrida no caminho de volta para casa depois das aulas. André contou-nos que um rapaz da rua furou o seu saquinho de pipoca quando ele estava indo para a escola e comentou que o rapaz era "preto que nem carvão". Aquele comentário provocou uma repreensão de sua irmã que disse:

"Não pode falar isso não, preto que nem carvão, mas é filho de Deus também". Mesmo depois dessa repreensão, André repetiu: "É mesmo, preto que nem carvão". Esse argumento religioso foi também utilizado por Lúcia, 9 anos, *branca*, que, após dizer que não queria ser *preta*, acrescentou que: "Mas, se Deus me dasse a cor preta, eu queria. Se os outros falasse ó macaca!, eu falava assim: você não tá xingando não é eu, é Jesus, porque foi ele que escolheu a cor da gente". Mírian também disse que não gostaria de ser *preta* e, quando solicitei uma explicação, respondeu: "Quer dizer, eu queria né? Porque preto também é filho de Deus". Depois admitiu que *preto é feio* e que ia preferir ser *morena* mesmo. Numa outra conversa, alguns meses depois, Mírian reafirmou que "não ia querer ser negra porque acha eles muito feio".

A expressão *"preto é filho de Deus também"* é relativizadora no sentido de que ela inclui uma outra ideia, também presente entre as crianças, de que *"Deus é nosso pai"*, portanto somos todos irmãos, *brancos* e *não-brancos*. Ismael disse que queria ficar com os bonecos *pretos* dizendo: "É porque eu gosto dos pretos, Deus escolheu preto. Como eu sou assim moreno, eu escolho dessa cor aqui também". Perguntei-lhe se *moreno* e *preto* eram a mesma coisa, e Ismael respondeu: "É um pouco diferente, mas é o mesmo sangue, é o mesmo pai". Classificou seu pai como *preto* e sua mãe como *"branca, misturada, é com branco"*. Mais adiante comentou espontaneamente: "Preto, preto é que nem branco também. Porque são a mesma coisa, tem o mesmo sangue. Porque é filho de um Deus só... o mesmo sangue, porque o pai de lá de cima é o pai de todo mundo". Áurea também usou esse argumento que *"o sangue é o mesmo"*, mas sem a conotação religiosa conferida por Ismael: "Os brancos também são da raça negra" porque "os brancos têm o mesmo sangue dos negros". Áurea revelou ter aprendido essa ideia com a professora e acrescentou: "O sangue é o mesmo, mas a cor é diferente". A frase formulada por uma menina de 11 anos, *branca,* durante o debate ocorrido em sala de aula sobre *o papel do negro no Brasil e no mundo*, anteriormente mencionado, também pode ser interpretada como um reconhecimento da igualdade entre *brancos* e *não-brancos* além da cor da pele: "A raça negra vem da África. Negro é só cor".

Numa brincadeira com os bonecos, perguntei a um grupo de meninas se um boneco *branco* era amigo de um boneco *não-branco*, apenas indicando os bonecos, sem classificá-los racialmente. Surgiu o seguinte diálogo:

P: Vocês acham que esse menininho aqui é amigo desse daqui?

Irene: Não faz transferência do preto e do branco.

Carolina: Ela quer falar que não tem diferença.

P: Como assim?

Irene: Porque Deus deu a gente assim, e assim a gente tem que ser.

P: Deus que fez gente preto e gente branco?

Carolina: É. A gente não pode ter orgulho de um branco e nem um branco pode ter orgulho da gente.

P: Orgulho? Não pode ter orgulho de branco e nem o branco ter orgulho de preto?

Carolina: Uma menina lá perto de casa ela tem nojo de preto. Aí ela um dia, a menina lá perto de casa ela é branca, aí ela pegou e falou assim que ela tem nojo de preto, que preto na vida dela é um inferno, que ela gosta, que ela tem a família dela toda branca, mas só que quando ela percebeu, quando ela viu, ela tem uma mãe madrasta, né? Aí quando ela viu a mãe dela, ela nem sabia que a mãe dela era preta, a mãe verdadeira dela era preta. Ela nem sabia. Aí outro dia nós brigamos. Aí no outro dia ela foi falar...

P: Quantos anos essa sua amiga tem? Ela é sua amiga?

Carolina: Não, ela mora lá. Ela tem 9 anos. Ela diz que tem nojo de preto. Que preto na vida dela é um inferno. Aí, quando ela ficou conhecendo a mãe dela que era preta, que era morena-escura, ela pegou e ficou assim toda sem graça. Ela pegou e foi lá na casa da minha tia falar assim, pra mim desculpar ela que ela não pensava que a mãe dela era preta, não.

No relato acima, o argumento religioso é novamente utilizado por Irene para justificar a frase "não faz transferência do preto e do branco", apesar do tom conformista da resposta. Carolina, 10 anos, no entanto, complementa esse argumento dizendo que "a gente não pode ter orgulho de um branco e nem um branco pode ter orgulho da gente", se incluindo na categoria *não-branca*. Ao explicar o que significava ter orgulho, Carolina lembrou do conflito entre uma vizinha *branca* e ela, no qual a vizinha revelou o sentimento *nojo de preto*. Esse sentimento pode ser considerado uma manifestação mais acirrada de preconceito, pois sentir nojo implica aversão a um contato físico. Na narrativa acima, a criança relativizou seu sentimento ao descobrir que sua mãe biológica era *preta*, indo desculpar-se com Carolina. Infelizmente, não foi possível conversar com essa menina, mas quis aqui relatar a reação de Carolina diante dessa experiência preconceituosa vivenciada por ela, que foi a de condenar o sentimento de orgulho provocado pela cor. Carolina afirmou: "*A gente não precisa ter orgulho do preto, do branco. Que eu sou dessa cor; eu gosto da minha cor*". Ela se autoclassificou como *morena-escura*, evitando a categoria *negra/preta*.

Alguns meses depois, encontrei-me novamente com Carolina na escola no turno da tarde, e ela lembrou dos bonequinhos e de uma outra menina que também estava conversando comigo quando de nosso primeiro encontro. Perguntei-lhe se ela lembrava o conteúdo da conversa e obtive a seguinte resposta: "Você perguntou se ela gostava da cor, se ela queria... se ela gostava da cor dela. Aí ela pegou e falou assim que ela não gostava da cor dela. Aí eu falei que eu gostava da minha cor. Bonita". Dando sequência ao diálogo, perguntei à Carolina se quem é *preto* gostava de ser *preto*, e ela respondeu: "Eu acho que eles não gostam da cor que eles têm não porque eu gosto da minha, eu acho ela bonita". "E qual é a sua cor?", voltei a perguntar, e Carolina se classificou como *morena-escura*. Quis, então, saber se *morena-escura* era diferente de *preto* e obtive a seguinte explicação: "É, porque uma pessoa preta pra um moreno escuro... aquela pessoa bem preta, bem preta, mas bem preta mesmo". A tentativa de entender a conclusão tirada por Carolina de que uma pessoa *preta* não gosta de sua cor provocou o seguinte depoimento:

> Porque é uma cor, eles acham que é uma cor feia. Que uma menina lá perto de casa disse que se ela fosse branca ela tinha prazer de cuidar da pele dela, porque se ela fosse... como ela é preta ela não tem prazer de cuidar da pele dela só porque ela é preta, negra, preta. É bom você cuidar de sua pele, porque eu cuido da minha porque eu acho que minha pele é bonita. Ela falou assim: a sua porque você é morena-escura e eu sou negra. Aí eu falei assim: não significa se eu sou morena-escura porque você é da minha cor.

Carolina está tentando relativizar a ideia de que *preto é feio* falando da necessidade do cuidado com a pele e, para convencer a colega, identificou as categorias *morena-escura* e *preta* que ela tinha definido, antes, como diferentes. A insistência com que Carolina afirma gostar de sua cor pode ser entendida como uma reação ao estereótipo *preto é feio* através de um processo de autoconvencimento. Quando perguntei-lhe se ela escolheria ser *preta*, se pudesse fazer tal escolha, Carolina revelou sua forma de perceber a atitude do *branco* em relação ao *preto*, interpretando essa atitude em termos de superioridade, ao mesmo tempo que a condenava: "Eu preferiria ser uma menina preta que ser um branco e ficar orgulhando do preto, ficar xingando, falando que é mais, quer ser mais valente, mais orgulhoso. Né não".

Uma outra forma de relativizar é não aplicar o estereótipo *preto é feio* quando se trata de um ou uma colega. Talvez aqui esteja operando o processo de diferenciação entendido por Allport (1954) como o terceiro estágio do processo de aprendizagem do preconceito racial. Sofia, 9 anos, *morena*, afirmou que não gostaria de ser *preta* porque *preto é feio*. Perguntei-lhe, então, se ela considerava Diana feia, uma colega classificada como *preta*. Sofia respondeu que não e tentou explicar dizendo, de uma forma aparentemente sem coerência, que "preto é feio, mas os outro não é não". "Quais outros?", perguntei, e ela: "Ah! gente que é preto". Esse mesmo tipo de relativização ambivalente surgiu também numa conversa entre Mercedes, Paula e Ana, relatada no capítulo anterior. Depois de uma disputa entre Mercedes e Ana a respeito da classificação racial de Paula (Ana afirmou ser ela *preta*, e Mercedes discordou, reforçando a autoclassificação de Paula, a considerando *morena*), houve unanimidade entre as duas de que *preto é feio*. Mas, quando Ana explicitou essa opinião, Mercedes, imediatamente, voltou-se para ela perguntando de forma agressiva: "Por isso você acha a Paula feia, né?". Ana respondeu "não", e eu tentei explorar a contradição de Mercedes lembrando-lhe que ela também afirmou achar *preto feio*. Mercedes confirmou sua opinião, acrescentando: "Mas, eu não acho a Paula feia, não". Após esse diálogo, as crianças começaram a brincar com os bonecos. Interferi na brincadeira sugerindo que a mãe de um bebê ia levá-lo à médica e solicitei que elas escolhessem a boneca que representaria a médica. Ana, a primeira a escolher, decidiu-se por uma *branca*. Mercedes interpretou, logo em seguida, essa escolha dizendo: "Ela escolheu a branca porque o preto ela acha feio", voltando, novamente, à mesma tecla. E qual você ia escolher? Mercedes, ao responder, relativizou a posição social inferior do *preto*, expondo argumentos demonstrativos da igualdade entre *brancos* e *pretos*:

> Se for no caso eu ia escolher o preto porque todo mundo é igual, ninguém é diferente de ninguém: todo mundo tem pé, todo mundo tem braço, todo mundo tem boca, todo mundo, as pessoas andam, todo mundo tem cabeça, todo mundo tem perna, todo mundo tem tudo.

Paula, em seguida, repetiu a frase *"todo mundo é igual"*. Questionei, mais uma vez, a coerência de Mercedes perguntando-lhe: "Todo mundo é igual? E, então, por que você falou que *preto* é feio, que você nem gosta?" Mercedes, ao responder, integrou essa opinião num outro argumento relativizador: "Hum; a cor que é feia. A pessoa, dentro dela, não é feio porque todo mundo é igual". Esse argumento *"por dentro todo mundo é igual"* se aproxima da ideia de que *"o sangue é o mesmo"* e, por isso, *"negro é só cor"* e *"cor não tem nada a ver"* ou *"não importa"*.

Um menino de 12 anos, que se autoclassificou como *preto* e a mim como *morena* disse não existir diferença entre essas duas categorias porque "o importante é a pessoa ter educação e moral". Uma argumentação desse tipo foi feita por uma mãe que conversava com seu filho de 17 anos dentro do ônibus em viagem de Juiz de Fora a Belo Horizonte ao meu lado: segundo o adolescente, a discriminação racial é tão grande que, quando ele for procurar emprego na Mercedes Benz, que estava construindo uma fábrica em Juiz de Fora, os alemães iriam achar que ele foi lá para roubar ou para carregar o computador e não para trabalhar. Diante dessa observação do filho a mãe disse: "Isso não tem nada a ver. O que importa é a sua capacidade, a sua inteligência", desconsiderando a atuação do preconceito racial ou querendo remover o sentimento de impotência, que pode levar a um processo de desistência ou de autoexclusão, diante de mecanismos sutis de discriminação racial que operam na sociedade brasileira.

No grupo de classe média, das 34 crianças sondadas a respeito do significado de racismo e preconceito, 25 conseguiram dar alguma definição para esses conceitos (correspondendo a 73,5%), e apenas 9 (26,47%) disseram não saber explicar o significado ou desconheciam essas palavras.

Em várias conversas, esses conceitos faziam parte do vocabulário das crianças, e eram elas, inclusive, que tomavam a iniciativa de introduzi-los nas conversas, usando-os espontaneamente. Na entrevista coletiva feita com Luíza, Beth e Augusta, esta última respondeu à pergunta "Você gostaria de ser da *raça negra*?", usando o conceito de racismo: "que tem pessoa que é racista, não gosta da gente só por causa da cor da gente" e ainda informou que "a metade dos meus amigos são racistas".[58] Luíza e Beth concordaram com Augusta. E o que é ser racista? Obtive duas respostas: "é não gostar da cor dos outros" e "fica rindo da gente só porque a gente é negro". Esta última resposta enfatiza, novamente, a significação negativa de ser *negro* devido à possibilidade de gozação ("fica rindo"). Nessa mesma entrevista, quando Augusta e Beth estavam representando uma briga entre dois bonecos, disseram que a briga era "por causa da cor" porque "esse é racista" e Beth utilizou o recurso de chamar o boneco *branco* de racista para se defender dos xingamentos recebidos ("pretão, feio, negro"). Mais à frente, perguntei às crianças por que elas consideraram a *"menina bonita do laço de fita"* feia, e a resposta de Augusta ("e ela também é negra") possibilitou que uma das colegas a chamasse de racista. A partir do entendimento de Augusta sobre o significado da palavra racista, o seu comportamento, em vários momentos, pode ser interpretado como racista. No relato de uma briga ocorrida durante o recreio, conforme já dito, ela utilizou a

---

[58] Na entrevista feita com Augusta 6 meses depois voltei ao conteúdo dessa nossa conversa, após ter aplicado o jogo dos cartões, pedindo-lhe que definisse racismo novamente. Augusta respondeu: "É que é uma pessoa branca que não gosta de outra raça, por exemplo, um negro". Solicitei-lhe, então, que me explicasse a afirmação feita, anteriormente, de que a metade de suas amigas eram racistas, e ela disse: "Elas não gostam das outras. Eu tenho muita amiga também que é negra. Elas não gostam dela. Das negras". Por quê?, insisti. Augusta não respondeu prontamente, dizendo, "ah, elas...". Voltei a indagar: "Mas elas falam alguma coisa com você?" e diante da confirmação perguntei: "Então, qual é o motivo?". Obtive a seguinte resposta: "Não sei. Parece que elas acham chatas" e logo a seguir, Augusta fez questão de revelar que a sua melhor amiga "até hoje é negra, mas só que ela mudou pra outra cidade".

expressão "só tem menina feia lá...Tem uma negona lá", e, alguns meses depois, Luíza revelou que Augusta teria dito para um funcionário da CEMIG: "Ih nego preto, você apagou a energia da nossa sala". Nesses dois casos, Augusta exteriorizou expressões consideradas categorias de xingamento e gozação. Segundo ainda Augusta, "quando um branco racista vê um negro, eu acho que ele é impaciente. Ele fica querendo provocar ele. Provocar. Ele fica inquieto quando vê aquele negro". E provocar, de acordo com o seu entendimento, é "mexer com a pessoa. Ele quer fazer raiva, porque fica inquieto. Quando é assim, ele é racista". E, como vimos no capítulo anterior, a provocação possível é chamar, "*dar apelido*" de "*neguinho da pastoral, nego preto, rei da cocada preta*". Parece que foi essa inquietação que Augusta sentiu quando *mexeu* com o funcionário da CEMIG. Quis ela apenas provocar risos das colegas que a ouviram, tornando-se, assim, uma pessoa engraçada? Ou manifestou uma agressividade gratuita? Uma manifestação de uma tendência quase que espontânea do preconceito racial, e, por isso, difícil de controlar? De acordo com Augusta, *negro* também pode ser racista porque "tem alguns negros que não gostam de brancos", só que, diferentemente desses, os *negros* não provocam, "eles deixam pra lá e vão cuidar da vida deles", revelando, mais uma vez, o conhecimento de que são os *negros* o alvo da gozação.

Como conclusão deste capítulo sugerirei algumas reflexões em torno da convivência de um discurso relativizador do preconceito racial existente entre as crianças com comportamentos e atitudes preconceituosos.

Um dia depois da entrevista feita com Luíza, Beth e Augusta, conversei com Beth no pátio da escola, tentando explorar o que havia sido dito no final da conversa, no momento em que soou o sinal para o término das aulas daquele dia:

P: Ontem, depois que a gente conversou, eu fiquei com uma dúvida. Vocês me falaram que, quando a pessoa é negra, ela tem menos amigos, que ninguém vai querer ficar com ela. E eu não entendi porque ninguém vai querer ficar com ela.

Beth: Porque no mundo tem muitas pessoas racistas.

P: O que é ser racista?

Beth: Ontem eu já falei, não falei, não?

P: Não lembro.

Beth: Falei. Falei que racista é gozar uma pessoa negra. O branco goza de pessoa negra.

Seis meses depois, Beth continuou afirmando que ser racista é ruim porque "arranja menos pessoas para conversar, menos amigos", o que implica uma predisposição, de sua parte, para padrões inter-raciais de amizade.

Aline também usou espontaneamente a palavra racista para explicar sua opinião de que *preto* sofre mais que *branco* ou *moreno*: "porque eles têm, ele pensa assim, por exemplo, igual os homens, né? Que tentam, que vão arrumar uma namorada, aí tem namorada que é racista, gente racista, aí não vai querer". Perguntei, então, à Aline, o que é ser racista, e ela disse: "Ah, não sei. Não gostar de preto". Anteriormente, Aline afirmou que não gostaria de ser *preta* porque "ah, eu não gosto muito de preto, não". Será que Aline se reconheceria como racista se perguntada diretamente? Ou construiria alguma explicação justificadora dessas suas duas respostas? Infelizmente, não explorei essa questão com Aline, mas, em vários momentos nos depoimentos das crianças, *não gostar* significava *achar feio*.

Maria ("morena, pelo menos, pra mim eu sou morena"), identificada como *preta* ou da *raça negra* por quase todos os colegas da sua sala, explicou a diferença entre dois bonecos dizendo "Esse aqui é branco, e esse aqui é mais moreninho" e, antes de incluir a categoria *preta* em seu sistema de classificação racial de pessoas, preocupou-se em esclarecer que "não é preconceito não, mas tem preta também". Afirmou não existir nenhum colega *preto* em sua sala, "só moreno", e quando perguntei-lhe se ela já foi alvo de algum preconceito respondeu: "Não, ao contrário. Todo mundo acha a minha cor muito bonita", apesar de, num outro dia, ter revelado sua suspeita de que Regina, sua colega, era preconceituosa. Ao ser indagada se conhecia alguma pessoa *preta* pessoalmente, Maria fez a mesma advertência antes de responder: "Olha, pra mim não é preconceito isso, mas eu tenho uma vizinha, eu gosto muito dela, muito, o pai dela que é, ela não, ela já é morena". Tentei explorar o sentido e o motivo dessa expressão *"pra mim não é preconceito"*. Maria acionou um discurso relativizador um pouco contraditório: "Quando as pessoas... pra mim nada é preconceito porque todo mundo é filho de Deus do mesmo jeito". Logo em seguida, Maria afirmou que considera esquisito "aquela pessoa que é muito preto e nem a sobrancelha dela a gente vê direito", complementando essa opinião com a frase "mas eu não tenho preconceito, não". Várias outras crianças, assim como Maria, não se consideraram preconceituosas, apesar de acharem *"preto feio"*. Veremos, mais adiante que, apesar dessa contradição, um discurso relativizador foi construído.

Numa outra entrevista, Maria admitiu nunca ter ouvido um *preto* ser xingado e lembrou do programa da Rede Globo, *Você Decide,* no qual o fundador de uma escola não aprovou o nome de um professor que "era muito preto" para o cargo de diretor. Como consequência, o fundador foi processado. Ao ser indagada se achava errado ter preconceito, Maria elaborou um outro discurso relativizador, introduzindo, ao mesmo tempo, um argumento mais laico:

> Acho muito errado porque, vamos supor que você é branca, e eu sou preta da cor desse gravador (riu). Olha Rita, a gente não é irmão do mesmo jeito? Olha, se eu for dessa cor e você dessa cor, vai mudar alguma coisa na gente? Não tem braço, perna, rosto, olho, não tem tudo? Então.

E, ao tentar explicar por que algumas pessoas são preconceituosas (considerou-as "idiotas"), narrou um episódio familiar envolvendo a bisavó, "que já foi preconceituosa":

> A minha mãe, na casa da minha avó, as meninas eram tudo criadas juntas, e os meninos também. Só que a minha mãe, junto com a minha tia, foram criadas pela minha bisavó. A minha vó que cuidava delas, mas a minha bisavó também. E a minha tia pegou e falou assim, é, arrumou namorado, só que o namorado era muito preto, ele é muito preto, ele é assim mesmo (se referindo à cor do gravador). Aí ela pegou e falou assim: nossa Vanda, como é que você vai – essa parte é até engraçada – como é que você vai acordar do lado, vai acordar do lado, na hora que você virar o rosto, vê aquele rosto preto, aquele monstro na sua cara. Aí ela falou: não mãe, só por causa de raiva casou com ele...E tá casada até hoje, e ele dá tudo o que ela quer.

A fala de Maria[59] confirma que o uso da categoria *morena* não é interpretada como preconceito racial, sendo, de fato, considerada, por ela, uma terceira categoria que pode, às vezes, ser usada no lugar da categoria *preta/negra*, para evitar uma relação de animosidade, ou de preconceito, uma vez que esta última categoria, como vimos, já se transformou em categoria de xingamento. Além disso, o último caso narrado e o depoimento de Aline indicam as relações amorosas inter-raciais (namoro e casamento) como relações nas quais a superação do preconceito é mais difícil, encontrando, talvez, o seu limite. Na fala reproduzida a seguir, Tatiane, 8 anos, respondeu que não gostaria de ser *preta* lembrando um obstáculo amoroso de cunho racial apresentado na novela *Carrossel*: "...Também eu vi uma novela, carrossel, que tinha um menino preto e gostava de uma menina lourinha, e a menina desprezava ele só porque ele era preto". E, na opinião de uma menina, entrevistada junto com Tatiane, a solução para um menino *preto* é "*deixar de ser branco*" e "*arrumar uma namorada preta*", contrapondo-se, sem saber, à chamada ideologia do *embranquecimento* concretizada através da miscigenação racial:

P: E vocês acham que as pessoas que são pretas, elas gostariam de ser brancas ou elas gostariam...

Cri: Eu acho. Eu acho, que tem muitas pessoas que gostariam de ser brancas, só porque, por exemplo, uma pessoa lá, tem muitas pessoas que acham assim; ela é branca, e a menina é linda, só que a menina só

---

[59] Quando entrevistada 6 meses depois, Maria, dando sequência ao seu raciocínio sobre se ser pobre era positivo ou não ("igual o rico, diferenciar o rico do pobre a gente não pode diferenciar de maneira alguma. Porque isso, você está sendo o quê? É preconceituoso, porque ele pode ter um carro, e o outro não pode. Quer dizer, nós somos filhos da mesma pessoa né, de Deus. E a gente não pode, só porque que ele é pobre eu não posso excluir ele") disse: "mesma coisa de racismo. Olha, eu não sou branca, eu sou morena né? A minha mãe é branca, assim, ela é branca, ela é mais escura que você um pouco. Ela é da cor da Eliane, acho que um pouco mais clara. Não sei. Assim, igual aquela ali, aquela mulher que passou ali. Mas ela é branca, meio branca sabe? Ela é clara... Meu pai é moreno. A minha irmã já é branca, e outra morena, minha irmãzinha... A minha mãe falou assim, eu não sei, um dia a minha mãe tava me contando que a mãe da minha vó, ela é viva ainda, a minha tia ia casar. E esse homem que ela ia casar é negro, mas ele é negro mesmo. Aí a minha vó era racista. Não é minha vó, a mãe da minha vó é racista. Pelo menos era né? Agora eu acho que ela não é mais não. Mãe da minha vó. Ela era racista...Então ela falou: - ela chama Vanda, a prima da minha mãe – ô Vanda, você vai acordar com aquele trem preto na sua cama, você vai tomar um susto" (mais uma vez, Maria relatou, rindo, essa fala da bisavó).

gosta de pessoa branca, então ele quer ser branco só pra namorar com ela, porque ela só gosta de pessoas brancas, não gosta de pessoa preta. Mas, se eu fosse ele, eu ficava, eu gostaria, eu deixaria de ser branco e não ligava, eu ia arrumar outra namorada que seria preta como eu.

A manifestação de estranheza em relação à possibilidade de casais inter-raciais ocorreu, algumas vezes, durante a brincadeira com os bonecos:

Eliane: Ela tá com meu branco! Ela tem que ser negro, e eu tem que ser branco.

Regina: Não, Eliane, tem gente que é negro, e nasce o filho branco, igual eu vi na reportagem. Tem uma mulher atriz que teve um neném, e ela é negra, e nasceu o filho branco.

Viviane: Eu quero um homem (boneco) sem ser moreno.

P: Sem ser moreno, por quê?

Viviane: Porque ela não é morena, e ela vai casar com ele agora (se referindo aos bonecos).

Beatriz: Não tem nada a ver, Viviane, só porque ele é moreninho! Me empresta, porque eu tô com um moreninho.

Na entrevista realizada na segunda fase da pesquisa, Regina explicou o racismo fazendo uma suposição em que ela mesma aparece como racista: "Assim, eu sou branca e aí eu não gosto de preto, eu tenho nojo de preto". Nesse caso, *não gostar* equivale a *ter nojo* e não a *considerar feio*. Mais adiante, perguntei o que Regina achava de uma pessoa racista, e ela não condenou explicitamente, não tentou elaborar um discurso relativizador, como as outras crianças fizeram, ressaltando, no entanto, a possibilidade de ocultamento do racismo: "Uai, essa pessoa racista ela pode ser muito legal, e a gente não tá vendo que ela é. Ela é muito legal". Em seguida, Regina completou: "igual o meu aluno de órgão, ele é pretinho. Ele é preto", querendo com essa informação revelar que não era racista. Ao mesmo tempo, Regina lembrou de um episódio em que sua tia a considerou uma pessoa racista:

> No casamento da... acho que é irmã da minha tia, acho que é, eu ia ser dama de honra, só que aí ela falou – só o filho dela falou isso comigo – que ela não deixou eu ser porque eu sou racista. E não sou, não... Aí a minha

tia tava querendo que eu fosse a dama de honra. Só que eu não sei o que ele falou, que ela começou a falar que eu sou racista. E a que ia casar era pretinha... aí eu não pude ser dama de honra.

Esse depoimento revela que uma criança *branca* foi punida por algum comportamento ou atitude interpretados como racistas pela tia, apesar de a criança dizer não saber o que fez. O caso relatado no depoimento parece também confirmar a existência de uma preocupação com as manifestações explicitamente racistas e de uma circulação mais frequente da palavra racismo no processo de socialização de crianças de classe média em relação às crianças pobres. Mas, curiosamente, esses processos não são suficientes para abolir o comportamento e as atitudes preconceituosos entre essas crianças, conforme já demonstrado na discussão sobre gozação e xingamentos.

O controle da manifestação racista é também explicitada no depoimento de Isabela que definiu racismo da seguinte forma: "Por exemplo, se tiver alguma pessoa preta, que você não gosta dela, ou então você briga com ela, você fala assim: essa pessoa é preta, eu não gosto dela. É racismo". E, ao explicar o motivo de sua mãe a ter ensinado a respeito desse assunto, Isabela indicou a necessidade de controlar o que se diz numa relação inter-racial para evitar ferir suscetibilidades: "Porque antes de eu falar alguma coisa, né?, que não... que a pessoa não gostasse, a pessoa não ficar magoada, né? Ela já me explicou".

Na entrevista feita conjuntamente com Juarez e Tadeu, perguntei se *branco* era racista também, depois que Tadeu informou que o primo "fala que quem é preto é racista". Tadeu respondeu que "não", e Juarez, que sim: "Branco é mais ou menos. É racista também. Alguns né?" e definiu racista da seguinte forma: "uma pessoa que não gosta da outra. Por exemplo, uma pessoa é branca, né? E a outra preta. E uma não gosta da outra. Isso é racismo". Posteriormente, Juarez revelou conhecer a possibilidade de uma pessoa racista ir para cadeia: "No Jornal Nacional passa, carinha que é racista e vai pra cadeia. Essas coisas assim".

Numa conversa realizada no recreio com várias crianças de 9 anos, solicitei que definissem a palavra racismo, e uma menina disse que: "Racismo é a pessoa que fala que negro não pode ser tratado da mesma forma". "Como eles são tratados? Melhor?" A criança respondeu: "Não, eles têm um tratamento pior". Explorei o significado de tratamento pior e a menina fez referência a um filme contado por sua mãe que retratava discriminação no mercado de trabalho: "Ah, existe um filme de racismo, o cara não aceitava não; você não vai entrar nesse emprego, porque você é escuro, não vai entrar no meu emprego". A criança avaliou esse comportamento como sendo *"uma besteira"*. Preconceito foi assim definido nessa mesma conversa: "É quando uma pessoa branca não respeita a pessoa preta, quando a pessoa branca não fala com a pessoa preta, pra não ter amizade com a pessoa preta". Nessa definição está sendo enfatizado um distanciamento físico, que já é um caso de preconceito racial mais extremo e mais raro entre as crianças. Quando perguntadas se eram racistas, todas negaram e denunciaram um colega da turma do ano passado: "Já teve uma pessoa racista na nossa sala... O Pedro e o Agenor...Chamava o Vander[60] de preto...à toa, sem motivo". Além do tratamento *preto*, considerado uma forma de racismo, as crianças disseram que o Agenor chamava o Michel, outro colega da turma, de *neguim da Beija-flor, de Michael Jackson* (nesse momento as crianças riram)*, de alma de João Paulo*. Informaram, ainda, que essas pessoas "ficavam com raiva" desses tratamentos.

Pedro foi entrevistado junto com Ricardo, e nessa conversa definiu racismo, fazendo referência aos Estados Unidos: "Ah, tem pessoas que eles são assim, tipo nos Estados Unidos. Eles são contra os negros, os pretos... os brancos são contra os pretos, e os pretos são contra os brancos". Segundo Pedro, essa foi a explicação dada por sua mãe quando ele quis saber o que era racismo. Ricardo disse que procurou no dicionário e viu "quase a mesma coisa, que são os pretos..., são os brancos que não gostam de preto, e os pretos, tipo assim, gostam mais ou menos dos brancos. Eles não gostam muito, por causa que os brancos não gostam deles". E por que os *brancos* não gostam deles? Ricardo respondeu: "Uai, o motivo deve ser porque ele não gosta da cor deles". Perguntei a Pedro se no Brasil existia racismo, e ele confirmou dizendo que "tem lugar que existe". Nesse momento, Ricardo entrou na conversa afirmando que "já vi um tanto de caso disso". Solicitei-lhe que contasse

---

[60] Pedro e Vander já foram citados no capítulo anterior. Pedro é o que chamava Neise de *macaca Chita*.

um: "Um cara lá, numa novela aí, o cara falou, o negro lá falou assim, que o cara tava fazendo racismo, aí ele foi, denunciou o cara, ele foi até julgado e foi preso", também conhecendo essa possibilidade de prisão para quem age de forma racista. Essa narrativa fez Pedro lembrar de um programa *da Rede Globo*: "Eu também, eu vi Você Decide, aí eu vi um monte de preto escravo, né? Eles era escravo do namorado da moça lá. Aí, ele falou que ele era contra os negros... porque ele tinha nojo da cor". Na discussão sobre a palavra preconceito, depois de afirmarem ter esquecido o seu significado, disseram: "Não sei como que fala. Preconceito é uma coisa assim que, por exemplo, os brancos não gostam dos negros", dando, porém, dessa vez, como explicação para a origem do desgosto recíproco dos *pretos-negros* e *brancos,* a escravidão: "porque os brancos já fizeram os pretos de escravos".

Luíza e Emília discutiram o significado de racismo. Luíza afirmou: "É, por exemplo... uma pessoa é de uma cor... se o branco brigar com o preto, isso é racismo". Procurei saber quem era racista, o *branco* ou o *preto,* e Luíza respondeu: "o branco". Emília, imediatamente, contestou: "Os dois... os dois, porque olha aqui, de vez em quando o branco tem algum preconceito contra o preto, e o preto de vez em quando tem algum preconceito contra o branco. Entendeu? Aí, isso, eu acho que é por isso mesmo". Tentei confirmar essa opinião perguntando: "Então os dois podem ser?", e em sua resposta Emília também fez referência aos Estados Unidos: "Podem. Mas a maioria é o branco. Lá nos Estados Unidos". Sua opinião a respeito do preconceito no Brasil coloca o Brasil numa posição mais positiva: "Aqui no Brasil não tem muito não... De vez em quando eles podiam ser inimigos. Nos Estados Unidos é sempre assim. Eu acho que é". Segundo Emília, essas informações a respeito dos Estados Unidos foram obtidas através de um filme assistido por ela na televisão. Mais adiante, depois de conversarmos sobre a autoclassificação, se gostariam de ser *pretas*, as gozações, a profissão dos pais, a classificação racial das colegas atuais, a diferença entre as categorias *preto* e *negro*, Emília considerou mais certo falar *negro* e emendou o seguinte raciocínio: "Aí... acho que não tem preconceito nenhum. É que nem o Pedro. Ele tem preconceito, que o Ricardo falou. Então, assim, eu acho que todo mundo tem preconceito". Quando perguntei-lhe o motivo, Emília se isentou dessa prática, modificando sua afirmação anterior: "Não acho que é todo mundo. Só algumas pessoas, entendeu? Eu, assim, não tenho preconceito nenhum". Fiz uma pergunta sobre essa sua última declaração ("Você não tem, não?) e Emília confirmou sua resposta, se colocando no lugar do *negro*: "Eu não. Eu não gostaria de ser chamada... Assim, se eu fosse negra, eu não gostaria de ser chamada de preto veio, entendeu, que nem eu vi (riu ao final da fala)."

Na discussão sobre racismo feita com Luiz, ele revelou um caso de discriminação racial num restaurante (definido por ele como *guerra de raça*) e construiu um discurso relativizador:

P: E você acha, Luiz, se você fosse escolher, você acha que escolheria ser negro?

Luiz: Escolheria.

P: E você acha que a maioria das pessoas gostaria de ser negra?

Luiz: Acho que não, acho que não.

P: E por que você acha que não?

Luiz: Porque eu acho que as pessoas pensam que a maioria das pessoas negras são mais pobres e mais..., não pode fazer aquilo, por ser racista, né?

P: O que é racismo?

Luiz: É porque cada um tem uma raça. Aí, o branco não aceita a raça do outro, que é preto. Aí fica aquela discussão e aquela guerra de raça.

P: Fica? E no Brasil também tem isso?

Luiz: Tem.

P: Tem? Guerra de raça?

Luiz: Tem.

P: E como é que essa guerra acontece?

Luiz: Tipo assim: eu tenho... eu tou... finge que eu sou racista. Eu tenho um restaurante, eu sou branco, então o meu restaurante não aceita preto, negro.

P: Quem te ensinou sobre isso?

Luiz: Televisão, meu pai.

...

P: E o que você acha disso? Dessas pessoas que fazem isso?

Luiz: Ah, eu acho um absurdo, porque cada um... Eu sou um ser humano, você também é. Eu tenho cabelo, você também tem, eu tenho braço, você também tem. Então, o fato da cor diferente não tem...

Ao conversar com Mércia e Miguel, Mércia definiu raça como "cores diferentes" e afirmou existir raça de "pessoa branca, de pessoa morena, de pessoa mais ou menos morena, de pessoa escura". Quando Miguel estava dizendo "Eu concordo com ela, mas...", foi interrompido por Mércia com a frase: "algumas pessoas são racistas". Miguel continuou sua sentença esclarecendo que "eu nasci branquinho, e meu irmão é branqeeeelo". Solicitei a Mércia que se autoclassificasse ("eu sou morena"), que me classificasse ("Você é branca e um pouquinho de nada moreno") e definisse uma pessoa racista: "Porque tem pessoas que são contra as pessoas que são escuras, não gostam delas". Mércia admitiu: "Teve uma época que eu não gostava deles, mas agora eu já comecei a gostar". Quando perguntei a Miguel se ele era amigo de alguma pessoa *negra*, Mércia também respondeu, elaborando um discurso relativizador:

> Eu tenho um amigo escuro também, amigas, eu não acho que tem a mínima importância, porque a gente já vai olhando e "nossa, essa pessoa deve ser chata", é que a gente ainda não conheceu ela direito, quando conhecer a pessoa e você vai ver que ela não é tão ruim assim. É uma pessoa normal como todos nós, só a cor dela que é diferente.

Eliane se autoclassificou dizendo: "Eu sou morena, não sou negra, o moço falou que eu não sou negra". Querendo entender melhor essa afirmação, perguntei a Eliane se ela discordaria "*do moço*" se ele tivesse dito que ela era *negra,* e ela respondeu relativizando: "Não, não tem problema se eu sou negra. Eu sou humana, não sou? Então o que que tem eu ser...".

Em todos esses discursos relativizadores do preconceito racial, percebe-se uma tendência mais secularizante que religiosa: os argumentos usados para condenar o preconceito chamam a atenção para a igualdade de todos através do conceito mais geral de humanidade ou, como apresentado logo a seguir, tentam dissociar a aparência externa das qualidades interiores, esforço, por si só, difícil diante da teoria de raça do senso comum, tal como caracterizada por Hirschfeld (1996), que supõe que as similaridades físicas são emblemáticas de outros atributos e resultantes do caráter essencialista do pensamento racial.

A seguir, reproduzo mais um fragmento da entrevista realizada com Viviane, Beatriz e Tatiane, que tentaram construir um discurso relativizador a partir da dicotomia *por dentro* e *por fora*, além da explicitação de um caso de discriminação racial no mercado de trabalho e do entendimento que *"preto pode ser muito bom, fazer coisas que branco faz"*:

P: E vocês acham certo? (a menina *lourinha* desprezar um menino *pretinho* na novela Carrossel).

Viviane: Não, só porque ele é preto! Todo mundo é igual.

Beatriz: Olha Rita, só a pele, a diferença, olha, ele pode ser feio, mas ele pode por dentro ser bom, amigo.

P: E você acha preto feio?

Beatriz: Eu não acho, não. Eu nem comparo, eu nem comparo. Tem umas pessoas que falam: olha a gorducha, olha a feiona. Elas podem ser ridículas por fora, mas por dentro elas são muito boas.

P: E você acha preto feio?

Tatiane: Alguns até são, mas só porque eles são, a gente não vai ficar gozando: olha lá feiúra, pretão!

Beatriz: Olha, lá na sala das Chiquititas (novela de TV) eu li na revista das Chiquititas que eu ganhei, que a Dani, ela faz sucesso, aí então, os diretores não deixavam ela entrar por causa de que ela era morena, de cabelo preto. Só que ela falou assim, insistiu e tentou, conseguiu ser uma atriz e mostrou pra eles que preto também pode ser muito bom, fazer coisas que branco faz.

Tatiane: Porque não importa se é preto, se é moreno, se é negro, se é louro, se é branco; o que importa é o que vale por dentro, se é carinhoso, se é bonzinho. Até que existe, que tem os preto malvado, né?

P: E tem branco malvado também?

Tatiana: Tem. E não importa se é preto, branco, moreno, louro, porque sendo de qualquer cor é humano.

E, mais adiante, uma das crianças acima (não foi possível identificar qual das duas) respondeu a uma pergunta sobre as conversas realizadas em sua casa a respeito do tema racial, revelando a existência de uma atitude racial preconceituosa antecipada, contida na expressão *preto deve ser chato*, e um processo de mudança através da experiência de um contato mais próximo, fenômenos que também surgiram na fala de Mércia, anteriormente citada:

Criança: Eu já. Eu já falei com minha mãe. Tem pessoas que são meio feiinhas, de preto, são. Elas podem ser ruim, ela pode ser feia, né?, por fora, mas por dentro ela é muito boa. Que tem várias pessoas, amiga, que eu já tive, assim, um dia eu já vi uma menina lá na janela e eu achava ela tão feia! A Conceição. Ela é muito ruim, ela é muito, aí a gente achava ela chatinha. Ai a minha amiga falou que ela agora vai vim aqui no prédio para brincar com minha irmãzinha. Aí ela foi lá e desceu, e desceu e foi lá pro meu prédio.

Outra criança: E foi muito legal, sabe?

Criança: Aí depois ela trouxe um monte de brinquedinho, e eu mexi, mexi neles, e ela não ligou, não.

P: E ela era negra?

Criança: Era.

Na segunda fase da pesquisa, feita seis meses depois, entrevistei novamente Beatriz e Viviane que lembraram o conteúdo da conversa passada da seguinte maneira: "A gente conversou sobre os bonequinhos negros e os brancos" e "perguntando se na sala teve alguém negro, pergunta, sabe? De negro, branco... Se a gente não tinha racista, alguma coisa assim". Apliquei o jogo dos cartões e, depois, iniciei uma conversa com essas crianças perguntando se as categorias *negro* ou *preto* possuíam o mesmo significado e obtive a resposta: "É. A gente não olha não é a cor, olha o sentimento, o caráter. O que importa é que eles são humanos". E a outra criança completou: "Eles não são animais". Observa-se que o argumento relativizador é mantido. Continuei a conversa, indagando se elas acreditavam na existência de pessoas que consideravam os *negros* animais, e uma das crianças revelou a identificação de *negro* pobre com pivete: "Na maioria das vezes, todas as pessoas que olham pro negro, se ele tá mal vestido assim, eles acham que é pivete", e foi complementada pela outra: "É pessoas racistas". E, pessoa racista, de acordo com definição dessa criança, é "pessoa branca que não gosta de negro". Um pouco adiante, Beatriz contou-me que seu pai, "quando era pequeno, ficava gozando um amigo na escola que era neguinho" e que esse amigo acabou dando lhe "um golpe de caratê" que provocou sua queda. Todos os outros colegas riram e, segundo Beatriz, seu pai "aprendeu, porque mesmo assim, sendo menino negro, é legal. Eles são legais. Só que se você mexer com ele, aí ele não vai se sentir bem, ele vai ficar ofendido e vai bater", justificando, dessa forma, o comportamento agressivo do *menino negro*.

Augusta, que admitiu considerar feia a maioria das pessoas *negras*, também tentou relativizar sua opinião, quando solicitada a confirmá-la, usando a dicotomia dentro e fora:

Augusta: Mas eu tenho muitas colegas assim. Depois que você conhece mais a pessoa, você não acha elas tão feias. Por exemplo: você vê um negro ali andando. Você olha assim pra ele de longe, igual aquele que tava ali, caminhando, parece muito feio. Aí, só que depois você conhece, eu acho que, ah, acho que se ele for simpático, ele vai ficar mais bonito.

P: Ah, ele fica mais bonito.

Augusta: Por fora e por dentro.

P: Por fora e por dentro. O que é ser bonito por dentro?

Augusta: Simpático, compreensivo, amigo. Não ser ignorante.

Na conversa com Telma e Nilza, ambas com 10 anos de idade, percebe-se uma tendência relativizadora em todo o relato, apesar de Telma considerar o *branco* "cor da pele normal". Quando perguntadas se escolheriam ser *pretas*, responderam que não e, espontaneamente, fizeram uso da palavra racismo: "Não porque, por racismo, assim não, mas é que eu prefiro essa cor mesmo" e "Também não é nada de racismo não, é que eu sou assim, eu sou mais acostumada". Em sua definição de racismo, Nilza considerou a possibilidade tanto do *branco* ser racista quanto do *preto* e condenou o racismo a partir de um argumento religioso:

> Racismo é assim, por exemplo, tem uma pessoa que ela é branca ou então preta, pode ser qualquer um dos dois, e fala que, por exemplo, que branco é feio, assim, que branco, a gente, por exemplo, que fala assim, que branco tem que casar só com branco, preto é uma cor muito feia, assim, essas coisas que é racismo. E a gente tem que gostar de todas as pessoas, a gente não pode viver com racismo porque o racismo, porque toda, cada..., Deus deu a cor pra cada um de nós e a gente tem que aceitar a cor das pessoas e a nossa também.

Telma, ao explicar o significado de racismo, lembrou algumas crianças, suas vizinhas, que se recusam a brincar com *negros*, e fez questão de ressaltar que ela não exclui ninguém da brincadeira por motivo racial:

> Lá perto da minha casa tem muita gente éee preta e muita gente branca. Aí tem muitas pessoas que não brincam com a pessoas negras, né? Por quê? Só porque elas são negras e aí elas, não sei o que que dá nelas que ficam sem vontade de brincar, mas eu brinco com todas, pra mim tanto faz.

E, Nilza, concordando, argumentou a favor da amizade inter-racial:

> Pra mim tanto faz, é a mesma coisa, só de outra cor o que que tem? É amigo. Amigo é amigo...Eu estava falando assim que, por exemplo, que a amizade é amizade, uê, só por causa da cor você não vai ficar amigo de uma pessoa? Amizade é uma outra coisa, sem ser, assim, coisa de racismo. Amizade é uma coisa e racismo é outra. A gente não pode, quem é amigo, não pode brigar com a pessoa só por causa que ela é negra ou só por causa que ela é branca.

Um pouco mais adiante, as crianças começaram a brincar com os bonecos e, como Nilza disse que colocaria "moreninho com morenino, branquinho com branquinho", Telma comentou que já ouviu muitas pessoas falarem que "só porque é branco tem que casar com branco, e muita gente que é negro tem que casar com negro", voltando, novamente, ao tema das relações amorosas inter-raciais. Segundo Telma, isso não devia acontecer porque "tanto faz, quando você gostar de uma pessoa aí não tem que olhar a cor". E, dessa vez, Nilza argumentou também usando a metáfora *por dentro*: "você tem que ver mesmo é dentro da pessoa. Por dentro dela, se ela é boa, se ela é gentil, se ela assim, por exemplo, a Aparecida, sabe, ela tem uma coisa, eu não sei o quê, sabe? Que ela mente tanto, mas tanto". Aparecida é uma das colegas *pretas/negras*, que, conforme vimos, denunciou dois meninos da sua turma que a chamam de *pretona* e *negona*. Telma interpretou esse comportamento de Aparecida dizendo que "ela deve ter muito problema na casa dela, né?" e depois narrou um fato ocorrido em sala em que Aparecida teria pego a sua tesoura e afirmado que era dela. De acordo com Telma ela estava mentindo, provavelmente, porque a mãe de Aparecida não tinha dinheiro para comprar uma tesoura e, logo em seguida, informou que Aparecida "quando acha alguma coisa na sala ela pega pra ela". Esses relatos mostram a dificuldade de relacionamento de Aparecida, uma menina pobre e *negra*, num ambiente majoritariamente *branco* e de classe média. Conforme relato de Sandra, já apresentado anteriormente, "muita gente discrimina ela" na turma. Mesmo Sandra, que tentou demonstrar uma disposição para ser amiga de Aparecida, relatou que a chamou de *preta* num dia em que estava *brava* com ela: "ela fez uma coisa que eu não gostei". Isso foi revelado diante de Aparecida, que também participava da conversa. Essa lembrança foi desencadeada por uma pergunta sobre a autoclassificação de Sandra. Sandra afirmou: "eu acho que eu sou amarela ou preta, porque eu não sou branca.[61] Perguntei-lhe se não existiria *moreno* e, ao tentar responder a essa pergunta ("Não, porque se for moreno é preto. Porque moreno, muitas pessoas falam que é moreno, mas eu não acho que é isso"), Sandra narrou o incidente explicitado acima. Sandra revelou que se entristeceu com o que fez e afirmou: "Eu falei que eu era preta porque não existe cor de morena". "Como você soube disso?", perguntei-lhe. Ela informou que viu na televisão. Mas, até aquele momento, ela se considerava *morena*: "Eu falava assim: nossa, eu sou moreninha!". O diálogo que se seguiu, quando solicitei a Sandra que classificasse racialmente Aparecida, é revelador do constrangimento que essa discussão pode provocar (o que, muitas vezes impede um debate aberto da questão racial, essencial para a superação de atitudes e comportamentos preconceituosos), ao mesmo tempo que revela o

---

[61] A primeira vez que conversei com Sandra (estávamos só nós duas) ela disse: "Eu acho que eu não sou branca e nem preta. Acho que eu sou morena". O seu sistema de classificação incluiu também, além das categorias *morena, branca* e *preta*, a categoria *amarela*, que ela não soube explicar.

esforço de Sandra no sentido de não ofender (como disse) Aparecida. Esse esforço envolve um autocontrole, uma vigilância constante e um cuidado permanente com o que se diz:

P: Mas, que cor que Aparecida é?

Sandra: Ah, eu tenho medo de ofender ela.

...

P: Você acha chato conversar sobre esse assunto de raça, de preconceito, de racismo?

Sandra: Não, porque às vezes..?.. de esclarecer. Fala pra pessoas não chamar as pessoas de negra. Esclarecer. Falar que não existe cor morena.

P: E mesmo quando existem pessoas de várias cores na rodinha, você fica inibida de falar? Por exemplo, tem a Aparecida aqui que é de outra cor né? Aí, conversar esse assunto com ela você fica inibida, sem jeito?

Sandra: Um pouquinho só.

P: Mas, por quê?

Sandra: Ah, porque às vezes eu posso esquecer o que eu vou falar e falar alguma coisa que vai ofender ela.

P: E você, Aparecida? Você acha chato conversar sobre esse assunto? Isso te incomoda?

Aparecida: Não.

...

P: Você já tinha conversado com Aparecida sobre isso?

Sandra: Não, só poucas vezes. Poucas vezes que eu falo é assim: xingar ela e depois eu falei com ela.

P: Mas, conversando assim, igual a gente conversou hoje....

Sandra: Não.

P: Nem na sala de aula, a professora nunca conversou ou já?

Aparecida: Não.

Sandra: A gente tava estudando Geografia e História sobre os escravos, só que ela nem falou que a Aparecida é preta.

Curiosamente, quando entrevistei Aparecida pela primeira vez, individualmente, ela disse não saber o que era preconceito nem racismo, apesar de já ter sido xingada na escola. Em sua entrevista individual, Sandra, espontaneamente, começou a comentar sobre Aparecida, dizendo que ela era discriminada e definiu racismo como a seguir: "Racismo é quando uma pessoa, por exemplo, eu sou branco ou então eu sou negra. E eu falo assim: credo, eu não gosto de trabalhar com pessoa negra, eu não quero saber das pessoas negra. Isso que é racismo, eu acho que é isso".

Nesses depoimentos, percebe-se que o estereótipo "preto é feio", permanece, mas, segundo as crianças, as características afetivas, morais e de competência devem ser ressaltadas e devem ter maior importância do que as características físicas, aparentes, que, como visto, propiciam ingredientes para a gozação racial. A aparência física externa, portanto, deveria ser colocada em segundo plano e não deveria ser um empecilho para o início de uma relação de amizade ou coleguismo. A fragilidade desse discurso relativizador se manifesta, no entanto, no momento em que uma relação de simpatia, de amizade (não ser chato) não se estabelece entre duas crianças classificadas em categorias raciais diferentes. Nesse caso, a situação de conflito pode desencadear comportamentos preconceituosos, tais como a agressão verbal, a gozação, baseados em características raciais.

Vimos, neste capítulo, que a relativização do preconceito racial passa pela ideia de que "somos todos iguais", e essa igualdade é fundamentada religiosamente, na crença de que "somos todos filhos de Deus" ou num argumento mais laico de que "somos todos humanos".[62] Gonçalves (1985, p. 167) critica a visão, encontrada por ele entre as professoras, que afirma que uma das formas de a escola contribuir na diminuição do preconceito é através do ensinamento de que "todos somos filhos de Deus" e "perante Deus somos todos iguais". Para o autor, nessa perspectiva, o destino das crianças *negras* será "sombrio e incerto,

---

[62] Holmes (1995 p. 54) diz que aprendeu com uma criança de 5 anos uma da mais genuínas lições através da resposta dada por ela à pergunta "Como você se sente por ser black?": "Eu não sei, Robyn. Sinto-me como uma pessoa. Eu sou uma pessoa, e isto é tudo que eu sei". Para a autora, essa "resposta forneceu uma possível solução para alcançar harmonia racial: cada indivíduo é uma pessoa, não um black, brown ou white, e cada indivíduo deve ser tratado similarmente porque nós somos todos seres humanos".

pois o desenvolvimento de sua identidade histórico-cultural dependerá da capacidade de suas professoras sensibilizarem os preconceituosos de que somos filhos de Deus...". Cavalleiro (1998, p. 134) também critica esse discurso de igualdade perante Deus e outros dizendo que eles se distanciam da realidade cotidiana das crianças, uma vez que "oferece provas da existência de tratamentos diferenciados pautados na origem étnica". Esses autores mostram, então, que esse discurso de igualdade, exteriorizado pelas professoras, *mascaram* o preconceito racial e não contribui em nada para superá-lo.[63] No entanto, o que pretendi mostrar neste capítulo é que um discurso de igualdade circula entre as crianças e as faz condenar o preconceito racial, ao mesmo tempo em que se comportam preconceituosamente e expressam atitudes preconceituosas. Ao agirem dessa forma, elas sabem que estão fazendo alguma coisa errada, que é necessário, inclusive, esconder dos adultos. Assim, o discurso relativizador e o preconceito racial são componentes do processo de socialização das crianças, e ambos estão em processo de cristalização e de estabilização durante a infância.[64]7 O discurso relativizador não tem, no entanto, força suficiente para impedir que o comportamento preconceituoso se desenvolva. Sua eficácia é reduzida diante não só da pressão das representações preconceituosas existentes na sociedade brasileira mais ampla, mas também da ausência de uma discussão sistematizada e aberta da questão racial com as crianças. Quando a criança cresce e torna-se adulta, a potencialidade desse discurso igualitário embrionário pode se dissolver, transformando-se, de fato, num discurso vazio, escamoteador de verdadeiros sentimentos e atitudes preconceituosos.

---

[63] Também Erikson (1987, p. 318) é crítico em relação a essa identidade "seres humanos", pois ela é "propensa a retirar toda a especificidade das relações 'humanas', pois, mesmo numa identidade mais vasta, o homem encontra sempre o homem em categorias (sejam as de adulto e criança, sejam homem e mulher, sejam patrão e empregado, sejam líder e adepto, sejam maioria e minoria)...". Por outro lado, reconhece também que essa identidade pode "por vezes, representar uma genuína transcendência da mentalidade da pseudoespécie...".

[64] Nogueira (1955, p. 514) considerou esse caráter ambíguo do que ele denomina de *ideologia brasileira de relações raciais*, afirmando ser composta "de um lado, pelo preconceito e, de outro, pelos ideais de igualitarismo racial e de miscigenação". Segundo esse autor, os efeitos negativos do preconceito racial se manifestam através dos obstáculos impostos à mobilidade social do *homem de cor* e através do "desencorajamento que tende a resultar da ameaça de humilhação que pende sobre ele e que se torna tão mais iminente quanto mais se mostra ambicioso e arrojado". Quanto ao aspecto positivo da *ideologia brasileira de relações raciais* Nogueira (idem, ib.) chama a atenção para os argumentos antidiscriminatórios possibilitados por ela.

Um outro aspecto que eu gostaria de chamar a atenção nesta conclusão diz respeito ao maior conhecimento ou à capacidade de elaboração mais consistente das crianças de classe média, em sua maioria *brancas,* dos conceitos de preconceito e/ou racismo, em relação às crianças pobres, em sua maioria *não-brancas.* Esse fato nos permite dizer que as crianças pobres estão menos aparelhadas para enfrentar o preconceito racial, apesar de terem que lidar com situações raciais estigmatizantes cotidianamente.

Antes de tecer algumas considerações finais sobre o drama racial vivenciado pelas crianças brasileiras, como foi sendo revelado nos capítulos anteriores, apresentarei, de forma sistematizada, os resultados encontrados no "jogo dos cartões". Após um longo período de convivência e de conversas, como as crianças reagiriam a um jogo de atribuição de características positivas e negativas a um boneco *branco* e a um outro *não-branco?* Tentariam elas evitar ser reconhecidas como preconceituosas? É o que veremos a seguir.

Das 23 crianças do grupo pobre submetidas ao jogo dos cartões, 9 caracterizaram positivamente o boneco *branco* e negativamente o boneco *não-branco* (Margarida, Helena, Míriam, Diana, Mercedes, Rosa, Aloísio, Sofia e Eduardo), com a ressalva de que a escolha de Diana foi feita a partir da suposição de que era um boneco *branco* que estava escolhendo, conforme já discutido anteriormente; 3 escolheram características positivas para o boneco *branco,* portanto, sem nenhuma ambiguidade, e características misturadas para o *não-branco,* oscilando entre positivo e negativo (Jeremias, Rute e Geraldo); 3 positivaram a ambos os bonecos (Glaura, Sônia e Afonso); 2 escolheram atributos mistos para o boneco *branco* e para o boneco *não-branco,* sendo o primeiro, levemente mais valorizado (Sebastião e Gerson); 1 forneceu uma explicação incoerente, o que nos faz suspeitar da confiabilidade de sua escolha, embora seja possível identificar uma tendência positiva na caracterização de ambos os bonecos (Inês); 1 distribuiu características positivas para o *não-branco* e misturadas para o *branco,* acusando os *brancos* de serem violentos *"quando veio os portugueses",* mas a tendência foi a de valorizar a ambos os bonecos (Carla); 1 classificou ambiguamente os dois bonecos, e essa ambiguidade foi resolvida pela criança através da afirmação de que ambos ficaram bons (Marília); 1 parece que teve a intenção de valorizar o *não-branco*, mas, ao considerá-lo rico, saiu da referência racial, assumindo o ponto de vista do pobre, que nesse caso era o boneco *branco*, criando, assim, uma caracterização ambígua (Carolina). Não foi possível identificar a distribuição feita por duas crianças (Áurea e Silvana).

Os resultados desse experimento feito com as crianças de classe média podem ser sistematizados da seguinte forma: das 28 crianças que fizeram o jogo dos cartões, com exceção de uma cuja classificação não foi possível identificar (Pedro), 3 caracterizaram positivamente ambos os bonecos (Eliane, Maria e Isabela); 2, ao contrário, os caracterizaram negativamente (Ricardo e Nestor); 8 colocaram atributos positivos para o boneco *branco* e negativos para o *não-branco* (Juarez, Miguel, Luíza, Antônio, Alípio, Otávio, Telma e Sandra) e, inversamente, 5 atribuíram características positivas para o boneco *não-branco* e negativas para *branco* (Gisele, Júlio, Beatriz, Viviane e Aparecida); 5 misturaram as características, e 3 crianças projetaram uma certa preferência para o *branco* (Regina, Tadeu e Nilza), 2 para o *não-branco* (Luiz e Poliana), e 1 oscilou para a situação de positivar ambos os bonecos, retirando o atributo negativo do boneco *não-branco* (Nina); 1 não quis generalizar as características, dizendo que tanto um boneco quanto outro pode ser corajoso, covarde ou ladrão, por exemplo (Emília); 1, que distribuiu de acordo com a maioria, colocando atributos positivos para o *branco* e negativos para o *não-branco,* escolheu o boneco *branco* como ladrão, considerando, portanto, o *não-branco* mais positivamente (Maristela) e 1 (Augusta) selecionou características contraditórias para ambos os bonecos, dizendo que é possível ser de um jeito e de outro ao mesmo tempo (bom com uns e mau com outros).

Conclusivamente, podemos afirmar que os resultados do jogo dos cartões, tanto no grupo de crianças pobres quanto no de crianças classe média, indicaram uma tendência de valorização do *branco*, revelando, ao mesmo tempo, atitudes preconceituosas em relação aos *não-brancos*. Tanto num grupo quanto no outro, no entanto, essa tendência foi contrabalançada. O controle da manifestação do preconceito racial, observado através da caracterização positiva para o boneco *não-branco* e negativa para o *branco* não foi realizado pelas crianças pobres. Entre as crianças desse grupo, o *branco* era ou positivo, ou misturado, nunca totalmente negativo. Somente uma criança criou uma bipolaridade favorável ao *não-branco*, selecionando atributos positivos para ele e misturados para o *branco*. Das 23 crianças pobres que participaram do jogo dos cartões, 14 positivaram o *branco*, se considerarmos os pares *não-branco* negativo, *não-branco* misturado e *não-branco* positivo. Já entre as crianças de classe média, 5 construíram a bipolaridade positivo para *não-branco* e negativo para *branco*, favorável, portanto, ao primeiro, e 2 caracterizaram negativamente ambos os bonecos.

Esses resultados comparativos estariam indicando ser o preconceito racial menor entre crianças de classe média, uma vez que entre as crianças pobres a negatividade ou ambiguidade em relação ao boneco *não-branco* foram mais acentuadas? Ou, diferentemente, esses resultados estariam indicando que, no grupo de crianças de classe média, haveria uma maior preocupação, por parte da criança, em não ser identificada como uma pessoa preconceituosa, e, nesse caso, existiria, então, uma tentativa de esconder os verdadeiros sentimentos e atitudes em relação aos *não-brancos*? Essa última situação suporia, também, uma elaboração mais desenvolvida sobre a questão racial.

Pela análise apresentada nos capítulos anteriores, podemos afirmar que atitudes e comportamentos preconceituosos são constituintes da realidade dos dois grupos observados e, ao contrário do que seria esperado, um esforço de relativização maior foi encontrado entre as crianças de classe média, que, inclusive, possuem mais recursos conceituais, como o conhecimento do significado das palavras preconceito ou racismo. Esse esforço pode ter influenciado a escolha dos atributos positivos para o *não-branco* feita por algumas crianças.

A ausência de um debate aberto e de uma orientação intencional e planejada por parte dos agentes socializadores, no sentido da superação de atitudes e comportamentos preconceituosos, no entanto, pode contribuir para que a potencialidade do discurso relativizador se enfraqueça e não se realize plenamente.

CONSIDERAÇÕES FINAIS

Os resultados empíricos e as reflexões teóricas apresentados nos capítulos anteriores revelaram a complexidade das relações raciais e suscitaram em mim várias questões relacionadas com o rumo de uma política antirracista no Brasil. Apesar do caráter incipiente e não conclusivo dessas ideias, considero importante discuti-las, neste momento, visando acrescentar alguns elementos ao debate hoje em curso sobre as formas de superação da desigualdade racial e do preconceito racial.

Katz (1982) concluiu, a partir de suas experiências de rotulação, que mecanismos perceptivos podem contribuir para o desenvolvimento e a manutenção do preconceito. Assim, para a autora, quanto mais ênfase se dá às diferenças entre grupos raciais e mais se ignoram as diferenças individuais entre membros de grupos de minoria, mais se reforça a base perceptiva para a manutenção do preconceito.

Considerando essa conclusão plausível, podemos pensar que a ênfase à necessidade de afirmação étnico–racial pode ter como efeito o acirramento do preconceito e não a sua superação, como a experiência norte–americana parece mostrar. Haveria, então, uma contradição insuperável entre a luta por igualdade racial, através de uma política de identidade, o que racializa a luta e o objetivo de superação do preconceito? E não estaria essa contradição sendo reforçada pela opção da luta antirracista no Brasil contemporâneo por uma política de distribuição dos recursos que induz ao sistema bipolar de classificação? Pois, a bipolaridade aumenta a probabilidade de tensão e de conflito entre os polos.

Para Hirschfeld (1996), o preconceito racial está embutido na própria teoria popular de raça, que considera que os seres humanos podem ser classificados em tipos distintos baseados em sua constituição concreta e observável e que esses tipos apresentam diferenças físicas e não físicas. Este último aspecto, segundo o autor, está ligado ao preconceito racial, pois esse abarca a "a noção de que diferenças corporais em aparência assinalam diferenças em potencial e valor" (HIRSCHFELD, 1996, p. 53).

A teoria de Hirschfeld evidencia, ainda mais, a complexidade do processo de superação de relações raciais preconceituosas ao mostrar que raça é uma noção importante e central na teoria das crianças sobre a sociedade, aprendida através de uma elaboração de informação discursiva e não tanto através de pistas visuais. A integração entre o conhecimento conceitual (construído através de pistas verbais) e conhecimento perceptivo se desenvolve durante os anos iniciais da escola. Nesse momento, as crianças passam a se preocupar com a "acumulação de conhecimento fatual sobre os correlatos perceptivos, culturalmente relevantes, do conceito em questão " (HIRSCHFELD, 1996, p. 137).

Conforme demonstramos nos capítulos anteriores, a socialização entre pares constitui um espaço e tempo privilegiados em que crenças e noções raciais já aprendidas são experimentadas e testadas pelas crianças. E, nessas interações entre si, as crianças vão aprendendo o que significa ser de uma categoria racial ou de outra, criando e recriando o significado social de raça. Observou-se, então, uma espécie de jogo da classificação e autoclassificação raciais, no qual se estabelece um processo de negociação, manipulação e disputa para não ser identificado como um exemplar da categoria *preto/negro*. Esse jogo se intensifica devido ao reconhecimento da existência de um sistema categorial múltiplo no Brasil. O grande drama desse jogo é a negatividade associada à categoria *preto/negro,* que expõe as crianças nela classificadas a um permanente ritual de inferiorização, em que são especialmente atingidas por gozações e xingamentos.

O esforço de construção de uma sociedade como a projetada no chamado mito da democracia racial, uma sociedade em que inexista o preconceito, exige que se organizem políticas que possibilitem a mudança da elaboração discursiva sobre a categoria *preto/negro* e, ao mesmo tempo, problematize a própria noção de raça. Devido à centralidade da escola na socialização infantil e à importância da socialização entre pares, talvez uma política eficaz contra o preconceito deva ser pensada para a escola a partir dos 3 anos de idade, uma vez que o pensamento racial está ainda em elaboração.

Penso também na potencialidade do discurso relativizador encontrado entre as crianças. Nesse discurso, tanto argumentos religiosos ("todo mundo é filho de Deus do mesmo jeito") quanto laicos ("somos todos humanos") foram enunciados, e a dicotomia *por dentro* e *por fora* foi estabelecida ("o sangue é o mesmo", "por dentro todo mundo é igual"). Apesar de alguns estudiosos interpretarem esse discurso de igualdade como uma forma de mascarar o preconceito racial, que não contribui em nada para superá-lo, considero importante sua presença entre as crianças com o objetivo de destacar a formação de um certo senso crítico, no processo de socialização, que transforma o preconceito racial em uma prática social condenável e inaceitável. Isso não significa, no entanto, que esse discurso igualitário embrionário não possa se transformar num discurso vazio, escamoteador de sentimentos e atitudes preconceituosos. O caráter ambíguo da ideologia brasileira das relações raciais, já destacado por Nogueira (1955, p. 514) quando afirmou ser essa ideologia composta "... de um lado, pelo preconceito e, de outro, pelos ideais de igualitarismo racial...", está também sendo elaborado pelas crianças e denota potencialidades de superação do preconceito. O próprio Nogueira (ibidem, p. 518) considerou que esse tipo de ideologia poderia facilitar a operação de "processos racionais de modificação de atitudes e concepções, no que tange à esfera de relações raciais", pois, ao contrário de outras sociedades, no Brasil, o preconceito não criou, ainda, um profundo antagonismo entre *brancos* e *não-brancos*.

Temos um grande desafio: construir uma sociedade em que o preconceito racial não opere em nenhum nível das relações intersubjetivas. E, nessa tarefa, precisamos nos orientar por um ética da responsabilidade, que considere as consequências das ações propostas. É necessário destruir o fundamento do racismo desconstruindo o conceito de raça e combatendo a crença na existência de raças humanas diversas.

Finalmente, gostaria de relembrar o epígrafe da introdução no sentido de reafirmar a importância da perspectiva aberta pela Sociologia da Infância, um campo emergente, abandonado por muito tempo pelos sociólogos: afinal, não podemos esquecer que "todos os indivíduos já foram uma vez crianças" (ERIKSON, 1987) e que crianças são atores e estão construindo, socialmente, realidades. Transformar a criança em objeto sociológico é, pois, levá-la a sério.

REFERÊNCIAS

ABOUD, Frances E. The development of ethnic self-identification and attitudes. In: PHINNEY, J. S.; ROTHERAM, M. J. *Children's Ethnic Socialization*, Newbury Park: SAGE Publications, 1987.

ALLPORT, G.W. *The nature of prejudice*. Reading, MA: Addison-Wesley, 1954.

ANDREWS, George R. Desigualdade Racial no Brasil e nos Estados Unidos: uma comparação estatística. *Estudos Afro-Asiáticos* 22, 1992, p. 85-97.

ASHMORE, Richard D.; DEL BOCA, Frances K. Conceptual Approaches to Stereotypes and Stereotyping. In: HAMILTON, D.L. (ed.), *Cognitive Processes in Stereotyping and Intergroup Behavior*. New Jersey: Lawrence Erlbaum Associates, Publishers, 1981.

BANKS, W.C. White preference in blacks: a paradigm in search of a phenomenon. *Psychological Bulletin*, 83, 1976, p.1179-1186.

BARBOSA, Irene M. F. *Socialização e relações raciais: um estudo de família negra em Campinas*. São Paulo: FFLCH/USP, 1983.

BARCELOS, Luiz Claudio. Educação e Desigualdades Raciais no Brasil. *Cadernos de Pesquisa*, 86, 1993, p. 15-24.

BARTH, Fredrik. Introduction. In: *Ethnic Groups and Boundaries*, ed. Fredrik Barth, 9-38. Boston: Little Brown, 1969.

BERGER, P.; BERGER, B. Socialização: como ser membro da sociedade. In: FORACCHI, M.M; MARTINS, J. S. (orgs.), *Sociologia e Sociedade*, RJ/SP: Livros Técnicos e Científicos Editora, 1980.

BICUDO, Virgínia L. Atitudes dos Alunos dos Grupos Escolares em relação com a Cor dos seus Colegas. In: BASTIDE, R.; FERNANDES, F (orgs.), *Relações raciais entre negros e brancos em São Paulo*, São Paulo: Anhembi, 1955.

BLALOCK, Hubert M. *Race and Ethnic Relations*. New Jersey: Prentice-Hall, 1982.

CADERNOS de Pesquisas 63 (1987).

CAVALLEIRO, Eliane dos Santos. *Do silêncio do lar ao silêncio escolar: racismo, preconceito e discriminação na educação infantil*. Dissertação de mestrado. Faculdade de Educação da Universidade de São Paulo, datilo, 1998.

CICOUREL, Aaron V. *Cognitive Sociology – Language and Meaning in Social Interaction*. New York, The Free Press, 1974.

CLARK, K.B.& CLARK, M. P. Racial Identification and Preference in Negro Children. In: PROSHANSKY, H.; SEIDENBERG, B. (eds), *Basic studies in social psychology*, New York: Holt, Rinehart and Winston, 1966.

CUNHA JR., Henrique. A indecisão dos pais face à percepção da discriminação racial na escola pela criança. *Cadernos de Pesquisa*, 63, 1987, p. 51-53.

DAMATTA, Roberto. *Relativizando: uma introdução à antropologia social*. Rio de Janeiro: Ed. Rocco, 1987.

DAVEY, A.G.& NORBURN, M. V. Ethnic awareness and ethnic differentiation amongst primary school children. *New Community*, 8, 1980, p. 51-60.

DEGLER, C. (1971), *Neither black nor white: slavery and race relations in Brazil and the United States*. Macmillan.

DIAS, Maria Tereza Ramos. *Desigualdades Sociais e Oportunidade Educacional – a produção do fracasso*. Tese de Mestrado. IUPERJ, datilo, 1979.

ERIKSON, Erik H. *Infância e sociedade*. Tradução de Gildásio Amado. 2. ed., Rio de Janeiro: Zahar Editores, 1976.

ERIKSON, Erik H. *Identidade, juventude e crise*. Tradução de Álvaro Cabral. Rio de Janeiro: Guanabara, 1987.

FAVELL, John H. *A psicologia do Desenvolvimento de Jean Piaget*. Tradução de Maria Helena Souza Patto. São Paulo: Livraria Pioneira Editora, 1975.

FAZZI, Rita de Cássia. Direito à igualdade: democracia racial e racismo no Brasil. In: LOPES, José Rogério; MÉLO, José Luiz Bica de (orgs.). *Desigualdades Sociais na América Latina: outros olhares, outras perguntas*. São Leopoldo, OIKOS Ed., 2010.

FIGUEIRA, Vera M. O preconceito racial na escola. *Estudos afro-asiáticos*, 18, 1990, p. 63-72.

FREYRE, Gilberto. *Além do apenas moderno: sugestões em torno de possíveis futuros do homem, em geral, e do homem brasileiro, em particular*. Rio de Janeiro: Livraria José Olympio, 1973.

FRY, Peter. *A persistência da raça*. Rio de Janeiro: Civilização Brasileira, 2005.

FRY, Peter. O que a Cinderela negra tem a dizer sobre a "política racial" no Brasil". *Revista USP*, 28, 1995/96, p. 122-135.

FUNDAÇÃO JOÃO PINHEIRO. *Racismo na escola – a linguagem do silêncio*. Belo Horizonte, 1991.

GINSBERG, Aniela M. Pesquisas sobre as atitudes de um grupo de escolares de São Paulo em relação com as crianças de cor. In: BASTIDE, R.; FERNANDES, F. (orgs.). *Relações raciais entre negros e brancos em São Paulo*, São Paulo: Anhembi, 1955.

GLASER, Barney G.; STRAUSS, Anselm. L. *The discovery of grounded theory – strategies for qualitative research.* Chicago: Aldine Publishing Company, 1979.

GONÇALVES, Luiz Alberto O. *O silêncio: um ritual pedagógico a favor da discriminação racial – (um estudo acerca da discriminação racial como fator de seletividade na escola pública de primeiro grau – 1ª a 4ª série).* Dissertação de Mestrado. Mestrado em Educação da UFMG, datilo., 1985.

GUSMÃO, Neusa M. M. de. Socialização e recalque: a criança negra no rural. *Centro de Estudos Educação e Sociedade – CEDES*, 32, 1993, p. 49-84.

HANCHARD, Michael. Black Cinderella? Race and the Public Sphere in Brazil. *Public Culture*, 7, 1994, p. 165-185.

HARRIS, D.; GOUGH, H.; MARTIN, W. E. Children's ethnic attitudes. II: Relationships to parental beliefs concerning child training. *Child Development*, 21, 1950, p. 169-181.

HASENBALG, Carlos A. *Discriminação e Desigualdades Raciais no Brasil.* Tradução de Patrick Burglin. Rio de Janeiro: Graal, 1979 .

HASENBALG, Carlos A.& VALLE SILVA, Nelson do. Raça e Oportunidades Educacionais no Brasil . *Estudos Afro-Asiáticos*, 18, 1990a, p. 73-91.

HASENBALG, Carlos A.; VALLE SILVA, Nelson do. Raça e oportunidades educacionais no Brasil. *Cadernos de Pesquisa*, 73, 1990b, p. 5-12.

HIRSCHFELD, Lawrence A. *Race in the making – Cognition, culture, and the child's construction of human kinds.* Massachusetts: The MIT Press, 1996.

HOLMES, Robyn M. *How young children perceive race.* Thousand Oaks: SAGE Publications, 1995.

HOROWITZ, Eugene L. The Nature of Attitudes and Attitude Change. In: PROSHANSKY, H.; SEIDENBERG, B. (eds.). *Basic studies in social psychology*, New York: Holt, Rinehart and Winston ,1966.

JONES, James M. *Racismo e preconceito.* Tradução de Dante Moreira Leite. São Paulo: Edgard Blucher/ Editora da Universidade de São Paulo, 1973.

KATZ, Daniel; BRALY, Kenneth W. Verbal Streotypes and Racial Prejudice. In: PROSHANSKY. H.; SEIDENBERG. B. (eds.). *Basic studies in social psychology*, New York: Holt, Rinehart and Winston, 1966.

KATZ, P. A.; ZALK, S. R. Doll preferences: An index of racial attitudes? *Journal of Educational Psychology*, 66, 1974, p. 663-668.

KATZ, P. A.; SOHN, M.; ZALK, S. R. Perceptual concomitants of racial attitudes in urban grade-school children. *Developmental psychology*, 11, 1975, p. 135-144.

KATZ, Phyllis A. Development of Children's Racial Awareness and Intergroup Attitudes. In: KATZ, L. G. (ed.), *Current topics in early childhood education,* v.4. New Jersey, Ablex Publishing Corporation, 1982.

KATZ, Phyllis A. Developmental and Social Processes in Ethnic Attitudes and Self-Identification. In: PHINNEY, J. S.; ROTHERAM, M. J. (orgs.), *Children's Ethnic Socialization,* Newbury Park: Sage Publications, 1987.

LERNER, R. M.; LERNER, J. V. Contextualism and the Study of Child Effects in Development. In: BOSNOW, R. L.; GEORGOUDI, M. (eds.). *Contextualism and understanding in behavioral science*, New York: Praeger, 1986.

LIPPMANN, Walter. *Public opinion*. New York: Macmillan, 1922.

MACHADO, Ana Maria. *Menina bonita do laço de fita*. 10. ed., São Paulo: Companhia Melhoramentos, 1990.

MAIO, Marcos Chor. *A história do projeto UNESCO: Estudos raciais e ciências sociais no Brasil*. Tese de doutorado. IUPERJ, datilo., 1997.

MEHAN, Hugh & WOOD, Houston. *The reality of ethnomethodology*. New York: A Wiley-Interscience Publication, 1975.

NEGRÃO, E. V.; PINTO, R. P. De olho no preconceito: um guia para professor sobre racismo em livros para crianças. *Textos FCC*, 5, 1990.

NEGRINHO do Pastoreio. (s/data). Edelbra.

NOGUEIRA, Oracy. Relações raciais no município de Itapetininga. In: BASTIDE, R.; FERNANDES, F. (orgs.). *Relações raciais entre negros e brancos em São Paulo*, São Paulo: Anhembi, 1955.

NOGUEIRA, Oracy. *Tanto preto quanto branco: Estudos de relações raciais*. São Paulo: T.A. Queiroz, Editor, 1985.

OLIVEN, Ruben George. *Violência e cultura no Brasil*. Petrópolis: Vozes, 1986.

ORTIZ, Renato. *Cultura brasileira e identidade nacional*. São Paulo: Ed. Brasiliense, 1985.

PINTO, Regina Pahim. Raça e educação: uma articulação incipiente. *Cadernos de Pesquisa*, 80, 1992, p. 41-50.

PINTO, Regina Pahim. Movimento Negro e Educação do Negro: a ênfase na identidade. *Cadernos de Pesquisa*, 86, 1993a, p. 25-38.

PINTO, Regina Pahim. Multiculturalidade e educação de negros. *Centro de Estudos Educação e Sociedade – CEDES*, 32, 1993b, p. 35-48.

PORTER, Judith D. R. *Black child, white child – The development of racial Attitudes*. 2.ed., Massachusetts: Harvard University Press, 1973.

RAÇA (setembro de 1996): ano 1, número 1, Ed. Símbolo.

RAMSEY, Patricia G. Young Children's Thinking About Ethnic Differences. In: J. PHINNEY, S.; ROTHERAM, M. J. (orgs). *Childrens's ethnic socialization*, Newbury, SAGE, 1987.

RIST, Ray C. On Understanding the Processes of Schooling: The Contributions of Labeling Theory. In: KARABEL, J.; HALSEY, A.H. (eds.), *Power and ideology in education*, New York: Oxford University Press, 1977.

ROSEMBERG, Fúlvia. Relações Raciais e Rendimento Escolar. *Cadernos de Pesquisa*, 63, 1987, p. 19-23.

ROSEMBERG, Fúlvia. Raça e Educação Inicial. *Cadernos de Pesquisa*, 77, 1991, p. 25-34.

ROSEMBERG, Fúlvia. Raça e desigualdade educacional no Brasil. In: AQUINO, J. G. (org.), *Diferenças e preconceito na escola – alternativas teóricas e práticas*, São Paulo: Summus Editorial, 1998.

SANJEK, Roger. Brazilian racial terms: Some aspects of meaning and learning. *American Anthropologist,* 73, 1991, p. 1126-1143.

SANSONE, Livio. Cor, classe e modernidade em duas áreas da Bahia (algumas primeiras impressões). *Estudos Afro-Asiáticos,* 23, 1992, p. 143-173.

SANSONE, Livio. Pai Preto, filho negro. Trabalho, cor e diferenças de geração". *Estudos Afro-Asiáticos,* 25, 1993, p. 73-98.

SANSONE, Lívio. As relações raciais em *Casa-Grande & Senzala* Revisitadas à Luz do Processo de Internacionalização e Globalização. In: MAIO, M.C. e SANTOS, R.V. (orgs.), *Raça, ciência e sociedade,* Rio de Janeiro: Ed. Fiocruz, 1998.

SCHUR, Edwin M. *Labeling Deviant Behavior – its sociological implications.* New York: Harper & Row, Publishers, 1971.

SECRETARIA MUNICIPAL DE EDUCAÇÃO. *Turmas Aceleradas – retratos de uma nova prática 2: Reflexões sobre a prática pedagógica na Escola Plural.* Belo Horizonte: Secretaria Municipal de Educação, 1996.

SILVA, Consuelo D. *Negro, qual é o seu nome?* Belo Horizonte: MAZZA edições, 1995.

SILVA, Petronilha B. G. Diversidade Étnico-Cultural e Currículos Escolares – Dilemas e Possibilidades. *Centro de Estudos Educação e Sociedade – CEDES,* 32, 1993, p. 25-34.

SKIDMORE, Thomas E. *O Brasil visto de fora.* Tradução de Susan Semler. São Paulo: Paz e Terra, 1994.

SORCE, J. F. The role of physiognomy in the development of racial awareness". *Journal of Genetic Psychology,* 134, 1979, p. 33-41.

TELLES, Edward. *Racismo à Brasileira - uma nova perspectiva sociológica.* Rio de Janeiro: Relume Dumará, 2003.

THORNE, Barrie. *Gender Play: girls and boys in school.* 4. ed., New Jersey: Rutgers University Press, 1995.

TWINE, Francine W. O hiato de gênero nas percepções de racismo – o caso dos afro-brasileiros socialmente ascendentes". *Estudos Afro-Asiáticos,* 29, 1996, p. 37-54.

VALLE SILVA, Nelson do. Uma nota sobre 'raça social' no Brasil. *Estudos Afro-Asiáticos,* 26, 1994, p. 67-80.

VALLE SILVA, Nelson do. Updating the cost of not being white in Brazil. In: FONTAINE, P. M. (ed.), *Race, class and power in Brazil,* Los Angeles: Center for Afro-American Studies, 1985.

VAUGHAN, Graham M. A social psychological model of ethnic identity development. In: PHINNEY, J. S.; ROTHERAM, M. J. (orgs), *Children's Ethnic Socialization,* Newbury: SAGE, 1987.

Este livro foi composto com tipografia Times New Roman e
impresso em papel Off Set 75g/m² na Gráfica PSI7.